U0092830

教師甄試──國民中小學學校制度關鍵報告

陳瑄　著

教師甄試——「國民中小學學校制度」關鍵報告

（含教育行政、學校行政）

作者序

> 讀書之，在循序漸進，熟讀而精思。（朱熹）

教師甄試中「教育綜合科目」科目，包含教育學術領域學門的相關知識，其範圍甚廣。基本上，可分為「基礎理論」與「教育實務」兩大範疇。

在基礎理論部分包括：「教育史、教育哲學、教育社會學與教育心理學」等四大理論基礎。而教育實務部分，包含「教育行政與政策、學校行政、各級各類學制、課程與教學與相關教育改革與教育法規」。

關鍵報告系列書籍之架構著重教育實務部分，以國民中小學學校制度為主，包含教育行政與政策、學校行政、各級各類學制與相關教育改革政策與教育法規。書中羅列各級各類教育現況及相關教育行政理論之重點，內容清晰易懂，可提供欲報考教師甄試之教師，在最短時間內對此一領域作充足準備，輕鬆應試。

本書之呈現方式以教育行政理論介紹為主，同時將精選歷年各縣市重要試題於每段落文末，讓所有讀者能同時理解題目之理論出處及相關試題之命題結構，藉以了解教師甄試之考試趨向與命題重點。

　　個人從事教育工作近十年，期以本書協助各位有志於教育服務行列之教師，在準備教師甄試歷程中，方向準確、高效學習，任憑考題變化，各位皆能輕鬆以對、事半功倍，出師必勝。☆歡迎讀者透過電子郵件交流意見：educationbook@gamil.com

每個人都希望能在職場裡拔尖而出，但是準備要有績效，
不能只是靠埋首苦讀，更要懂得用方法，
不要讓花費的時間白白溜過，更不要忽視那些造成挫折的經驗，
從中分析探尋挫折背後的原因，走向成功的下一步指引就在其中，
其實，這樣努力就夠。

陳瑄

教師甄試——「國民中小學學校制度」關鍵報告

（含教育行政、學校行政）

教學目標如下：

一、知識與理解：

　　1．理解初等及中等教育制度及其影響

　　2．理解初等及中等教育實際運作之相關議題

二、分析：

　　1．探析初等及中等教育各種問題之原因

　　2．比較各種制度之優缺點

三、綜合與應用：

　　綜合所學理論並透過試題練習，做為參加學校甄選準備。

內容大綱

　　本書內容針對教師甄試專業測驗（國民中小學學校制度），涵蓋以下幾個主題：

一、最新教師甄試的考試訊息

二、各級教育現況

三、教育行政組織

四、教育行政理論

五、學校制度

六、各國教育制度

目次

主題一：最新教師甄試的考試訊息

一、教師檢定考試

教師資格取得有重大變革，92 年開始進入師範校院或修習教育學程、教育學分的學生，畢業後必須通過**教師資格檢定考試**，才能拿到教師證書，前往中小學應聘。

首屆中小學及幼稚園教師資格檢定考試將於 94 年 4 月 9 日舉行，中小學及幼稚園教師資格檢定考試預定於 94 年 4 月 9 日舉行，考區共分為臺北、臺中、高雄及花蓮四個考區，教育部中教司長李然堯表示，**新的師資培育法已經於 92 年修正公布**，未來師範校院或修習教育學程、教育學分班的學生，必須在修畢師資培育課程後外加**半年實習及格**，才能畢業，畢業後並須參加**教師資格檢定考試**通過，才能取得教師證，具備中小學及幼稚園教師資格。

這是我國師資培育制度首度改以專業證照考試檢定方式取得教師資格，打破長期以來只要實習及格就可獲頒教師證書的慣例。為因應新制的實施，教育部決定委託**國立教育研究院籌備處組成命題委員會**，研擬「教師資格檢定考試命題總則」及各科命題原則。

根據命題總則草案，教師檢定考試分為**幼稚園、特殊學校、國小及中等學校**等四類科，各類科應考**兩科共同科目、兩科專業科目**。

草案並規定，除「國語文能力測驗」因為要考作文，考試時間較長，為一百分鐘，其他科目均考八十分鐘；考試題型包括**測驗題及非測驗題**兩大類，並由各科試題研發委員會訂定各

科命題內容及題型比例。

其中，「國語文能力測驗」選擇題與作文的配分比例為七比三，「教育原理與制度」選擇題及問答題比例為六比四。

官方強調，政府不會限制每年教師資格檢定通過的名額或比例，考不過的人可以一考再考，預計每年辦理一次，參加各校或各縣市舉辦的教師甄試，應聘至學校教書。

二、不具合格教師資格者，最快自九十六學年起，將不能再擔任代理代課教師

為提升中小學教育品質，且為消化流浪教師，教育部研議修訂「中小學兼任代課及代理教師聘任辦法」，要求代理代課教師須具備合格教師資格，不僅估計國內上萬名代理代課教師必須取得合格教師資格，未來學校需要代理代課教師，也須優先聘用合格教師。

依據「中小學兼任代課及代理教師聘任辦法」，代理代課教師原則上須具備合格教師資格、取得大學教育學程證書等，但為顧及部分學校聘請教師可能有困難，法規同時開放，只要高中職以上畢業、曾有三個月至一年不等代課經驗者，或是經偏遠、離島、特殊地區學校專案申請的大學以上畢業生，也可成為學校代理代課教師，因此不時傳出教學良莠不齊問題。

三、95 學年聯甄大變革 台北市國小教甄初試只考選擇題，複試加考作文

〔記者胡世澤／台北報導〕2006/2/8

台北市 95 學年國小聯合教師甄選將有重大變革，往年的初試採選擇題和申論題，今年一律考選擇題，報名費從 800 元降為 700 元，第二階段複試除了試教和口試外，還加考作文，報名費也加收 300 元，預估報名人數多達 1 萬 5000 人。

　　一律採網路報名，教育局國教科長施博惠表示，為節省考生現場報名等候時間，考生一律網路報名，再依電腦通知的網路報名流水號及預定時間順序，至指定地點現場繳驗證件完成報名手續，未完成網路報名者，不得辦理現場繳驗證件。

　　施博惠表示，今年教師甄選仍分兩階段進行，6 月上旬先舉行筆試，考國語文及教育專業兩科，其中英語、體育、資訊等科目，<u>教育專業類科占 40%</u>，該類科專門知能占 60%。他指出，去年有 9772 名考生報考筆試，由於國語文含選擇題及作文、教育專業含選擇題及申論題，導致大學教授閱卷評分時，必須連夜趕工改考卷，大喊工作吃不消，因此今年考題形式一律採選擇題，考生須用 2B 鉛筆作答。

　　筆試成績不併入複試成績計算，僅作為初試錄取門檻，初試從原錄取缺額的 3 倍增為 4 倍，複試時間訂於 6 月中旬，包括作文、口試及教學演示，作文占 20%，口試及教學演示合計占 80%，系統管理師則加考電腦實務操作。

　　施博惠表示，受到少子化效應的影響，今年國小將減少班級數，估計教師缺額不到 100 人，另因北市是全台第一個舉辦教師聯合甄選的縣市，9000 多名重考生加上今年應屆畢業生，估計今年報名人數將多達 1 萬 5000 人。

四、提升師資素質　教部推 4 年 40 億

　　教育部確定從 2006 年起，4 年期間將投入 40 億元，推動「師資培育素質提升方案」，其中包括不適任教師的淘汰機制、教師換證及提高高中以下教師學歷及增加教師在職進修等。

1．教育部規劃，未來將修改教師法，檢討不適任教師的淘汰制度，依過去中教司的規劃，即有可能與教師評鑑掛鉤，在未來加強不適任教師的淘汰機制。

2・教育部也積極規劃教師換證,將在 96 年底之前組成「教師進階專案小組」,研擬教師換證事宜,但何時正式上路,尚無規劃。

3・為了加強教師進修,教育部也要求師培大學開設教師進修課程,提供現職教師有進修管道。另外,為了提高教師學歷,教育部計畫擴大辦理教學專業碩士制度,逐年提高中小學教師碩士學歷比例。

1	ABC	按照現行師資培育法的規定,師資職前教育課程包括:A.普通科目 B.教育專業科目 C.專門科目 D.教育實習(複選題)
2	ABC	中等教育學程負責培養下列那些師資?A. 綜合高中國中部 B. 完全中學高中部　C. 高級職業學校附設普通類科　D. 啟智學校國中部(複選題)
3	ABCD	擔任中小學教師需要經過那些程序?A. 修畢教育學程課程及專門科目學分　B. 畢業後參加一年教育實習 C. 參加教師資格檢定 D. 各校教師評審委員會審查通過後由校長聘任(複選題)

是非題:

| 4 | ✕ | 根據師資培育法,師資培育課程包括普通科目及教育專業科目。 |

公立高級中等以下學校教師甄選作業要點

93 年 1 月 13 日台人（一）字第 0930000757 號函訂定
94 年 4 月 18 日台人（一）字第 0940042331 號函修正第 3、9 點

一、為落實教師法第十一條、教育人員任用條例第二十六條第一項第一款及高級中等以下學校教師評審委員會設置辦法（以下簡稱本辦法）之規定，以公平、公正、公開之原則辦理教師甄選，特訂定本要點。

二、各級學校暨具獨立編制之附設進修學校，教師職務出缺，除依規定分發、介聘或列入超額精簡、因應課程調整保留名額及依主管教育行政機關規定可保留名額外，其餘缺額應依規定辦理公開甄選。

　　代理代課教師必要時得併專任教師甄選辦理。

三、各校辦理教師甄選，若經教師評審委員會（以下簡稱教評會）決議成立甄選委員會，其組織及作業規定，由教評會定之。

　　前項教師甄選得以筆試、口試、試教、實作方式辦理，以二種以上方式綜合考評為原則，並由教評會或甄選委員會視需要決議推薦筆試、口試、試教、實作委員，密送校長或由其指定專人擇聘之，其中得包括校外委員。

四、教評會委員、甄選委員會委員及筆試、口試、試教、實作委員應確實保密，其本人或配偶、前配偶、四親等內之血親或三親等內之姻親或曾有此關係者報名應試，應依本辦法第八條規定迴避之。

　　前項委員係校內報名參加甄選之實習教師之實習輔導

教師或與報名參加甄選者曾有師生、同學關係者,均屬應行迴避之情形,不得擔任命題、評分工作。

第一項委員辦理甄選試務程序中,除基於職務上之必要外,不得與參加甄選者或代表其利益之人為行政程序外之接觸。

五、各校訂定甄選簡章,內容應包括:甄選類科、名額、甄選資格、報名日期、地點及程序、甄選時間、地點及方式、成績配分比例、甄試科目及範圍、錄取總成績計算及相同時之處理方式、成績通知方式、成績複查期限及方式、榜示日期及方式、報名費、申訴電話專線、信箱及附則等。

前項名額如有備取名額,以補足當次缺額為限。

六、各校辦理教師甄選,應擬訂甄選簡章提交教評會審查。

有關命題、製(印)卷、協助工作人員均應設法隔離作業,或比照典試法及其施行細則之規定,採入闈之方式處理。

七、各校甄選簡章及職缺等有關教師甄試之資訊,應於學校及主管教育行政機關網站公告,並視需要刊登於新聞紙;公告開始至報名截止期間不得少於五日(含例假日)。

八、各校依第三點第二項辦理教師甄選時,各項委員宜避免重複,並應建立明確之評分基準與紀錄。口試、試教、實作採分組方式辦理者,同類科委員分派之試場於考試前半小時抽籤決定。

口試、試教之評分設最高、最低標準分數,高於最高標準、低於最低標準或評分有變更時,評分委員應敘明理由,並簽名負責。

九、各校應將最終甄選成績書面通知應試者,採取二階段甄選時,應明列各階段各項成績、總成績及錄取標準等。

筆試採測驗題題型者，應於筆試後二日內公告試題及答案。

十、各校保存教師甄選作業有關資料，應參考檔案中央主管機關訂定之機關檔案保存年限區分參考表之規定辦理。

十一、主管教育行政機關應督導所屬學校辦理教師甄選，經發現違失且查明屬實者，應請改正，並議處有關人員或移送法辦。

十二、主管教育行政機關接受各級學校教評會委託辦理之教師聯合甄試，得準用本要點之規定辦理。

十三、為提昇教師甄選作業成效，各級主管教育行政機關應為所屬學校教評會委員及其他與教師甄選作業相關人員辦理講習活動，並適時提供相關法規訊息。

國民中小學九年一貫課程重要名詞英譯參照表

編　號	中文名詞	英文譯詞
1	九年一貫課程	Grade 1-9 Curriculum
2	國民中小學九年一貫課程綱要	Grade 1-9 Curriculum Guidelines
3	課程改革	Curriculum Reform
4	行動研究	Action Research
5	課程目標	Curriculum Goals
6	課程統整	Curriculum Integration
7	統整課程	Integrated Curriculum
8	學校本位課程發展	School-based Curriculum Development
9	課程評鑑	Curriculum Evaluation
10	協同教學	Team Teaching
11	學習階段	Learning Stages
12	學力指標	Academic Attainment Indicators
13	學力測驗	Academic Attainment Testing
14	基本能力	Core Competence
15	能力指標	Competence Indicators or Benchmarks
16	彈性學習節數	Alternative Learning Periods
17	課程理念	Curriculum Rationale
18	教學評量	Instructional Assessment
19	語文	Language Arts
20	國語	Mandarin
21	英語	English
22	鄉土語言	Dialects

23	綜合活動	Integrative Activities
24	生活課程	Life Curriculum
25	數學	Mathematics
26	自然與生活科技	Science and Technology
27	社會	Social Studies
28	健康與體育	Health and Physical Education
29	資訊教育	Information Technology Education
30	藝術與人文	Arts and Humanities
31	環境教育	Environmental Education
32	兩性教育	Gender Education
33	人權教育	Human Rights Education
34	生涯發展教育	Career Development Education
35	家政教育	Home Economics Education
36	學校課程發展委員會	Committee of School Curriculum Development
37	學習領域	Learning Areas

主題二：各級教育現況

　　瞭解國內各級教育現況，必須先由各屆教育部長認識起，透過各部長任內所主力推動之教育政策，得以環顧教育變遷之脈絡。

歷屆教育部長　　（民國 67 年之後）

部　　長	就職時間	部　　長	就職時間
1.朱匯森	民國 67 年 5 月	6.林清江	民國 87 年 2 月
2.李　煥	民國 73 年 5 月	7.楊朝祥	民國 88 年 6 月
3.毛高文	民國 76 年 7 月	8.曾志朗	民國 89 年 5 月
4.郭為藩	民國 82 年 2 月	9.黃榮村	民國 91 年 2 月
5.吳　京	民國 85 年 6 月	10.杜正勝（現任）	民國 93 年~

製表時間：2006 年 3 月

　　「各級教育現況」是身為教師需具備之教育專業常識，尤其近年來之教育改革影響了各級教育制度，需瞭解各級教育之變遷與各級間之相互影響。其中，包括以下幾個面向：

1．幼兒教育

2．國民教育

3．高等教育

4．教育人事制度

5．終身學習

7．師資培育

8．教育改革

5	C	前教育部長曾志朗大力推行的「全民閱讀」，這是何種教改方向的表現？（A）暢通升學管道 （B）教育法令鬆綁 （C）建立終身學習機制 （D）提高教學品質。
6	2	下列哪一項是現任教育部長曾志朗先生上任後所提出的第一個教育政策？（1）國民中學基本學力測驗 （2）全國兒童閱讀運動 （3）建立知識經濟社會 （4）宣布九十年度為「生命教育年」。
7	CD	前任吳京部長任內的那些教育政策在林清江部長接任後停辦？A. 貫徹國中常態編班 B. 規劃國民中小學九年課程一貫 C. 依大學聯招各校報到比例增額錄取 D. 大專女生上成功嶺（複選題）

一、幼兒教育-*Education for Preschool Children*

（一）提高幼兒入園率

1．幼稚教育推動之初，以強化幼教法令、增班設園、提高教學品質、健全師資為主，期經由服務品質的提升，增加幼兒入園率。

2．民國九十一年教育部辦理的幼教普查顯示，滿五足歲兒童有效入園（所）率已達 96%。

（二）研議幼托整合方案可行性

1．目前我國幼兒教育分屬不同部門主管，其中托兒所為社會福利機構，由社會部門主管；幼稚園為教育機構，由教育部門主管。其他如法令依據、師資培育與條件、設備標準、課程標準，均有所差別，相同年齡之幼兒，卻接受不同品質的幼兒教育。

2．因此，自<u>八十六年底起</u>，中央政府即積極研擬<u>幼稚園與托兒所整合方案</u>可行性，希透過實質之整合，使我國幼兒教育能正常發展。

（三）發放幼兒教育券

為落實福利社會與追求正義，我國自<u>八十九學年度起</u>，開始發放幼兒教育券，補助就讀已立案<u>私立</u>幼稚園及托兒所<u>滿五足歲</u>幼兒，<u>每人每年</u>新台幣一萬元。

（四）國民教育向下延伸一年之準備

1．政府正積極推動「<u>國民教育幼兒班計畫</u>」，以作為國民教育向下延伸一年之準備，凡<u>五足歲</u>之幼兒，均可就讀<u>國民教育幼兒班</u>。

2．<u>九十三學年度自離島地區實施</u>，九十四學年度再加入 54 個原住民鄉鎮市，並依據前二年之辦理結果，研議自<u>九十五學年度</u>起全面實施。

8	1	我國「兒童局」成立於 88 年 11 月 20 日，當日適逢？①世界兒童人權日②兒童及少年福利法頒佈日③家庭教育法頒佈日④幼稚教育法頒佈日。
9	①	當前的「國民教育幼兒班」方案預定在（民國）哪一學年度在離島地區實施？①93 學年度 ②94 學年度 ③95 學年度 ④96 學年度。
10	2	幼稚園與托兒所整合為「幼兒園」的政策計畫將幾歲之幼兒納入國民教育正規體制？①4 歲②5 歲③6 歲④3 歲。
11	1	目前我國推動幼托整合，是由哪兩個部會共同協商？①教育部與內政部②教育局與社會局③教育部與兒童局④國教司與內政部。
12	1	「國民教育幼兒班實施計畫」受到幼教人的普遍關注，關於

		教育部對是項政策的規劃，下述何者為「非」？（1）現行規劃中，係以公立國小附設幼稚園優先承辦國民教育幼兒班；（2）九十三學年度第一階段，由離島三縣（連江、澎湖、金門）三鄉（蘭嶼、綠島、琉球）先行辦理；（3）九十五學年度全面實施的部分需視國家整體財源狀況而定；（4）係依「2001 全國教育改善檢討會議」及「2003 全國教育發展會議」結論建議事項所規劃。
13	4	當前「幼托整合方案（草案）」預定在（民國）哪一學年度實施？①93 學年度②94 學年度③95 學年度④未定。
14	1	當前的「國民教育幼兒班」方案預定在（民國）哪一學年度在離島地區實施？（1）93 學年度　（2）94 學年度　（3）95 學年度　（4）未定
15	B	下列何者是幼稚園的地方主管機關？（A）縣市社會局　（B）縣市教育局　（C）省社會處（D）中央內政部。
16	B	教育部推展國教向下延伸至五歲，預計金馬地區從民國幾年開始試辦？（A）民國 92 年（B）民國 93 年（C）民國 94 年（D）民國 95 年
17	C	目前各縣市補助每位就讀私立幼稚園的五歲幼兒，每學期可得多少金額補助？（A）一萬（B）六千（C）五千（D）七千新台幣
18	B	下列有關目前台灣新移民之子的描述，何者真切？（A）遲緩兒比例偏高　（B）九十三學年度起，外籍新娘之子可優先進入公立幼稚園就讀　（C）父母都比較不重視教育（D）有先天的語言與數理能力的障礙。
19	B	教育部為推展外籍配偶語文學習活動，補助桃園縣、南投縣及台南市三縣市政府成立下列何者？　（A）國語文學習中心

		（B）新移民學習中心（C）新台灣人學習中心（D）外籍配偶班隨班就讀
20	C	依內政部統計資料顯示,從民國79年起至91年12月底為止,台灣男性迎娶外籍配偶的比例日漸增加,總數已經超過24萬人,平均每4對結婚配偶中就有一對是異國婚姻,約幾個新生兒就有一個是所謂的「新台灣之子」。（A）4位（B）6位（C）8位（D）10位。
21	C	下列關於本國幼兒教育政策的敘述何者較為正確？（A）幼稚園可以聘任外籍教師教授美語（B）幼托整合後幼兒園的行政管理機關是內政部（C）幼托整合後幼兒園的行政管理機關是教育部（D）全國公私立幼稚園必須在大班幼兒畢業前的一個月正式進行注音符號的教學。
22	D	下列何項並非發展小班教學精神計畫的主要目標？（A）個別化　（B）適性化　（C）多元化（D）現代化。
23	C	近來經濟不景氣,失業率增加,對教育造成的影響有：（A）教師減薪（B）多數大學為減輕學生負擔,調降學分費　（C）申請助學貸款的學生增加（D）書商為了減輕家長負擔,大幅降低教科書及參考書價格。
24	ABC	有關國民教育向下延伸一年的政策,下列敘述何項正確？（A）九十三學年度先在金、馬、澎湖等離島實施　（B）提供對象為五足歲的幼兒　（C）採免費或補助方式實施　（D）採強制入學。（複選題）
25	ABD	教育部宣佈自九十四學年度起全面實施「K教育」,請問以下有關「K教育」的陳述,哪些是對的？（A）「K」是kindergarten的簡稱　（B）免試入學　（C）義務教育　（D）師資需大學畢業且修畢幼稚教育師資學程。（複選題）

26	ACD	下列有關幼兒教育券的陳述哪些是對的？ A.鼓勵私立幼稚園、托兒所立案 B.就讀公私立幼稚園及托兒所學童均可領取教育券 C.教育券可折抵部份學雜費 D.幼稚園與托兒所可憑教育券向教育主管機關兌換現金（複選題）
27	B	多元文化教育最主要的精神在於：（A）向強勢文化學習（B）尊重差異（C）批判不同的文化（D）強調核心價值。
28	4	教育部於民國八十六年公布「原住民教育白皮書」，揭示了原住民教育的七項基本政策。下列哪一項不包括在內：（張建成，多元文化教育，p11）（1）尊重文化差異，發展多元教育型態。（2）珍惜固有文化，建立族群自我認同。（3）重建部落歷史，振興原住民族語言。（4）廣開社會資源，拓展向上流動機會。
29	B	教育部推展國教向下延伸至五歲，預計金馬地區從民國幾年開始試辦？（A）民國 92 年（B）民國 93 年（C）民國 94 年（D）民國 95 年

是非題：

30	○	政府正積極的籌畫將國民教育向下延伸一年，幼兒在大班的年齡可以獲得政府更多的照顧與補助。
31	○	幼托整合之規劃主要原因係在於解決我國現存幼托機構（指幼稚園與托兒所）之主管機關、立案設備標準、適用法令與師資標準等方面均有所差異，且所收拖之幼兒年齡又相互重疊等諸多現象。

二、國民教育

Education for Primary and Junior High School Students

（一）實施九年國民義務教育

1・中央政府遷臺初期，義務教育僅限於國小階段的六年。

2・為消除升學壓力及有感於教育對國家建設之重要，自民國五十七年起，毅然推動九年國民教育。推動之初，以增班設校、師資訓練，以及提高學童就學率為發展重點。

3・七十一年總統修正公布「強迫入學條例」，我國正式進入九年國民義務教育的新里程。

（二）推動國教發展計畫

1・我國自五十七年起實施九年國民教育以來，教育部連續執行多項國教發展計畫，強化軟硬體建設。

2・首先為「九年國民教育第一期三年計畫」（五十八~六十年度），嗣後相繼實施「九年國民教育第二期三年計畫」（六十一~六十三年度）、「發展與改進國民教育五年計畫」（六十六~七十年度）、「發展與改進國民教育六年計畫」（七十二~七十七年度）、「發展與改進國民教育第二期計畫」（七十八~八十一年度）、「校務發展計畫」（八十二~八十三年度）、「整建國中與國小教育設施計畫」（八十四~八十九年度）。

3・復自八十五年度起推動「教育優先區計畫」，對相對弱勢地區學校給予積極性差別待遇的資源輔助，逐步落實教育機會均等理想。

（三）進行課程改革

1．八十九年以前，我國國民教育階段的課程是依「課程標準」規定實施，並數度修訂。

2．八十五年十二月，行政院教育改革審議委員會公布「教育改革總諮議報告書」，依據該報告書之建議，教育部首先完成「國民中小學九年一貫課程總綱綱要」，確立七大學習領域名稱及課程架構，並決定以四年為期，自九十學年度起，逐步實施九年一貫課程。

3．2000 年 9 月 30 日公布「國民中小學九年一貫課程暫行綱要」；2003 年 1 月 24 日公布「國民中小學九年一貫課程綱要」，隨後公布各學習領域課程綱要。至此，課程綱要已取代課程標準，國家層級課程之形式與實質產生了巨大變革。

32	B	自 1996 年開始，國際間就以每年的四月二日為「國際兒童閱讀日」，會選擇這一天，是紀念哪位文學家？（A）格林（Jacob Grimm）（B）安徒生（Hans Christian Andersen）（C）羅琳（Joanne Kathleen Rowling）（D）易卜生（Henrik Ibsen）
33	3	依教育部九十二年所公佈的「國民中小學九年一貫課程綱要」內容，審查自編教科用書屬哪一單位的權責？ （1）國立編譯館（2）教育局（3）學校課程發展委員會（4）各縣市輔導團。
34	B	下列何者是九年一貫課程的特色？（A）增加各年級的上課時數 （B）課程、教學與評量間有充分完整的配合 （C）分科教學 （D）中央集權的課程行政。
35	4	國民中小學九年一貫課程綱要規定學校需成立「學校課程發展委員會」，該會的組成員不包括下列何者？（1）級任教師代表；（2）家長代表； （3）學校行政人員代表；（4）教育局代表。

36	1	國民小學學校教科書之選用，應由學校那一個會議訂定選用辦法？（1）校務會議；（2）行政會議；（3）教務會議；（4）教科書選用小組會議。
37	B	現行國民中小學課程綱要是由：（A）行政院（B）教育部（C）國立編譯館（D）教育廳 所頒行。
38	D	下列何項並非九年一貫新課程強調的重點？（A）課程綱要取代課程標準（B）學生學習中心取代學科本位教學（C）學校本位取代統一課程設計（D）多元智慧取代共同基本能力。
39	A	行政院第四期教育諮議報告書的核心概念為何？（A）學習權（B）教育參與權（C）道德教育（D）教育機會均等。
40	D	根據我國《國民中小學九年一貫課程綱要》規定，學校課程計畫應依何者為單位提出？（A. 課 B. 單元 C. 學生 D. 學習領域）
41	B	下列何者不屬於九年一貫課程六大議題：（A.家政教育 B.英語教育 C.兩性教育 D.人權教育）
42	1	現行國中小課程標準是由：（1）行政院（2）教育部（3）國立編譯館（4）教育廳所頒行
43	4	依據國民中小學九年一貫課程綱要規定，下列哪一種時間，不列入「彈性學習節數」的時間？（1）補救教學時間（2）班級輔導時間（3）學生自習時間（4）導師時間。
44	D	依據九年一貫課程改革的精神，下列人員的角色應有那些改變：（A）教師從課程發展者成為課程執行者（B）校長從教學領導者成為行政領導者（C）家長從被動旁觀者成為課程主導者（D）學生從被動接受者成為主動學習者。
45	B	九年一貫課程的理念以何者為中心？（A）學術（B）學習（C）生活（D）生態。

46	②	下列何者非屬九年一貫課程中的六大議題範疇？①兩性教育 ②和平教育 ③資訊教育 ④家政教育。
47	①	九年一貫課程的實施，主要目的不包括下列哪一項？①增加家長與學生的相處機會 ②推動學校本位課程設計 ③提升教師的專業自主 ④降低各年級的上課時數，減輕學生負擔。
48	B	根據教育部規劃的時程，國中將於哪一學年度開始由國一實施九年一貫課程？（A）九十學年度　（B）九十一學年度　（C）九十二學年度　（D）九十三學年度
49	D	下列對九年一貫課程的敘述，何者為正確？（A）用課程標準取代課程綱要　（B）培養國民七大基本能力　（C）將學科整合為十大學習領域　（D）基本教學節數佔百分之八十，彈性教學節數佔百分之二十
50	AD	下列有關國民教育的陳述,何者為真？A. 可辦理非學校型態的實驗 B. 以政府辦理為限 C. 教科圖書由教育部編定 D. 校長任期屆滿可回任教職（複選題）
51	AB D	六歲至十五歲的國民義務教育具有下列哪些特徵？A. 免試 B. 免繳學費 C. 免繳雜費 D. 強迫性（複選題）
52	AB C	最近一波的中小學課程改革趨勢為：A. 加強學生解決衝突、與人相處、民主法治和面對挫折的能力 B. 統整課程以較廣的學習領域取代學科的過度分化 C. 加強本土化特色並因應國際化趨勢 D. 強化教材深度以迎接公元二千年的來臨（複選題）
53	CD	下列有關義務教育的陳述,那些是對的？A. 因應國際化之需求，國外學校可到我國招收從義務教育到大學之學生 B. 父母對國民中小學教育不滿意，可以選擇在家自行教育子女 C. 八十六學年度起國中落實常態編班,違者公布學校和校長姓名 D. 國民中小學無留級制度（複選題）

三、技職教育
Technological and Vocational Education

（一）成立業務主管司

1．政府遷臺之初，技職教育仍由高等教育司與中等教育司分別兼掌專科教育與職業教育，至民國五十七年五月成立「專科職業教育司」，始職有專司，掌理專科教育、職業教育、職業訓練及建教合作等事項。

2．二年七月改稱「技術職業教育司」。

（二）技職教育的發展：學制彈性化、招生多元化、課程自主化

1．在學制方面：早期配合九年國教的實施，停辦初級職校與五年制高職。八十年代逐步廢除三年制專科，輔導改制學院或技術學院；輔導績優專科學校改制技術學院並附設專科部、技術學院改名科技大學等。

2．在招生方面：推動技（藝）能優良學生保送甄試大專校院、在職班考試加計工作年資及證照加分、八十九學年度起取消高職聯招考試入學、九十學年度起配合教改考招分離政策，實施高職及五專多元入學方案、技專校院多元入學方案等。

3．在課程方面：技職學校類科眾多，專業科目亦甚龐雜，隨著社會變遷與經濟成長，課程由早期單位行業、群集課程、到近期學校本位課程發展理念的推動，職業學校已擁有15%~35%校定科目自主空間，專科以上學校則依[專科學校法]及[大學法]精神，授權學校自訂。

（三）綜合高中及高中職社區化

1．後期中等教育的變革則隨著適性學習、自主選擇、資源統整等教育改革的訴求。

2．自八十五學年度起試辦綜合高中課程實驗，八十八年納入正式學制。

3．<u>九十學年度</u>起推動<u>高中職社區化</u>，至九十二學年度止，共計 486 所高中職參與，在 45 個適性學習社區內，包括<u>普通、技職、資優、身心障礙</u>等四個學習系統，分別進行<u>資源統整</u>、<u>課程改進</u>、<u>適性輔導</u>、<u>定期研習</u>、<u>社區交流</u>等機制，以期建構令社區居民滿意的學習環境。

54	4	為發展社區型中學，並提供學生統整學習所設立之中學為何？（1）實驗中學（2）綜合中學（3）單科中學（4）完全中學
55	2	高中多元入學方案的主要精神除多元智慧與多元選擇外，尚包括何者？（1）多元文化 （2）多元特色 （3）多元評量 （4）多元經費
56	C	目前我國教育部正規劃推動的學校社區化，主要是針對哪一個層級的學校：（A）國小 （B）國中 （C）高中、高職 （D）大學校院。
57	B	下列何者不是綜合中學的特色？（A.課程繁多 B.目標一元化 C.選課自由 D.普通科與職業類科並立）
58	C	目前高中各科教科書版本眾多，今年大學多元入學方案指定科目考試是對以下什麼理念的檢驗？ （A）回歸主流 （B）回流教育 （C）一綱多本 （D）零拒絕
59	BCD	政府推動「高中職社區化」計劃。下列哪些敘述是錯誤的？ （A）該方案被視為推動十二年國教的基礎 （B）鼓勵所有高中與社區國中合併為完全中學 （C） 各地明星高中可聯合舉行全國性考試，以招收最優秀的學生 （D） 將從 91 學年度起於全國

		全面實施（複選題）
60	ABC	近來多元入學方案引發各界爭議，主管教育行政當局提出「改良式多元入學方案」，請問其未來改進方向為何？ （A）入學方案簡單化 （B）招生公平化 （C）選才多元化 （D）在校成績採計標準化（複選題）
61	B	「回流教育」的真正意義是：A. 身心殘障學生與一般學生一起上課　B. 已到社會就業者，有機會回到學校學習　C. 高中畢業可以考技術學院、高職畢業可以考大學，五專畢業可以考技術學院及大學等相互流通的方式　D. 正規學校教育與證照制度可互通（複選題）
62	C	「綜合高中」的真正意義是：A. 一所高中同時設有普通科及職業類科，但兩者不得互相交流　B. 一所中學同時設有高中部與國中部　C. 一所高中同時設有學術課程及職業課程，學生可依興趣同時選修兩類課程　D. 高中附設國中部
63	ACD	完全中學有何特色？A.國中、高中合併 B.同時提供高中、高職課程 C.充分運用教育資源 D.高中社區化（複選題）

名詞解釋或簡答：

高中職社區化計畫

填充題：

64	申請、推甄	台灣目前的高中多元入學方案，包含哪三種入學管道：登記分發、【　】和【　】。

四、教育人事制度

System of Personnel on Educational Affairs

（一）確立教育人事業務分工

　　早期教育人事制度並無統整之法律規範，自民國二十九年起，中央考銓機關即與教育部研議，直到五十一年第四次全國教育會議，決議「建立教育人事制度」，並交由教育部辦理。

（二）公布「教育人員任用條例」

　　為建立教育人員任用法制，七十四年五月總統公布「教育人員任用條例」，適用對象涵蓋公立各級學校校長、教師、職員、社會教育機構專業人員及學術研究機構研究人員；而私立學校校長、教師之任用資格及審查程序準用之。

（三）制定「教師法」

1．對於教師是否屬於公務人員，至八十一年大法官會議釋字第三〇八號解釋後，始有較為明確之界定。

2．準此，教育部本於「公教分途、公私一致」之原則，研擬制定「教師法」。八十四年八月總統公布施行，適用對象包括公、私立學校之教師，以明確教師之權利義務，保障教師之工作與生活，提升教師專業地位。此後並積極研訂以教師為主體相關法規。

（四）建立學校教職員工退休撫卹基金

1．基於私立學校與公立學校同為國家培育人才之教育機構，為安定私立學校教職員工之生活，民國八十年十二月總統修正公布「私立學校法」，明訂建立私立學校教職員工退休撫卹基金，該基金並自八十一年八月成立管理委員會，負責複核退撫案件及支付退撫給與。

2．教育部並針對私立學校教師退休撫卹儲金制度之建立，積極研擬推動方案。

65	D	依「教師法」之規定，下列何者為正確？（A）大學教師資格之取得採檢定制（B）國外大學校院畢業可逕行取得實習教師資格（C）國民中學教師初聘為一年，續聘每次為二年（D）修畢中等學校教育學程結束後者，應向教育部中部辦公室申請初檢。
66	D	依「教師法」之規定，教師之待遇分為哪幾種？（A）本薪和加給二種（B）本薪和獎金二種（C）本薪、加給和鐘點費三種（D）本薪、加給和獎金三種。
67	C	下列何者不是「教師法」明訂教師所應遵守的義務？（A）擔任導師（B）維護校譽（C）對學校發展提供興革意見（D）參加學校學術、行政工作與社會教育活動。
68	1	教師應遵守法令履行聘約外，並有擔任導師之義務，此規定出自於：（1）教師法；（2）師資培育法；（3）國民教育法；（4）教育人員任用條例。
69	1	學校教師評審委員會在審議教師教學不力，不能勝任工作，有具體事實或違反聘約情節重大者，應有全體委員多少人以上出席、多少人以上通過，始得決議？（1）2/3 出席、1/2 通過；（2）1/2 出席、1/2 通過；（3）1/2 出席、2/3 通過；（4）2/3 出席、3/4 通過。
70	BC	近年來教師退休蔚為風潮，其原因為何？（A）政府規定寒暑假需到校上班（B）擔心退休撫卹制度變革影響權益（C）課程改革對教師要求過高（D）班級人數逐年增加，不勝負荷。（複選題）
71	④	下列哪一項不是教師法對學校產生的衝擊？①家長正式參與重要校務運作②教師與政府從公法關係轉為私法契約關係③校

		務行政運作過程改變 ④教師權益無法受到保障。
72	①	民國九十二年一月十五日公布修正的教師法第十七條，新增哪一項教師應盡的義務？①擔任導師 ②積極維護學生受教的權益 ③輔導或管教學生 ④遵守聘約規定，維護校譽。

五、終身學習 -Life-long Learning

（一）各國趨勢

1・聯合國聯合國教科文組織的教育委員會，於 1996 年出版「學習─內在的財富」中，明確指出「二十一世紀，是一個終身學習的世紀，揭示了學習四大支柱，包括：「學會認知（learning to know）、學會做事（learning to do）、學會與人相處（learning to live together）、學會發展（learning to be）」。（知識管理與教育革新研討會會議手冊，p.3-8）」。聯合國教科文組織於 2003 年提出終身學習的第五支柱「學會改變」。

2・我國為建立終身學習社會，提升國民素質與國家競爭力，教育部於民國八十七年三月公布「邁向學習社會」白皮書，並透過研訂各項中程計畫與完成立法等有效作為，據以大力推動。並訂民國八十七年為「終身學習年」，且於民國九十一年公布「終身學習法」。

（二）推展家庭教育，建立祥和社會

1・為實踐「邁向學習社會」白皮書中推動「學習型家庭」行動方案，八十七年至九十二年實施「推展學習型家庭教育，建立祥和社會」中程計畫。

2．<u>九十二年</u>二月總統公布「<u>家庭教育法</u>」，以增進國民家庭生活知能，健全國民身心發展，營造幸福家庭，建立祥和社會，並作為推動家庭教育的依據。

（三）強化人文藝術素養，建立書香社會

1．<u>八十六年</u>三月總統公布「<u>藝術教育法</u>」，以積極培養<u>藝術人才</u>，充實<u>國民精神生活</u>，提升<u>文化水準</u>為目的。

2．藝術教育之實施分為三類：（一）學校<u>專業</u>藝術教育；（二）學校<u>一般</u>藝術教育；（三）<u>社會</u>藝術教育。由<u>學校</u>、社會<u>教育機構</u>、其他有關文教機構及社會團體實施之。

3．<u>九十年</u>一月總統公布「<u>圖書館法</u>」，規範公私立圖書館之辦理品質，使我國圖書館之服務更為周延。

4．歐洲經濟貨幣同盟（Economic and Monetary Union ;EMU），又稱「歐洲聯盟」（EU）。

　（1）歐洲十一個國家法、德、奧、比、芬、愛、義、盧、葡、西、荷等於 1991 年訂定<u>馬斯垂克</u>條約，於 1999 年元月 1 日起正式成立歐洲單一貨幣（歐元）向政經統合之路邁出一大步屆時將是繼美國之後的第二大單一貨幣市場。

　（2）歐元（EURO）係指歐洲經濟貨幣同盟所使用的單一貨幣名稱，在 2002 年 1 月 1 日以後流通全球。

（四）非正規教育學習成就認證辦法

1．94 年 3 月教育部召開「非正規教育課程認可委員會議」，修正通過「非正規教育課程認可機制作業規定」。

2．民國九十一年公佈實施終身教育學習法，教育部再依據這項辦法訂定非正規教育學習成就認證辦法，於九十二年十月公佈實施，基於任何終身學習應該都可以認證，教育部

經過研議，確定將於 94 年九月開始試辦三年。

3．教育部研議多年的非正規教育課程認可機制即將於 94 年九月啟動，預定先試辦三年，高中畢業或二十五歲以上具四年工作經驗的民眾都可修習社教機構、民間基金會、社區大學經過認可的課程，取得四十學分即具備申請入學大學資格，也可提供民間企業與公司行號做為員工升遷的參考。

4．屬於試辦性質，認可範圍不大，只以人文藝術、社會科學、自然科學不必實驗的課程為範圍，像醫學領域必須實驗與實習的課程則不在認證範圍。

73	4	規定機關或雇主給予員工固定公假的帶薪學習制度以提升員工及專業知能的法規是①教師法②幼稚教育法③兒童及少年福利法④終身學習法。
74	A	根據「藝術教育法」第十五條之規定，學校一般藝術教育應有的目標中，下列哪一項不在其中？(A)提升藝術表現能力 (B)培養學生藝術知能 (C)陶冶生活情趣 (D)啟發藝術潛能
75	A	2003 年 2 月 13 日聯合國啟動了「識字十年」，強調識字是基本教育重要的一部，是有效參與 21 世紀社會和經濟活動不可或缺的手段，以下何項政策並非我國教育部推動此國際社會趨勢的重要議題？(A)實施高中職社區化教育 (B)提供成人基本識字教育 (C)鼓勵成人就讀國小補校 (D)獎勵社區大學開設相關課程。
76	③	目前法令規定高級中學以下學校每學年應實施多少小時以上的家庭教育課程及活動？①八 ②六 ③四 ④二。
*	E	以兒童交通博物館所進行的交通安全教育而言，比較屬於何種教育？(A)學校教育 (B)同儕教育 (C)家庭教育 (D)視聽教育 (E)社會教育。
77	C	教育部明定何年為「生命教育年」？(A) 1998 年 (B) 2000

		年　（C）2001 年　（D）2004 年　。
78	C	UNESCO 是指下列哪一種組織？（A）聯合國兒童基金會（B）歐洲經濟合作組織（C）聯合國教科文組織（D）國際比較教育學會。
79	B	倡導終身學習最積極的國際組織是：（A. APEC　B. UNESCO　C.WTO　D.NATO）
80	D	下列何者屬於社會教育的範疇？　甲、博物館所舉辦的研習活動，乙、成人教育博士課程，丙、空中大學，丁、高職進修補校，戊、學士後醫學系。（A）甲乙丙　（B）乙丙丁　（C）丙丁戊　（D）甲丙丁
81	D	家庭教育屬於：（A）非正式教育（B）正式教育（C）正規教育（D）非正規教育。
82	B	家庭教育與親職教育的範圍是一樣的。（A）是　（B）否
83	4	家庭是協助教育實施的重要機構。依「家庭教育法」之規定，高中以下學校每年應於正式課程實施之外，實施多少小時親職教育課程與活動？　（1）10　（2）8　（3）6　（4）4
84	B	依據立法院三讀通過的「家庭教育法」之規定，高中以下學校每年應在正式課程之外，實施多少小時以上家庭教育課程及活動？（A）2 小時　（B）4 小時　（C）6 小時　（D）8 小時。
85	AB CD	根據「家庭教育法」，下列哪些屬於家庭教育的範圍？　（A）子職教育　（B）親職教育　（C）婚姻教育　（D）倫理教育。（複選題）
86	A	最近立法院通過一項法律，積極推動員工「帶薪學習制度」，請問這項法律是（A）終身學習法　（B）全民教育法　（C）勞動基準法　（D）工會法
87	C	1995 年聯合國教科文組織提出「學習：內在的財富」報告書，

		揭示了學習四大支柱,包括:學會認知、學會做事、學會發展,以及 (A)學會電腦 (B)學會外語 (C)學會與人相處 (D)學會說話。
88	B	聯合國教科文組織於 2003 年提出終身學習的第五支柱,此係指 (A)學會發展 (B)學會改變 (C)學會與人相處 (D)學會追求知識。
89	B	終身學習的範圍很廣,但不包含: (A)formal education (B)nonformal education (C)unformal education (D)informal education
90	D	家庭教育屬於:(A)非正式教育 (B)正式教育 (C)正規教育 (D)非正規教育。
91	A	為促進終生學習,建立學習社會,目前政府推動下列哪項措施? (A)規定中小學教師必須進修一定時數或學分,以落實在職進修 (B)研究所免試入學,以擴大招收在職人員進修 (C)鼓勵企業設立進修學習單位,提供企業外人士進修 (D)鼓勵社教機構設立研究所,提供民眾修習碩、博士學位的機會
92	4	聯合國教科文組織中的教育委員會於 1996 年就終身學習的觀點,提出「學習社會」(learning society)的四項支柱,不包括下列哪一項? (知識管理與教育革新研討會會議手冊,p.3-8) (1)學習與人相處 (2)學習追求知識 (3)學習做事能力 (4)學習如何學習。
93	AB CD	教育改革總諮議報告書指出現代社會應是個學習社會,下列有關學習社會的陳述,何者為真?A. 個人需要的不僅是學校教育,而且是終身教育 B. 學校教育的目的在於培養終身學習的習慣、態度、方法和技巧 C. 採取回流教育的理念 D. 發展各類學習型組織(複選題)

| 94 | AB D | 下列那些措施能達成終生學習，建立學習社會的目的？A. 廣設社區學院，以提供在職人員進修 B. 規定中小學教師每年必須進修１８小時或１學分，以落實在職進修 C. 所有研究所免試入學，以擴大招收在職人員修讀 D. 加強遠距教學與空中教學，以誘發更多潛在的學習者（複選題） |

填充題：

| 95 | 歐洲聯盟 | 1995 年認知到學習型社會的來臨，每個人隨時需要有變化工作、更新知能的準備而提出「教與學—面向學習社會」教育白皮書的組織是【　　】。 |
| 96 | 家長會 | 今年公布之家庭教育法中規定，高級中等以下學校每學年應在正式課程外實施四小時以上家庭教育課程及活動，並應會同（　）辦理親職教育。 |
| 解釋名詞：終生學習 |

六、師資培育-*Teacher Cultivation*

（一）中央政府遷台前後

1・中央政府遷台前：

　　　民國二十一年十二月，國民政府公布「師範學校法」確立師範學制地位，規定師範教育由政府辦理、師範學校應脫離中學而單獨設立。師範學校及師範學院採公費制，不收學費並由政府供給膳宿制服書籍；其畢業生由政府派往指定地點服務。

2・中央政府遷臺以後：師範校院為師資培育的主流

（1）為提高國民小學師資素質，於四十九年起陸續將臺灣省各師範學校改制為三年制師範專科學校，招收高中

高職畢業生在校修業二年，在校外實習一年。

（2）至五十二年再陸續改制為五年制師範專科學校，招收初中畢業生修業五年。

（3）七十六年全部升格為師範學院，招收高中畢業生修業四年，實習一年，於是將小學師資提高至大學水準。

（4）在中學師資方面，二十七年頒行「師範學院規程」，規定師範學院為中學師資培養之機構。

（5）四十四年將台灣省立師範學院改制為台灣省立師範大學，之後高雄師範學院與彰化教育學院，也先後完成改制。

（6）六十八年總統公布「師範教育法」，為師範教育取得法源，是師範教育的里程碑，其間師資培育採計畫式、公費為原則，並以師範校院為師資培育的主要機構。

（二）師資培育多元化

1・八十三年原「師範教育法」修正後改名為「師資培育法」。

2・新法師資培育由計畫式培育改為儲備式培育，由一元化轉為多元化，培育機構由原師範校院擴大為各大學校院經實核准可以開設教育學程及學士後教育學分班，共同參與高級中等以下學校及幼稚園師資的培育。

3・學生由全公費式改為以自費為主，公費及助學為輔之培育方式，自費生不再分發。

4・我國師資培育政策從一元化、計畫性、分發制改為多元化、儲備性、甄選制，用以確保師資培育「專業化」和「優質化」。

97	3	根據民國92年5月5日新修正、公布的師資培育法將修畢教育學分，進入校園實習者視為（1）初任教師　（2）高級教

		師　（3）師資培育機構學生　（4）兼任教師。
98	B	下列何者是師資培育法的主要特點（A. 廢除公費生 B.師資培育機構多元化 C.佔缺實習 D.增加教師資格檢定制）
99	ABC	目前全國共有六十多所大學校院開辦教育學程，開辦的學程包含哪些？（A)幼稚教育學程（B)國民小學教育學程（C)中等學校教育學程　（D)體育教育學程。（複選題）
100	D	九十一年修訂公布的「師資培育法」，要求師資培育機構設置何單位？（A)教育學程實習輔導室（B)教育學程中心（C)教育研究所或教育系　（D)師資培育中心。
101	ABD	最近立法院三讀通過的師資培育法修正案之重點有哪些？（A)中小學師資由分流培育改為合流培育（B)一年全時教育實習改為半年（C)實習津貼由八千元調高為比照最低基本工資（D)教師資格的取得由書面檢定改為考試檢定（複選題）
102	B	師資培育機構係指：(A)大學校院（B)教育學程中心（C)教育行政單位（D)教師研習中心。
103	B	師資培育法的最大特色在於師資培育的：(A)社區化　（B)多元化　(C)本土化　(D)菁英化
104	ACD	下列舊制與新制師資培育制度的比較，何者為真？A. 培育管道一化 vs.培育管道多元化 B. 儲備式培育 vs.計畫式培育 C. 佔教師缺進行實習 vs.以實習教師身份實習 D. 國小教師採派任制，中學教師採聘任制 vs.中小學教師均採聘任制（複選題）
105	D	下列那一個不是師資培育機構？A. 國立台灣大學 B. 國立政治大學　C. 中國文化大學 D. 台北市教師研習中心

填充題：

106	師資培育法	我國師資培育政策自哪一法規通過後，從一元化走

		向多元化？

是非題：

107	○	師資培育的專業教育課程，旨在協助未來教師熟悉學習歷程、教育思想、教育政策與實務等，作為從事教育活動的準備。目前我國比日本更為重視專業教育課程。

七、高等教育-Higher Education

（一）由菁英邁向普及化

我國高等教育機構的發展由民國三十八年中央政府遷臺之初，一所國立臺灣大學和台南工學院、台中農學院及省立師範學院等三所學院，學生總數 5,000 餘人，發展迄今則增至大學校院 151 所（含軍警校院及空中大學），學生總數逾 78 萬。數量增加的原因：除了增設公立大學外。

1．其一是鼓勵私人興辦大學。六十三年總統公布「私立學校法」取代原有的「私立學校規程」，賦予私校設立的法源依據。

2．從四十二年首創私立學院起，目前在全部高等學府中，私人設立的學校已超過六成。

3．其二是因應經濟社會發展需求，於六十三年設立第一所技職體系的大學校院，確立了一般大學和技職教育雙軌發展的政策。

（二）從管制走向自治

1．大學經營的理念，過去是以管制為主，八十三年修訂「大學法」，確定大學自治和學術自主的原則，授權大學招生和課程自主，大學各級學術主管及校長由學校遴選，以校

務會議為最高決策會議等。

2 · 八十五年「國立大學校務基金條例」完成立法，並自八十八年度起全面實施，為公立大學提供了較大的經費自主運用空間；同年，大學學費彈性方案開始實施，打破長期以來齊頭的學費規範。

（三）追求卓越發展

1 · 我國高等教育的發展，既要追求數量的擴充，更要追求品質的提升。

2 · 自六十六年起，教育部逐年推展大學綜合校務評鑑及學門評鑑，以建立大學品質的管控機制。

 （1）八十九年推動「大學學術追求卓越發展計畫」

 （2）九十年新增「提升大學基礎教育計畫」

 （3）九十一年起陸續推動「提升大學國際競爭力計畫」、「大學整併及跨校性大學研究中心計畫」、「大學科技系所人才培育計畫」、「提升推動研究型大學基礎設施計畫」等，以促進高等教育的卓越發展。

108	C	近年來我國高等教育快速擴張，八十九學年度大學校院數目總共有一百多所，其中以哪一種類型的學校數目增加最多？（A）師範校院　（B）一般校院　（C）技職校院　（D）軍事校院
109	ABC	我國近些年來高等教育快速擴張，產生哪些現象？（A）政府有限資源相互排擠　（B）多數學生留在國內就讀研究所，出國留學人數大幅減少　（C）學生人數少於一萬人之小型大學增加　（D）九十一學年度大學錄取率突破百分之百。（複選題）
110	B	最近某大學學生某學期所修學分超過二分之一以上不及格，遭校方退學，學生不服提出申訴，最後經最高法院判決大學勝訴。這個判例彰顯什麼理念？（A）學生受教權的保障　（B）

		大學自主權的保障 （C）學生申訴權的保障 （D）大學專業權的保障
111	BC	有關我國高等教育的現況，下列敘述哪些正確？ （A）大學院校數量擴張迅速是為因應未來就學人數之增加 （B）增加的院校中很多是專科升級改制而成 （C）目前多數大學院校之間，功能分化不明確 （D）有許多所大學已成為國際著名高等教育學府（複選題）
112	AD	為促進我國高等教育的發展,目前政府擬採行的教育改革措施包括：A. 推動大學追求卓越， 達到國際一流水準 B. 齊一高等教育學府之型態，注重各校間之同質性 C. 積極投注公立大專院校之建設，輔導私立大專院校合併或裁撤 D. 強化學門的彈性整合（複選題）
113	D	我國大學型態逐漸多樣化，目前已有多種大學，但尚「不」包括那一種？A. 綜合大學　　B. 技術學院　　C. 師範大學 D. 社區學院
114	AD	新大學法賦予大學自主，可包括下列那幾項？A. 募款基金 B. 設立分校 C. 訂定修業年限 D. 規劃課程（複選題）

八、教育改革 -Education Reform

（一）進行教育改革檢討

1・七十年代後期國內邁向多元、民主、開放的社會，教育改革的呼聲風起雲湧。

2・民國八十三年四月「四一〇教改行動聯盟」提出制定教育基本法、落實小班小校、廣設高中大學、推動教育現代化四大訴求，喚起全民教改共識。

3・民國八十三年，教育部召開第六次全國教育會議。

4．之後行政院成立「教育改革審議委員會」，民國八十五年十二月完成「教育改革總諮議報告書」，提出教育鬆綁、帶好每個學生、暢通升學管道、提升教育品質、建立終身學習社會做為教育改革的基本方針。呈現出台灣近十年的教育改革強調鬆綁，符應西方自 1990 年代以來「學校重整運動」風潮。

（二）實施十二項教改工作

為落實「教育改革總諮議報告書」之建議，教育部於八十七年擬定「教育改革行動方案」，經行政院「教育改革推動小組」審議通過，以五年時程，自八十七年七月至九十二年，編列經費 1,570 餘億元，實施十二項工作計畫，包含：

1.健全國民教育	2.普及幼稚教育	3.健全師資培育與教師進修制度
4.促進技職教育多元化與精緻化	5.追求高等教育卓越發展	6.推動終身教育及資訊網路教育
7.推展家庭教育	8.加強身心障礙學生教育	9.強化原住民學生教育
10.暢通升學管道	11.建立學生輔導新體制	12.充實教育經費與加強教育研究

（三）推動生命教育

前教育部長曾志朗宣布民國九十年為「生命教育年」，各級學校應設法將生命教育融入課程，對各學科都應討論生命發展過程中所具有的意義與價值，實施對象則以高中及國中生優先，再逐年推廣至小學及大學。「生命教育年」首要強調的是培養學生健康、健全的人生觀，亦即對自己生命負責的態度，其次應強調生命本身的意義與價值，讓學生有更滿足、更豐盈的生活方式。

（四）檢討改進凝聚共識

為檢討教育改革實施及凝聚教改共識，教育部於八十八年五月、九十年十二月召開二次以教育改革為主題之檢討會議，復於九十二年九月召開「全國教育發展會議」，檢討教育改革，並以凝聚未來教育政策方向之共識。

115	A	在歐美進步國家中，(A)白皮書 (B)綠皮書 (C)藍皮書 (D)黑皮書 的內容通常係代表政府的官方政策。
116	A	「假如你是教育部長，你會如何處理台灣教育的問題？」，這是哪種類型的問題？ (A)擴散性思考 (B)聚斂性思考 (C)評鑑性思考 (D)記憶性思考
117	C	教育改革總諮議報告書中提出當前教育改革五大方向，分別是人本化、民主化、多元化、國際化及何者？(A)現代化 (B)本土化 (C)科技化 (D)精緻化
118	2	何者法令規定國民教育階段家長依法律參與學校教育事務之權力？(1)教師法 (2)教育基本法 (3)師資培育法 (4)國民教育法。
119	C	課程改革改革根模式，乃是以下列何者作為課程改革的主體？(A)學生 (B)學者專家 (C)教師 (D)教育行政機關。
120	3	下列有關台灣的教育改革措施，何者與美國教育發展的脈動較無直接關連？ (1)在家自行教育法制化 (2)公辦民營學校法制化 (3)制訂七大學習領域課程 (4)推動統整課程。
121	C	「教育改革審議委員會」於 1996 年所研擬的《教育改革總諮議報告書》中，提出五大改革方向，下列何者不是其中之一？(A)帶好每位學生 (B)建立終身學習社會 (C)制定教育基本法 (D)暢通升學管道。
122	C	台灣近十年的教育改革強調鬆綁，此正符應西方自 1990 年代以來之何種運動？(A)均權化運動 (B)學校解構運動 (C)學校重整運動 (D)有效能學校運動。

123	D	「教育改革諮議報告書」（民85）對資優教育 （A）表示支持 （B）表示反對 （C）提供若干改革建議 （D）全未提及。
124	1	民國九十二年九月之全國教育會議大會議題參「回歸國民教育本質，階段性推動十二年國民教育」中，下列何者不是其中的討論主題？(1)高中職社區化(2)改善教科書編審選機制(3)培養健康活力青少年(4)學生心理健康。
125	3	依據「國民教育階段重度身心障礙學生教育代金申請要點」之規定，在家教育者，學校可協助其申請教育代金，政府提供其教科書及習作，並派員到家中輔導至多少歲為止？(1)六歲；(2)十二歲；(3)十五歲；(4)十八歲。
126	A	下列何者不是教育部近來推動的與高中有關的教育改革政策？（A.恢復大學聯考 B.大學入學多元化 C.高中邁向社區化 D.規劃十二年國教）
127	B	現行課程改革採取「一綱多本」政策，其意義主要是指什麼？（A）一本綱要、多種教法 （B）一本綱要、多種教材 （C）一個目標、多元綱要 （D）一本綱要、多種老師。
128	BCD	台北市推動的「學校日」措施，旨在實踐「教育基本法」中所強調的哪些理念？（A）強化校長的行政權（B）確保學生的學習權 （C）提升教師的專業自主權(D)增進家長的參與權。（複選題）
129	BCD	九十一年底的「第一屆全國科學教育會議」指出我國學生在國際競賽中數理科表現有下列哪些隱憂？ （A）學生表現比國際平均值低 （B）學生成績明顯存在雙峰分布現象 （C）學生對數理科的學習興趣不高 （D）學生在高層次科學探究上的表現欠佳。（複選題）
130	BCD	「教育改革諮議報告書」提出的教育改革訴求包括：（A）大學免試入學（B）帶好每個學生（C）暢通升學管道（D）教育鬆綁。（複選題）

131	A	教育改革總諮議報告書中的首要中心理念為何？（A）教育鬆綁　（B）保障學習權　（C）重視父母的教育權　（D）強調教師的專業自主權。
132	②	依據「教育改革行動方案」中有關健全國民教育之規定：九十六學年度國中小班級學生人數降至每班多少人？①三十三人②三十五人　③三十七人　④三十九人。
133	ABD	行政院教改會諮議報告書提出「帶好每個學生」的主張，與下列哪些說法精神相似？（A）因材施教　（B）有教無類　（C）得天下英才而教之　（D）誨人不倦（複選題）
134	BD	一九九四年「四一〇」民間教改團體走上街頭，提出教育訴求，有些已經實現，有些則尚在努力中，當時提出的訴求為何？　A.廣設職業學校　B.實施小班小校　C.教育電腦化　D.訂定教育基本法（複選題）
135	AC	「四一〇」教改聯盟的訴求包括：A. 教育現代化　B. 帶好每位學生　C. 廣設高中大學　D. 教育鬆綁（複選題）
136	A	下列何者為暢通升學管道的有效措施？A. 建立國中基本學力測驗制度，落實高中多元入學方案　B. 調整高級中等教育階段學生結構比例，減少普通高中學生人數，增加高職學生人數　C. 發展多元入學輔助工具，建立大學考招合一制度　D. 在量重於質的考慮下，持續大幅擴充高等教育入學機會
137	ACD	根據八十七年教育報告書，經過系列的教育改革，到了公元二千年，期將下列那些遠景化為事實：A. 升學競爭趨於緩和，彈性學制次第建立　B. 城鄉差距日形擴大，地區特色更形顯著　C. 師資培育多元開展，教育實習具體落實　D. 大學自主充分實現，公私立院校各具特色（複選題）
138	AB	目前國中階段重大的教育問題有：A. 升學主義扭曲學校教學、輔導措施，造成學生不當壓力　B. 校園中師生衝突，學生間暴力事件日形增多　C. 所有學生學業成就普遍低落　D. 多元

		族群間衝突不斷（複選題）
139	ABD	近些年來政府提出的教育鬆綁措施有哪些？（A）允許義務教育階段學齡兒童在家教育　（B）體制外學校（如森林小學）合法化　（C）大學可至大陸辦理授予學位的學分班　（D）師資培育管道多元化（複選題）
140	C	新近頒布的教改十二項行動方案，大約要在五年中投資多少新台幣？A. 五百億元　B. 一千億元　C. 一千五百億元　D. 兩千億元
141	BCD	為促進我國國民教育的發展，目前政府擬採行的教育改革措施包括：A. 降低國中小學班級人數至 20 人以下，以改善教學環境　B. 研訂九年一貫課程，培養國民基本能力　C. 國小實施英語教學，以因應新世紀的教育需求　D. 對學習及生活適應不良的學生辦理潛能開發教育，落實有教無類與因材施教的理想（複選題）
142	ABD	依據行政院教育改革行動方案，未來中小學教師須同時擔負什麼角色？A. 訓導　B. 輔導　C. 行政　D. 教學（複選題）
143	C	教改會功成身退後，為落實教育改革的推動與實施，成立了教育改革推動小組，該小組隸屬於那一機關？A.總統府 B. 中央研究院 C.行政院 D.教育部
144	D	教改會所提教育改革之建議，常無法獲得教育部之積極推動，其原因教育部的解釋是什麼？A.教育理念不同　B.教育目標不同 C.推動方式不同　D.優先順序不同
145	ABCD	教改會推動制訂「教育基本法」，其立法的基本精神是保障學習權。根據聯合國教育科學文化組織在一九八五年所闡述的學習權精義，包括下列那幾項？A. 閱讀和書寫的權利 B. 想像和創造的權利 C. 提出問題和思考問題的權利　D. 接受教育資源的權利（複選題）
146	BCD	行政院教育改革諮議報告書，提出改革建議包括下列那幾項？

		A. 人力培養應配合經濟建設發展之需求 B. 暢通升學管道 C. 提升教育品質 D. 建立終身學習社會（複選題）
147	ABC	近年來，各級主管教育行政機關，將教育權移至中小學校有下列那幾項？A. 各科教科書開放審定本，由各校自行選用 B. 教師之聘任權交由各校教師評審委員會 C. 部分可以課程留白，由教師自行決定授課方式及內容 D. 各校可自行決定教師員額編制（複選題）

是非題：

148	○	教育基本法於民國八十八年公佈實施，確立我國教育基本方針，健全教育體制。
149	×	依據教育基本法之規定，中央政府應嚴加監督各直轄市、縣市教育局，推展地方教育事務。

填充題：

150	歐洲聯盟(EU)	1995 年認知到學習型社會的來臨，每個人隨時需要有變化工作、更新知能的準備而提出「教與學—面向學習社會」教育白皮書的組織是【　　】。

簡答題：

行政院『教育改革總諮議報告書』提出那五大教改方向？
行政院教育改革總諮議報告書，所提出教育改革的綜合建議中，其中五大方向為何？

主題三：教育行政組織

前言

1 · 教育行政體系自 <u>1999 年</u> 7 月 1 日以後，<u>台灣省政府組織</u>與功能精簡，使台灣地區的教育行政制度實際上為<u>二級</u>，即中央、直轄市或縣市。

2 · 我國在行政區劃分上，分為兩直轄市（<u>臺北、高雄</u>）、省區（<u>台灣省、福建省</u>）等四個行政區。台灣省區有 21 個縣市；而福建省區則有金門、馬祖兩縣。

3 · 教育行政組織的類型：

教育行政組織的類型	（1）地方分權制（平行的教育行政）	中央不負實際責任，以州政府為各州教育行政最高機關。如美國聯邦政府衛生教育福利部所屬之美國教育署，其主要工作在微集全國教育統計資料，報導教育消息。
	（2）中央集權制（垂直的教育行政）	中央教育機關及所統轄之各級地方機關，支配全國教育系統，例如法國集權於中央政府。
	（3）均權制（折衷）	依據建國大綱第 17 條，「中央及省」均採均權制即不偏『中央集權』或『地方分權』，而以事務之「性質」為權力劃分標準。 依據憲法 108-111 條。

以下何種教育行政制度易導致民眾對教育失去興趣而漠不關

		心？①分層負責制②地方分權制 ③中央集權制 ④均權制。
152	B	自 1999 年 7 月起，我國教育行政體系由原來中央、省市、縣市三級制，改為（A）中央、省市、縣市、鄉鎮四級制（B）中央、縣市二級制（直轄市維持）（C）中央、縣市、鄉鎮三級制（D）中央、鄉鎮二級制。
153	B	我國現行教育行政制度是採用：A. 地方分權制 B. 均權制 C. 中央集權制 D. 混合制
154	C	下列哪個國家的中央政府，未設相當我國教育部的機構？（A）日本（B）美國（C）加拿大（D）法國。
155	A	在西方教育行政制度中，屬於典型的中央集權制是那個國家？（A）法國 （B）英國 （C）美國 （D）德國
156	A	一國之教育事業採行同一步調，實現同一目標的是？（A）中央集權制 （B）地方分權制 （C）教會控制制 （D）均權制。
157	D	教育行政屬於典型中央集權的代表國家為：(A)德國 （B)英國 （C)美國 （D)法國。

一、中央教育行政體系

1．行政院之下各部會，教育部為其中之一。1928 年 12 月 11 日政府公佈「教育部組織法」，明訂「教育部」為全國學術、文化及教育行政事務的最高機關。

2．從 1928 年公佈後曾有九次修正，現行教育部組織法係 1973 年修正公佈，其主要權責有三：

 （1）教育部主管全國學術、文化及教育行政事務

 （2）教育部對於各地方最高行政長官執行本部主管事務，有指示、監督之責。

 （3）教育部就主管事務，對各地方最高級行政長官之命令

或處分，認為有違背法令或逾越權限者，得經行政院
會議議決後，停止或撤銷之。

3・教育部組織

（1）我國教育行政制度，在權責劃分上，依憲法應採<u>均權</u>
<u>制</u>，但自民國三十八年中央政府遷臺後因幅員縮小，
有<u>中央集權制</u>的傾向。然而<u>一九九〇</u>年代教育改革呼
聲四起，要求中央鬆綁，於是地方的權限逐漸增大。

（2）以往在教育事務的決策權上，各級教育行政機關與議
會擁有較多的決定權力，但自民國七十九年以後，中
小學的<u>家長會與教師會</u>已發揮一定程度的影響力。

教育部的組織與職權

（一）組織

1・根據「教育部組織法」，教育部組織成員包括，部長一人、
政務次長一人、常務次長二人、主任秘書一人。

（1）教育部部長與政務次長由<u>行政院院長</u>提名，總統任命。

（2）教育部部長與政務次長之下，至常務次長兩人，分別
督導部內各一級單位。

2・教育部內共有 33 個一級單位，名稱如下：（包括教育部組
織法修正前後之單位）

（1）<u>司級</u>：高等教育司、技術及職業教育司、中等教育司、
國民教育司、社會教育司、體育司、總務司、邊疆教
育司。

（2）<u>處室</u>：國際文化教育事業處、學生軍訓處、秘書室、
參事室、督學室、人事處、政風處、會計處、統計處、
顧問室。

（3）<u>中心與小組</u>：電子計算機中心、大陸事務工作小組、環境保護小組、特殊教育工作小組。

（4）<u>常設委員會</u>：教育研究委員會、訓育委員會、醫學教育委員會、僑民教育委員會、學術審議委員會、法規委員會、訴願委員會、空中教學委員會、國語推行委員會、中央教師申訴評議委員會。

（5）<u>其他</u>：<u>中部辦公室</u>、駐外單位、部屬機構（主要包括國立編譯館、國家圖書館、自然科學博物館…等 24 個<u>社教機構</u>）、國立大學校院及其他部屬學校。

（二）職權

1．主管全國學術、文化、教育行政事務。

2．對於各地最高行政長官執行本部主管事務，有指示、監督之責。

3．對於各地方最高行政長官之命令或處分，認為有違法或逾越權限者，得提經行政院會議絕後，停止或撤銷。

4．監督專科以上私立學校：糾正、減班招生、停止招生、限期整頓改善、停辦或解散、獎勵。

5．管理全國體育、文化及社會教育。

6．監督及補助地方教育行政機關。

7．核定國立學校教職員之敘薪、考績、退休及撫卹案。

8．主管及辦理國際文化、教育及體育活動。

（三）國教司業務分科掌管類別

組織執掌：司長、副司長→專門委員→【一科、二科、三科】

一　科	二　科	三　科
國教政策	國教政策	國教政策

國教法規	國教法規	國教法規
專案研究	專案研究	專案研究
教改計畫	教改計畫	教改計畫
國教發展指標	課程發展與推動	員額編制
降低班級人數	教材教法	國小師資檢核
國民中小學校務行政	多元評量	正常化教學
私立國中小行政督導	成績評量準則	常態編班
特種身分學生分發就學	教科用書審定	國民中小學組織再造與人力規劃
強迫入學	國小英語教學	國民中小學校長主任遴選事宜
學籍管理	中輟生課程	國民中小學代理代課教師事宜
國民中小學設備基準	鄉土語言教學	外籍教師聘僱事宜
國民教育重要補助計畫	傳統藝術教育	政府取消國民中小學教師免稅後所增加稅收
九二一震災校園重建教育優先區計劃	環境教育（環保小組主政）	國民中小學教師授課節數事宜
外籍配偶子女教育	童軍教育（社教司主政）	兒童閱讀
離島建設	安全教育（訓委會主政）	幼托整合政策
	防震教育（訓委會主政）	幼教券
	能源教育（配合經濟部能源委員會）	國教向下延伸規劃事宜
	反毒教育（訓委會主政）	中低收入戶幼童托教補助（幼稚園部分）
		增置國小教師員額

		（2688方案）
		五年教育促進方案（啟動國教精緻工程）
		幼稚園課程與教學相關事宜

158	D	下列何者為教育部規劃之二十一世紀的國民教育願景？（A）全人教育　（B）溫馨校園（C）終身學習　（D）以上皆是。
159	④	依教育法之規定，下列何者不是中央政府之教育權限？①教育制度之規劃設計　②對地方教育事務之適法監督　③教育統計④核定縣市教育局長之任命。
160	D	依教育部組織法規定，與師資培育有關的業務，主要由哪個單位負責？（A）國民教育司（B）社會教育司（C）高等教育司（D）中等教育司。
161	AD	下列那些機構是教育行政單位管轄的範圍？A.幼稚園　　B.托兒所　C.教養院　　D.美術館（複選題）
162	A	目前國民中小學的教科書由哪一或哪些單位加以審查？（A）國立編譯館（B）國立教育研究院籌備處（C）教育部教育研究委員會（D）國小教科書由教育部國民教育司、國中教科書由教育部中等教育司。
163	4	我國教科圖書開放民編後即定有審定制度，但習作部分之審定於何年開始實施？（1）91　（2）92　（3）93　（4）94。
164	2	教育部哪一個單位負責師資培育政策及規劃業務？①高等教育司②中等教育司③國民教育司④技術及職業教育司。
165	B	教育部中掌管師資培育的是哪個司？（A）社會教育司　（B）中等教育司　（C）國民教育司　（D）高等教育司。

166	D	有關「教科書之重要性」問題，下列哪一項敘述的理由不正確？（A）能使學生和家長有安全感 （B）能節省教師編輯教材的時間 （C）容易實現國家的教育目標 （D）是學校唯一的重要教材。
167	C	我國國中教育階段業務的權責單位是教育部的哪一司？（A）社會教育司 （B）中等教育司 （C）國民教育司 （D）技術及職業教育司。
168	A	處理國民中學的學校、教師及學生相關業務，在教育部主要是由那個單位負責？ （A）國民教育司 （B）中等教育司 （C）社會教育司 （D）中部辦公室。
169	ACD	依據「教育基本法」規定，我國教育部之權限包括： （A）教育制度之規劃與設計 （B）設立縣市級教育審議委員會 （C）中央教育經費之分配與補助 （D）促進教育事務之國際交流。（複選題）
170	ABC	近日教育部提出的「大學法修正草案」，提出哪些改變方向？（A）國立大學可行政法人化 （B）辦學績效不彰的大學，教育部可予以解散 （C）大學學生可直升博士班 （D）教育部可視狀況強制大學合併。（複選題）
171	ABCD	教育行政單位對於九年一貫課程的實施有哪些配套措施？（A）成立「教學創新、九年一貫」教學網站 （B）公布「國民小學及國民中學教科圖書審定辦法」（C）各縣市成立「九年一貫課程推動小組」（D）研定「國民中小學學生成績評量準則」。（複選題）
172	C	由教育部主辦，中央大學建置，號稱全球第一個網路教育城市在今年一月開幕，其網站名稱為： A.Xoom B.Geocities C.Educities D.Zdnet

173	AC D	教育部計畫自民國九十學年度年起推動的重要教育措施包括：A. 國民小學五、六年級全面實施英語教學 B. 中小學十二年一貫課程 C. 以國中基本學力測驗取代傳統高中聯招 D. 高中職社區化（複選題）
174	A	教育部自八十三年起成立「中途輟學學生通報系統」，針對下列哪一級學校的中輟生進行追蹤？（A）國小與國中（B）國小、國中與高中（C）國小、國中與高中高職（D）國小、國中、高中職與大學。
175	C	縣立國民中學教師如果對於學校處分有所不服，應先向何單位申訴？（A）該國中之教師評審委員會（B）該國中之教師申訴評議委員會（C）該縣之教師申訴評議委員會（D）教育部之教師申訴評議委員會。
176	B	有關我國特殊教育行政現況，下列何者正確？（A）台北市教育局設置特殊教育股（B）教育部設立特殊教育工作執行小組（C）全國各縣市政府均設置特教推行委員會（D）教育部中部辦公室設有特教科。
177	4	我國各主管教育行政機關目前係採「首長制」，下列何者是首長制的優點？（1）較能代表民意（2）不易發生獨裁現象（3）利益團體影響力大（4）事權較為統一
178	3	依據教育部「國民中學學生編班實施要點」規定，為適應學生個別差異，各國中可以從什麼時候開始實施英語科與數學科的分組教學？（1）國一上學期（2）國一下學期（3）國二上學期（4）國三上學期。
179	B	根據教育部九十二年三月頒布的 SARS 疫情停課標準，下列敘述何者正確？（A）如發現一班有一位疑似病例，該班全班強制隔離（B）如發現一校有二班或二位可能病例，全校停課（C）停課期限為七天（D）本標準僅適用於全國國民中小學。

180	B	為達常態編班目的，國中小新生入學時採用之編班方式，係以智力測驗、學業成績之高低順序，或公開抽籤之先後順序排列，再依什麼形態分配於各班？　（A）ㄇ形　（B）S形　（C）X形　（D）Y形。
181	D	九年一貫課程之鄉土語言政策在國中與國小分別為何？　（A）國中採必選修、國小採選修方式　（B）國中小都是必選修方式　（C）國中小都採選修方式　（D）國小採必選修、國中採選修方式。
182	A	教育部於今年一月公布的國民中小學英語字彙表，學生應學習的基本字詞有多少個？　（A）1000　（B）1500　（C）2000　（D）2500。
183	BD	依據教育部日前公佈的中輟生調查發現：　（A）中輟生人數逐年減少　（B）單親家庭中輟生人數逐年增加　（C）中輟生當中，國小學生所佔比例較國中學生為高　（D）東部地區輟學率偏高。（複選題）
184	AB	政府打算自明年起取消軍教免稅，以擴大稅基，促進賦稅公平，請問目前有哪些教師免繳所得稅？　（A）國小教師　（B）國中教師　（C）高中教師　（D）高職教師（複選題）
185	AB	最近財政單位提出基於稅賦公平原則，軍、教人員應該繳納所得稅，以增加政府稅收。請問目前哪些教育階段的教師免繳納所得稅？　A.國小　B.國中　C.高中　D.大專（複選題）
186	ACD	近年來語言學習風氣盛，總體而言，包括了那些改變？　（A）英語教學向下延伸至小學　（B）所有大學畢業生均須通過英文能力檢定　（C）舉辦鄉土語言師資檢覈考試　（D）學習第二外語的風氣漸盛（複選題）
187	①	國民中學採取常態分班是基於何種教育理念？①教育機會均等

		②因材施教 ③分流教育 ④多元教育。
188	D	近來私立學校弊端叢生，為保護學生受教權，教育部對於經營不善的屏東私立明德中學首度採取最嚴屬的處分，此處分是：（A）限期改善 （B）停止補助 （C）減班 （D）解散
189	ACD	九二一大地震後，為加速災區學校重建，教育當局擬採取下列哪些措施？A.將災區視為教育優先區 B.災區推行大班教學 C.災區國小提早實施每班教師員額2.0編制 D.改善災區簡易教室之環境設備（複選題）
190	BCD	下列有關原住民教育的陳述，何者為真？A.原住民族教育法尚在立法院審議當中 B.各大學教育學程招生時，應保留一定名額給原住民族學生 C.擔任原住民教育的師資應有多元文化教育的能力 D.原住民地區學校教師流動率高，影響學生受教品質（複選題）
191	C	國民中小學採取常態分班，是基於那項教育理念？A.因材施教 B.分流教育 C.教育機會均等 D.多元教育
192	B	依據教育部八十五學年度「中小學生學習生活概況調查」顯示，最易發生輟學行為（無故曠課）的階段在：A.國小高年級 B.國中 C.高中 D.五專
193	D	依據教育部八十五學年度「中小學生學習生活概況調查」，那一個階段學生上學缺席率最高？A.國小 B.國中 C.高中 D.高職
194	BC	目前那些教師有免繳所得稅的優待？A.大學教師 B.國小教師 C.國中教師 D.高中、職教師（複選題）
195	D	我國聾啞學校等特殊教育在教育部的主管單位是：A.高等教育司 B.中等教育司 C.國民教育司 D.社會教育司
196	C	國民小學自八十五學年度起入學新生之教科書，是採用何種制

		度？A.國定制　B.自編制　C.審定制　D.登記制

填充題：

197	教育特殊教育工作小組	我國教育部主管特殊教育行政的單位是【　　　】。
198	中等教育	就我國現況而言，教育部各單位中掌理「師範教育」、「師資培育」相關業務的單位是【　　　】。

二、地方教育行政體系

教育部中部辦公室：組織——歷史沿革

1．光復初期，台灣省行政長官公署下設教育處，為掌理全省教育行政及學術文化最高機關，處內四科、五室、四委員會。

2．民國<u>三十六年五月</u>，台灣省行政長官公署改制為台灣省政府，<u>教育處亦隨改制為台灣省政府教育廳</u>，民國三十八年中央政府遷臺，教育事務鉅增，行政組織及員額編制乃與日擴充，至民國四十四年計增至六科、四室、八委員會。

3．其後，在時空情境變遷下，台灣省教育廳行政組織調整頻繁。<u>教育部中部辦公室</u>係由原台灣省政府教育廳改名，並改隸教育部。辦公室除設主任、副主任各一人外，分設六個科五個室：

（1）第一科：掌理特殊教育與教師教育。

（2）第二科：掌理中等教育事項。

（3）第三科：掌理職業教育事項。

（4）第四科：掌理社會、衛生、原住民教育事項。

（5）第五科：掌理教育視導事項。

（6）第六科：掌理學生軍訓。

（7）五室：另設有秘書室、總務室、人事室、會計室、正風室。

4‧1997 年 7 月 21 日公布的憲法增修條文第九條第二項規定，第十屆台灣省議會議員及第一屆台灣省省長之任期至 1998 年 12 月 20 日止。

5‧1999 年 1 月 25 日公布「地方制度法」。台灣省政府組織與功能自 1999 年 7 月 1 日起精簡，台灣省政府教育廳也同時改名為「教育部中部辦公室」。

（1）原台灣省高中職及特殊學校，自 2000 年 2 月 1 日改隸中央。

（2）民國八十八年七月，台灣省政府功能業務與組織調整，教育廳改隸為教育部中部辦公室，負責督導台灣省及金門、馬祖地區公私立高中、高職、特殊教育學校之業務。置主任一人副主任二人，下設十一科，第一至六科為業務單位，秘書、總務、會計、人事、政風科為幕僚單位。

（3）教育部中部辦公室的組織成員，包括主任一人、副主任一至二人，其下有十一科。目前實際負責督導臺灣省及金門、馬祖地區三百四十三所公私立高中、高職、特殊學校之業務，服務教職員工計四萬餘人。

（4）業務概況

第一科：特殊教育（教師訓練與進修）

第二科：高中教育

第三科：高職教育

第四科：社教、學校體育衛生、原住民教育

　　第五科：教育視導；　第六科：軍訓教育

　　秘書室：秘書、研考、法制、資訊

　　總務科：總務業務管理；　會計科：會計統計管理

　　人事科：人事管理；　政風科：政風業務

直轄市教育局的組織與職權

（一）台北市政府教育局組織

1·台北市政府教育局局長，比照簡任第十三職等，二位副局
長之下分設八科八室。

（1）第一科：掌理高等教育、職業教育暨教師登記檢定訓
練等事項。

（2）第二科：掌理中等教育事項。

（3）第三科：掌理國民小學教育事項。

（4）第四科：掌理幼兒教育事項。

（5）第五科：掌理特殊教育事項。

（6）第六科：掌理社會教育事項。

（7）第七科：掌理學校、社會之體育及衛生、保健等事項。

（8）第八科：掌理市立學校、社會教育機構等用地取得與
財產管理事項及市立各級學校、社會教育機構營繕工
程設計、規劃、發包、監造之事項。

（9）秘書室：掌理事務、文書、出納及部屬於其他科事項。

（10）資訊室：掌理行政電腦化及協同各科室辦理資訊教育
事項。

（11）軍訓室：掌理中等以上學校軍訓及護理事項。

（12）督學室：掌理各級學校及社會教育機關之指導考核及
策進等事項。

（13）會計室：依法辦理歲計、會計、帳務檢查等事項。

（14）統計室：依法辦理統計事項。

（15）人事室：依法辦理人事管理事項。

（16）政風室：依法辦理政風事項。

2．台北市政府教育局長管事項已經包括了<u>高等教育、中等教育、初等教育與幼兒教育</u>等各級教育。

3．此外，還包括教師研習中心、市立圖書館、體育場、動物園、兒童育樂中心、兒童交通博物館、天文科學教育館、美術館等八個<u>社教機構</u>。

（二）高雄市政府組織

1．高雄市政府教育局主要負責<u>高中職、國民中小學及幼兒教育</u>業務。

2．此外，還包括市立中正文化中心、圖書館、社教館、美術館、博物館、體育館。

3．高雄市政府教育局只有六個科，少了<u>高等教育科與幼兒教育科</u>。

縣轄市教育局的組織與職權

（一）組織

1．縣市方面，依據「台灣省各縣市政府組織規程準則」暨「台灣省縣市政府教育局辦事細則」規定，縣市政府教育局為縣市政府組織之一部份。

2．地方制度法第十九條第四款規定，縣市關於教育文化及體育事項如下：

（1）縣市學前教育、各級學校教育及社會教育之興辦及管理。

　　（2）縣市藝文活動。

　　（3）縣市體育活動。

　　（4）縣市文化資產保存。

　　（5）縣市禮儀民俗及文獻。

　　（6）縣市社會教育、體育與文化機構之設置、營運及管理。

3．「地方行政機關組織準則」第十四條規定，縣市政府置縣
　市長1人。

4．地方制度法第十七條規定，台灣省各縣市政府教育局除局
　長、副局長外，縣轄市政府教育局的組織成員。依「業務
　與幕僚單位」來劃分，包括「學務管理、國民教育、社會
　教育、體育保健、教育與幼兒教育」為業務單位。而「督
　學、國民教育輔導團、文復會支會、國語推行指導委員會、
　特殊教育學生鑑定及就學輔導委員會」等屬幕僚單位。唯
　各縣市因財力狀況不同而存在些許差異。

　　（1）業務單位：設有五個課，各單位執掌如下

課　室	職　掌
①學務管理課	掌理學校校務、訓導、學生入學分發、學籍管理、科學教育、教科書、教育人員遴選、任免、遷調、緩召等事項。
②國民教育課	掌理增減班、修建設備、學校家長會、總務、教育經費、核撥人力、災害調查等事項。
③社會教育課	掌理補習教育、交通安全教育、語文教育、藝術教育、成人教育、鄉土文化、資深教育獎勵等事項。
④體育保健課	掌理體育、衛生保健、學校合作社、營養午餐、環境保護、運動會、全民教育、體育場館管理

	等事項。
⑤特殊與幼兒教育課	掌理身心特殊障礙鑑定、安置輔導、特教班設置、幼稚教育等事項。

（2）幕僚單位：各單位執掌如下

①督學	掌理視導學校等事項。
②國民教育輔導團	掌理教材教法研究、教師進修、出版刊物、各科教學輔導等事項。

5・行政人員編制：若依行政管理層級劃分，則局長屬制度層級，課長屬管理層級，課員、辦事員及書記等屬操作層級。

（1）教育局設局長一人，承縣長之命綜理局務，辦理全縣教育行政工作。職位列文教行政九職等（台北縣及桃園縣因人口超過 150 萬列為九至十職等）。

（2）下置主任督學一人，列文教行政八至九職等。並依業務分設學務管理、國民教育、社會教育、體育保健等課程及督學若干人，每課各置課長一人，各課之下又分設有若干課員、辦事員及書記。

6・例外：23 個縣市教育局中，22 個縣市教育局均為府內局，稱為「○○縣市政府教育局」，只有花蓮縣的教育局是府外局，稱為「花蓮縣教育局」。依據 2001 年 6 月 26 日發佈的「花蓮縣教育局組織章程」規定，「花蓮縣教育局」內設有行政室、人事室、政風室，其他縣市政府教育局則無。（此一例外，在 2004 年花蓮縣長接任後，已將教育局從府外局改回府內局，至此全島統一）

（二）職權

1・擬定縣市教育政策與計畫；

２．設立並管理縣市立學校及社會教育機構；

３．遴聘縣市立校長、督學局課長人選；

４．辦理縣市立學校教職員之任免、介聘、遷調及獎懲；

５．考核縣市立國民小學校長之服務成績；

６．核定縣市立學校教職員之敘薪、考核、退休及撫卹案；

７．劃分國民中小學學區並分發學生入學；

８．核辦私立國民中小學及幼稚園之設立及立案等事項；

９．辦理國民中小學校長及主任之遴選工作；

１０．視導縣市立學校及社會教育機構。

１１．聘任督學。

199	A	國中小教育人員甄（遴）選、儲備、訓練、任用調遷獎懲與教師檢定登記屬於哪一課的業務？（A）學管課（B）國教課（C）社教課（D）體健課
200	②	縣市內學校的新設或增減班級業務，由縣市政府教育局的哪一單位掌理？①學務管理課　②國民教育課　③社會教育課　④國民教育輔導團。
201	1	在縣市教育局中掌握學校增班、設校、修建設備、經費預算編制等業務的單位是①國民教育課　②學務管理課　③社會教育課　④體育保健課。
202	AC	網路線上遊戲是時下中學生的重要休閒活動之一，台北市為管理網咖有哪些措施？（A）電腦網路遊戲採分級制　（B）學校100公尺內不得設立網咖　（C）十五歲以下青少年須由家長或監護人陪同，始得進入網咖　（D）十五歲以上青少年，午夜十二點之前皆可進出網咖（複選題）
203	B	以下那一個屬於社會教育機構？A. 監獄　B. 文化中心　C. 安養院　D. 公園

204	❹	教育局掌理增班設校、修建設備事宜的單位是 ❶ 學管課 ❷體健課 ❸ 社教課 ❹國教課
205	D	下列何者不是課程決定的層次？：(A) 中央政府 (B) 地方政府 (C) 學生 (D) 家長。
206	C	依據九年一貫課程綱要，負責辦理課程與教學的評鑑，並進行學習評鑑的是哪個機構？(A) 教育部 (B) 縣市政府教育局 (C) 學校 (D) 國立教育研究院籌備處。
207	1	國民小學學校教科書之選用，應由學校那一個會議訂定選用辦法？(1) 校務會議；(2) 行政會議；(3) 教務會議；(4) 教科書選用小組會議。
208	A	根據國民教育法，國民中學之教科圖書由學校校務會議訂定辦法公開選用之。(A) 是 (B) 否
209	1	依據國民教育法的規定，國民中小學教科書，是由哪一個單位訂定辦法公開選用？(1) 各校校務會議 (2) 縣市政府 (3) 教育部中部辦公室 (4) 教育部。
210	3	依據雲林縣政府教育局業務分工，辦理學校午餐事項是哪課的職掌？(1)學務管理課 (2)國民教育課 (3)體育保健課 (4)特殊教育課。
211	BC	有關九十一學年度開始採用的國中小學新編九年一貫教科書，下列敘述何者為真？(A)國立編譯館版本與民間書商版本併行 (B)教育部採統一議價決定教科書價格 (C)各界指出教科用書錯誤頗多 (D)由縣市教育局統一決定該縣市國中小之教科書版本。(複選題)
212	③	在縣市教育中掌握學校校務、訓導及人事等有關行政事宜的是哪一個單位？①國民教育課 ②社會教育課 ③學務管理課 ④特殊教育課。

| 213 | B | 在縣市教育局中主管增班設校、修建設備等業務的是哪一課？（A）學務管理課（B）國民教育課（C）社會教育課（D）體育保健課。 |

教育經費總量與分配

　　教育支出是台閩地區 23 縣市政府最大的負擔，2000 年 12 月 13 日公布<u>教育經費編列與管理法</u>，該法雖也明定「各級政府教育經費預算合計應不低於該年度預算籌編時之前三年度決算歲入淨額平均值之 <u>21.5%</u>」但實際上對教育經費的充實幫助不大。

214	B	根據修正「特殊教育法」(民 86)，地方政府編列預算時，應優先辦理的是：(A) 資優教育 (B) 身心障礙教育 (C) 兩者並重 (D) 視情況而定。
215	4	我國的教育經費編列與管理法規定，我國各級教育經費預算合計應不低於該年度預算編列之前三年度決算歲入淨額平均值多少百分比？①十五②十五點五③二十一④二十一點五。
216	4	特殊教育法規定，各級政府應按年從寬編列特殊教育經費，在地方政府不得低於當年度教育主管預算的多少百分比？①百分之一②百分之二③百分之三④百分之五。
217	C	為落實法律保障教育經費編列之規定，教育部乃積極研訂「教育經費編列與管理法」，請問下列哪一個不屬於「教育經費編列與管理法」的立法目標？(A) 教育經費保障合理化 (B) 教育經費編列制度化 (C) 教育經費運用保密化 (D) 教育經費分配公開化。
218	4	在學校員生消費合作社的經費裡，若有所損失時，可用以下哪

		一項資金加以彌補？　（1）交易分配金　（2）公益金　（3）酬勞金　（4）公積金
219	B	依據法令規定，我國各級政府教育經費預算合計不得低於該年度預算籌編時之前三年度決算歲入淨額平均值的：（A）15%　（B）21.5%　（C）25%　（D）28.5%

三、學校行政（組織）

1．學校行政的意義：學校行政是對學校教學以外的事務作系統化的管理，以求有效而經濟地達成教育的目標。（謝文全）

　（1）學校行政處理的是學校教學以外的事務學校的事務可大約需分為兩大類，一為教學；一為行政。

　　① 教學是師生之間的教學活動，為直接達成教育目標的活動。

　　② 而行政則為教學以外的其他工作或活動，旨在支援教學活動，是間接達成教育目標的事務。

　（2）一般可以分為五大類，即教務、學務、輔導、總務、人事、會計。

2．學校行政組織是職位、單位、層級、任務、責任及權力的適當配置，以分工合作的方式完成於學校行政的工作。

　（1）教務處所設的組包括：教學、註冊、設備等組；

　（2）學務處分設訓育、生活教育、體育、衛生等組；

　（3）總務處設文書、庶務、出納等組；

　（4）輔導室或不分組或分設輔導、資料等組。

　（5）其他如，人事室、會計室等。

（一）教務處的職掌

　　教務行政：指與教學有關的行政事務。主要包括：（1）學校目標擬定；（2）課程發展與設計；（3）學生學籍管理；（4）教學成績考察；（5）學生編班；（6）教學研究發展。

教　　務　　處	
教學組	1　擬定章則
	2　編排日課表及作息時間表
	3　彙編教學進度
	4　辦理有關調課、停課、代課或補課等事宜
	5　調閱學生各科作業
	6　辦理定期考試
	7　辦理教學觀摩、教師進修及各項實驗研究事宜
	8　辦理學藝競賽及成績展覽事宜
	9　其他有關課務事項
註冊組	10　擬定註冊有關之章則及應用表冊
	11　辦理學生註冊及編班事宜
	12　辦理學生轉學、休學、復學及升留級等事項
	13　辦理月終學籍統計及學生異動報表
	14　核發學生相關證明及畢業證書
	15　保管學生學籍及成績考察資料
	16　辦理畢業生資料之調查統計事項
	17　未就適齡學童之調查統計學
	18　其他有關學籍事項
設備組	19　擬定圖書有關之各項章則及應用表冊
	20　選編各科補充教材及教學資料
	21　介紹書報及指導學生閱讀
	22　圖書及教育器材之請購、編類與保管

23 分發教科書及有關書刊
24 辦理學生課外讀物借閱事宜
25 規劃圖書展覽室及教具室之設備與管理
26 出刊學校性刊物
27 各種刊物、照片及資料之蒐集、剪輯與保管
28 其他有關圖書事宜

1．教務行政工作重點：

(1) 加強教學研究發展，改進教材教法，提高教學效能。

(2) 實施精熟學習、合作學習與診斷補救教學，提高學習效能。

(3) 重視語文教育，加強聽、說、讀、寫能力。

(4) 注重科學教育，落實科學實驗觀察。

(5) 注重鄉土教學，推展環境保護教育。

(6) 充實教學設備，改善教學環境。

(7) 改進教學評量工作，增進教與學之成就感。

(8) 注重藝能科正常教學，提昇學習生活品質。

(9) 注重電腦教學與資訊化教育，輔導學生擴大學習領域。

(10) 培養教師運用資訊科技融入教學之能力。

(11) 把握大學推薦甄選保送機會，加強輔導特殊才能學生入學。

(12) 因應多元入學方案之實施，加強升學輔導措施。

2．課表編排：課表編排分為兩大步驟，即「配課與排課」。配課係分配教師的任教科目與時數；排課則係將教學科目適當地排在作息的時間裡。

(1) 配課的步驟與原則：首先是確定教學的科目及時數，然後在分配各教師的任教科目及時數。

① 確定教學科目及時數：均規定在教育部頒佈的課程標準裡，課程標準規定的教學科目通常分為必修和選修兩類。必修科目一定要開設，選修科目的開設，應儘量依照學生的選擇定之。

② 分配教師的任教科及時數：應以讓其擔任專長科目為原則。各科教師的每週教學時數，教育行政機關均有規定，省市規定略有不同，應依其規定辦理。

（2）排課的過程：排課的過程可分為「準備工作、著手排課、課表的查核與定案、發放及調整課表」等四個階段。班級課表通常於註冊時發給各班；而教師課表可於上課日開始前的校務會議上，發給教師。課表調整經公布後，教師不得私自調課。若有需要調整，需經教務處同意。

（3）排課的原則：排課表時，應「時、地、人」三者兼顧。

① 偏重運用思考或較艱難的學科，儘量排在上午，而偏重運用體力或輕鬆的學科，則宜排在下午。

② 用腦及用力之學科宜作適當之穿插排列，以求相互調劑。

③ 午餐後不宜排體育課，而體育課後不宜排運用細肌肉之學科。

④ 藝能科，每班每日排一節為宜，以符合分散學習優於集中學習的原理。

⑤ 宜顧及教師勞逸之平均，同一教師連續授課最多以不超過三節為原則。

3．學級編制：學級編制又稱為班級編制或編班。

（1）學級編制方式：由於教育觀念的不同各校實際情況的限制，有不同編制種類。

① 依年紀組合情況為標準來分類：依班級內學生所屬年

級組合情況分，學級編制原則上多採單式學級，複式
學級之產生常係因學生人數過少。

| 1 | 單式學級：把同一年級的學生編為班級者，稱為單式學級編制。 |
| 2 | 複式學級：把兩個或兩個以上年級的學生編在一個班級裡，稱為複式學級。 |

② 依編班所依據之標準來分類：

A 非能力編班：即以「學生能力」以外的其他標準來編班。

| （1）依地區編班 | （3）依身高次序編班 | （5）抽籤編班 |
| （2）依註冊先後編班 | （4）依性別編班 | |

B 能力編班：即以「學生的能力」作為編班的標準，所謂能力，一般係指學生的智力或教育程度或兩者兼顧而言。

（a）階梯式能力編班：階梯式能力編班通稱為能力分班，優點為將班內學生之能力差距減為最小，故在教學上最易適應而有效果；缺點是可能產生標籤作用及學生能力表現於各科者常有不同，難以顧全。

（b）平均能力分班：平均能力編班通稱常態編班，係依智力測驗或學業平均成績或兩者之平均成績作為分班之依據。

促使班與班學生之間的能力差距減為最小，各班學生能力相當平均，故通稱為「平均能力編班」。

優點：為可消除等級意識之產生。

缺點：平均能力編班的主要缺點在於班內學生

個別差異太大。

應採取下列措施以資補救，「儘可能減少各班人數，利於個別輔導；實施班內分組，實施部分時間的分組教學；實施導生制（又稱小老師制）；實施補救教學或課後輔導；因學生能力不同，給予不同作業。」

(c) 混合能力編班：混合能力編班又稱為「分段式編班」，係先依學生能力分為若干段，每段再各別以平均能力編班辦法編班。

優點：學生能力平均分配。

缺點：在於依同一能力標準一次分班，對各種科目能力不同之學生，仍難提供各別差異適應。

(d) 學科能力編班：其優點，在能適應學生各科不同能力之需要；而缺點，在於各科均有其不同之能力標準，需多次編班。

③ 依班內學生能力之異同來分類

A 同質編班：係將能力相近的學生編在一班的方式。同質編班的優缺點，與上述階梯能力編班的優缺點相同。

B 異質編班：係將能力不齊的學生編在一班的方式。異質編班的優缺點，則與平均能力編班的優缺點相同。

4・學籍管理：學籍就是學生的名籍。通常學籍上所記載的資料，包括有學生的個人履歷、家庭環境、身體狀況、學業成績、品行、獎懲、與勤惰等。

5・學籍處理程序：學籍處理可分為學籍表填制、學籍表整理及學籍表歸檔等三大步驟。

6‧學籍管理的原則：學校應依下列原則，做好學籍管理。

（1）各種學籍資料要齊全。

（2）學籍記載要精確。

（3）學籍應按規定處理並按時呈報核備。

（4）應設專櫃分類保管：一班規定，學籍表、入學生名冊、轉學生名冊、畢業生名冊等，應分學年綜合裝訂，永久保存；其餘則於保管規定年度屆滿後，即自行銷毀。

（5）應作定期與不定期的抽查與改進。

（6）充分運用學籍資料。

7‧成績考查：任何工作的進行，均需經過「計畫、執行、及考核」三個程序。

（1）成績考查的原則

定期與不定期考查並用：定期考查，乃是在較為固定的時間所舉行之考查，不定期考查，乃是只日常考查而言。
考查題目要有測出教育目標各層面（次）學習結果的效度
考查的方式要多樣化
考查結果要儘速通知學生及家長
鼓勵學生自我比較成績的進步情形
考查後應據以改進教與學：成績考查本身不是目的，而是一種手段。
應注意並遵守有關法令之規定

（2）成績考查的步驟：成績考查工作包括命題、製卷、監考、閱卷、登記成績、保管試卷、填發成績通知單、及統計分析成績。

8‧圖書管理：

（1）圖書的選購：學校圖書之購置，應作有計畫性的選擇，

才能維持適當的質量，並適合師生的需要。

（2）圖書之登錄：圖書購入驗收之後，即應加以登錄。

（3）圖書之分類：圖書登錄後，必須加以分類編目，使便於管理。圖書分類的程序，是先辨類後在歸類。目前西方書籍之分類，大多數的圖書館採用杜威十進分類法，而中文書籍之分類，採用中國圖書分類法或其他適用之分類法。

（4）圖書之編目：圖書目錄有兩種：「書本式圖書目錄；卡片式圖書目錄」。原則上學校圖書館的圖書目錄，應以卡片目錄為主。卡片目錄主要有三種，即「書名目錄、著者目錄、及分類目錄」。

① 書名目錄：可供查悉某一書名的書是否入藏。

② 著者目錄：可供查悉某一著者的著作是否入藏。

③ 分類目錄：以書籍的類號為主的目錄，可供查悉各類圖書入藏的情形。

（5）圖書館之發展方向：

1.充實館藏圖書，擴大學習領域。	2.充實期刊雜誌，過期期刊裝訂成冊陳列。
3.充實非書資料，豐富教學資源	4.配合師生作息調整借還書時間，提昇服務品質。
5.推動圖書館自動化，輔導上網查詢資料。	6.編製圖書館使用手冊，加強圖書館利用教育。
7.充實圖書館週活動，加強人文藝術欣賞教育。	8.輔導讀書會活動，建立終身學習觀念。
9.建立班級圖書館，推行「閱讀」運動。	10.辦理徵文比賽，優秀作品彙編成冊。
11.協助學生培養自我學習與電腦多媒體應用能力。	

9・教學研究與觀摩：在學校中較常採用的方式有二：即辦理教學研究會與教學觀摩會。

（1）教學研究會：教學研究會是由教師分組進行研究，各組以會議方式討論教學問題，或相互交換研究心得。

教學研究會實施要點：

① 以分科或性質相近學科合併舉行為原則：必要時，不同性質學科的教師也可以一起研究。研討內容以教學相關問題為主。

② 應訂定研究計畫各科教學研究會之舉行，每學期以二至四次為原則。

③ 學校宜採鼓勵措施。

（2）教學觀摩：教學觀摩亦稱觀摩教學，係由優秀教師擔任教學演示，供其他教師觀看學習的一種措施。教學觀摩又分為校內和校際觀摩兩大類。

① 校內觀摩教學係在校內舉行為原則，參加教師亦以同校人員為限。

② 示範教學以分科舉行為原則，亦得聯合相關學科辦理。

③ 校際觀摩教學又可分為兩種。一是到他校去參觀別人的教學演示，二是接受外校人員來本校參加教學觀摩。

220	1	以下何者是屬於教務處的職掌範圍？（1.編排日課表及各種成績考查2.指導學生自治活動、課外活動3.兒童輔導專欄及策劃4.典守學校印信,辦理公文收發。）
221	C	以下何者<u>不是</u>開放教育的特徵?(A)學生主導自己的學習(B)診斷式成績評量（C）能力編班方式（D）協同教學。
222	4	依國民教育法規定：國民中小學的學生學籍資料,應切實記錄，並保存多久？①十年②十五年③二十年④永久保存。
223	1	成績考查若真要測出學生在教育目標各層面或層次的學習

		情形,則所用的考查方式必須要（1.多樣化 2.單純化 3.自由化 4.自主化）。
224	B	在國中學生班級幹部中,「負責班級壁報出版等事宜」是哪一股？（A）風紀股（B）學藝股（C）服務股（D）康樂股。
225	B	同學訂定班規,認為打破三扇窗戶比打破一扇窗戶過錯更大,應該受到更多的處罰,這樣的道德判斷是屬於下列哪一期？（A）避罰服從（B）相對功利（C）遵守法規（D）尋求認可
226	2	負責課程編配、日課表編排的是學校哪一組的行政工作？（1）註冊組　（2）教學組　（3）輔導組　（4）資訊組。
227	B	班規的制定應符合什麼原則？（A）內容詳盡　（B）採用正面措詞　（C）項目應多　（D）內容應以固定為宜。
228	4	國民中學學生學籍資料之保存年限為:（1）一年（2）到畢業為止（3）五年（4）永久。
229	A	學校對於教師的排課原則,除依相關法令規定外,首先應依據　（A）教師專長（B）學校排課需要（C）學生興趣（D）家長要求。
230	A	下列有關常態編班優點的敘述,何者為非？（A）較易適應學生個別差異　（B）減少班級間能力差距　（C）消除班級間惡性競爭　（D）避免產生標籤作用。
231	B	現行國民中學編班方式,依規定係採何種方式（A）能力分班　（B）常態分班　（C）學科能力分班　（D）複式分班。
232	1	國民小學學校教科書之選用,應由學校那一個會議訂定選用辦法？（1）校務會議;（2）行政會議;（3）教務會議;（4）教科書選用小組會議。
233	4	教師授課依規定由教務處負責查堂。教師在何種情形下,才

		進教室稱之為曠課？（1）上課鈴響後；（2）上課鈴響 5 分鐘後；（3）上課鈴響 8 分鐘後；（4）上課鈴響 10 分鐘後。
234	1	下列哪一種編班方式對學生最易產生標籤作用？ （1）能力分班 （2）常態分班 （3）學科能力分組 （3）按鄰里編班
235	4	下列何者不是校園 E 化的內涵？ （1）校園設施資訊化 （2）公文處理電子化 （3）行政溝通網路化 （4）網路教學集中化
236	B	為達常態編班目的，國中小新生入學時採用之編班方式，係以智力測驗、學業成績之高低順序，或公開抽籤之先後順序排列，再依什麼形態分配於各班？（A）ㄇ 形 （B）S 形 （C）X 形 （D）Y 形。
237	BCD	台北市推動的「學校日」措施，旨在實踐「教育基本法」中所強調的哪些理念？ （A）強化校長的行政權 （B）確保學生的學習權 （C）提升教師的專業自主權 （D）增進家長的參與權。（複選題）
238	ABC	最近社會上對「多元入學方案」產生質疑的聲音，主要包括：（A）學生升學壓力不減反增 （B）家長經濟負擔加重 （C）申請入學、推薦甄試過程的公平性待商榷 （D）學生升學率大幅降低（複選題）
239	①	國民中學採取常態分班是基於何種教育理念？①教育機會均等 ②因材施教 ③分流教育 ④多元教育。
240	D	你認為以下那一項敘述較正確？A. 能力分班依據多元文化教育理念，使各個學生適性發展 B. 教育是一種藝術，運用之妙，存乎一心，並無原理原則可循 C. 學生輔導工作是輔導老師的責任，學校其他人員則負協助之責 D. 常態分班依據有教無類的理念，期使把每個孩子都帶上來

（二）學務（訓導）處的職掌

學務行政：指與學生有關的行政事務，主要包括：（1）學生行為訓練管理與輔導；（2）學生身心保健；（3）學生安全維護；（4）學生行為之考查與獎懲；（5）學生自治活動；（6）學生校外生活指導。

學	務		處
訓育組	1 擬定訓育章則及學生生活公約 2 擬定訓育實施研究計畫 3 分配導師輪值工作 4 實施新生入學訓練 5 實施民族精神教育 6 指導並考察學生自治活動 7 會同事（總）務處研究並實施學校環境布置 8 指導學生課外活動與檢查課外閱讀 9 指導及考察學生參加社會服務 10 調查及指導學生社團活動 11 造報訓育有關表冊及實施報告	生教組	12 擬定學生管理各種規則或實施辦法 13 定導師、軍訓教官、及童子軍教師之管理職責 14 訓練及考察學生之禮儀及習慣（如服裝儀容整潔檢查） 15 輔導與檢查學生校外生活 16 處理、調查及統計學生之請假及出缺席 17 處理統計及登記學生之獎懲 18 檢查督促學生教室及內務整潔 19 編排學生路隊及維護交通安全
體育組	20 擬定體育有關章則 21 擬定體育實施、設備及研究計畫 22 辦理及指導各種運動競賽 23 編組及指導學生課外運動	衛生組	28 擬定各種衛生保健章則或實施辦法 29 規劃衛生保健工作及設備 30 舉辦學生體格檢查及協助預防接種

24 籌辦全校運動會及體育表演	31 辦理傳染病預防接種
25 管理與維護運動場地及體育設備	32 治療員生疾病及缺點矯治
26 考察、紀錄、及統計學生體育成績和各種運動成績	33 辦理環境衛生及主持整潔活動定期大掃除
27 編造體育實施報告	34 出版衛生保健畫刊及辦理有關比賽測驗
	35 衛生保健器材及藥品之使用保管與整補
	36 推行並參加各種社會衛生保健運動
	37 研究改善膳食營養及飲料清潔衛生
	38 分析及彙報衛生保健資料

1・學務行政工作要點：

（1）加強倫理教育，增進良好群己關係。

（2）加強民主法治教育，輔導自治自律守法重紀。

（3）實施生活榮譽競賽，激發班級團隊精伸。

（4）加強導師責任制，有效經營班級。

（5）強化班會功能，培養班級勤奮學風。

（6）豐富社團活動，擴展學習領域。

（7）加強安全教育，維護校園安全。

（8）注重體育保健工作，促進身心健全發展。

（9）注重勞動服務，養成勤勞節儉習慣。

2・始業指導：始業指導可分為舊生和新生的始業指導兩種。

（1）新生始業指導通常稱為新生訓練，係指在開學前對將進入本校就讀的學生，進入訓練指導，使其認識學校

的新環境，以加速其入學後對學校的適應，提高其學習效果。

(2) 始業指導通常在開學前舉行，時間依學校需要而定，通常以<u>三至五天</u>為宜。

(3) 始業指導的原則：

事先做充分的規劃	環境要做適當的整備
要學生由做中學	利用舊生協助指導

3．導護工作：導護工作即指導保護學生的工作。積極方面是「指導」學生校內外各種活動的正當方法及態度，消極方面是「保護」學生從事校內外活動時的安全。

(1) 校內導護工作：導護人員應由全校教師輪流擔任。導護工作的時間是<u>全天性</u>的，輪值人員應比學生規定到校時間<u>早三十分鐘</u>以上到校，開始執行任務；直到下午學生放學回家護送路隊及巡視環境完畢後，使結束一天的工作。

(2) 校外導護工作：校外導護的主要任務有三，「一為教導學生校外安全的知能，二為維護學生校外活動的秩序與安全，三為糾正或預防學生校外的不良行為」。

4．聯課活動：亦即正課以外或教室以外的活動，這些活動一般都屬室外性的活動，故稱為教室外的活動。

(1) 聯課活動又有其他不同名稱，譬如稱為「團體活動」，在大專則常稱為社團活動。

(2) 聯課活動的種類

學藝活動	自治活動	技能活動
康樂活動	服務活動	
體育活動	科學活動	

5‧教室管理：良好的教室管理，才有良好的教室環境與秩序，教學方面方能順利進行並達到效果。

(1) 教室管理的意義：教室管理又稱為<u>班級經營</u>。班級經營是教師管理教學情境，掌握並指導學生學習行為、控制教學過程，已達成教學目標的技術或藝術。

(2) 班級經營是為使兒童能在學校與班級中，愉快的學習各種課程並擁有快樂的團體生活，而將人、事、物等各項要件加以整頓，藉以協助教師推展各種活動的一種經營方法。

(3) 班級經營是對教室環境的布置與秩序的維持，以創造良好的教室氣氛，使教學得以順利映有效的進行。

(4) 教室環境布置：一般分為兩部分「一為單元教學布置；一為一般布置」。

1 單元教學布置係配合教學內容所做的布置；
2 一般布置通常包括班級圖書、四周牆壁，及教室設備布置三部分；
3 教室設備的布置包括黑板、門窗、桌椅、貯物架櫃等方面的布置；
4 教室環境的布置，並無一定的模式可循。

(5) 教室秩序的維持：是教學成功的先決條件之一。

建立良好的師生關係	教學要充實而生動
適當地運用學生的自治自律	對守秩序的學生酌予獎勵
適當處理不守秩序的學生	行政上採取配合措施：巡堂、常規訓練
上課妥用教學相關技巧	

6．校園安全：學生安全維護可分為校內安全及校外安全維護
　　兩類。

（1）校園安全維護的作法：如重視校舍建築的安全性、注
　　　意設備的安全性及正確使用、防止校外不良份子進入
　　　校園、校區的巡邏、加強校內學生的輔導、建立警示
　　　及救助系統、實施安全常識教育等。

（2）校外教學安全：校外教學的安全，學校在出發前應作
　　　妥善的規劃與預備，包括擬訂計畫、實地勘查、裝載
　　　規劃、謹慎租車與訂約、指導師生、行前檢查及提醒。

（3）途中的安全：出發後至返校前，是校外教學的實施期
　　　間，也是安全計畫的考驗時刻。

7．學生獎懲：

（1）獎懲的方法與程序

1 獎勵的方法主要有：勉勵、嘉獎、記小功、記大功、獎品、獎金、獎狀、獎章、榮譽卡、錦旗、留影紀念、加分、授以參加某些榮譽性活動的資格等。
2 獎懲的方法主要有：勸告、申誡、記警告、記小過、記大過、留校察看、勒令退學、開除學籍、扣分、留置及工作、剝奪權利等。
3 獎懲學生的程序： （1）制定公布獎懲辦法：一則可作為獎懲的依據，使獎懲制度化；二則引導學生表現辦法中規定的獎勵行為；三則具有嚇阻的預防功能。 （2）發現並查明合乎獎懲的行為 （3）逐級呈核後公布獎懲 （4）通知學生、家長及相關人員 （5）實施追蹤輔導

（2）獎懲的原則：學務工作之實施，事前之預防，重於事後之糾正，需把握訓導原則。

① 要客觀公平而合理：使獎懲制度化，且執行者態度要公平而不徇私；獎懲前應確實查明事實，以做到不枉罰不錯獎。

② 應告知學生受獎懲的理由：「輔導代替懲罰」，獎懲學生是一種教育手段，旨在達到教育的效果。

③ 獎懲案宜酌經正當法定程序：應包括通知學生、給予辯護及申訴機會三項。

④ 有效獎勵，適當懲罰：物質（或生理）性的獎懲與精神（或心理）性的獎懲宜因時擇用，「其一，每位學生的需要情形不同，故獎懲之性質亦應隨學生之不同而異，其二，對同一個學生而言，則應由給予物質或生理的獎懲，逐漸改為給予精神或心理獎懲」。

⑤ 個人獎懲和團體獎懲並用。

⑥ 獎勵多於懲罰：獎懲適時且由連續漸變為間歇使用，「其一，獎懲應緊隨著學生受獎懲行為之後實施，其二，獎勵宜由連續使用變為間歇性使用」。

⑦ 要追蹤輔導以達到獎懲的目的。獎懲學生只是一種教育手段，其目的在改善學生的行為。

⑧ 公開獎勵，台下懲罰，維護學生自尊。

8‧體罰：體罰的爭議性很大，有些國家法律上明令禁止，如法國、荷蘭、芬蘭、挪威、瑞典、丹麥等，有些國家則為完全禁止，如英國、美國、加拿大、澳洲等。

（1）定義：懲戒之內容係直接以受懲戒人之身體為對象。亦即以侵害身體為懲戒之內容或予以備懲戒者身體肉體上感到痛苦或極度疲勞。不以有形力為限，如常期

間端坐或站立等。

（2）體罰之類型：（corporal punishment）我國以行政命令明文規定禁止，但對體罰之方式未有明確界定，大抵分為四類：

① 鞭打：如打手心、打臀部、打耳光等。

② 維持特定姿勢：如長時間罰站、半蹲、舉重物等。

③ 激烈運動：罰跑步、青蛙跳等。

④ 過度從事特定行為：過度勞動服務、罰抄等。

（3）我國政府明令禁止體罰，且在我國法律中，亦未有教師得以體罰學生的相關規定。教師對學生體罰，可能須負行政、民事及刑事責任。

【體罰學生之刑事法律責任】

不具有普通傷害故意之懲罰行為（但可能因過失至受罰者受到傷害）	具有普通傷害故意之懲罰行為						體罰行為類型	
過失致死罪	過失傷害獲致重傷罪	不純粹瀆職罪	毀損器物罪	暴力公然侮辱罪	普通傷害致死或至重傷罪	普通傷害罪	罪名	可能觸犯之刑事責任
二年以下有期徒刑、拘役或二千元以下罰金	致傷害，處六月以下有期徒刑、拘役或五百元以下罰金。致重傷者，處一年以下有期徒刑、拘役或五百元以下罰金	依假借職務上之權力、機會或方法所犯之罪，加重其刑至二分之一	二年以下有期徒刑、拘役或五百元以下罰金	一年以下有期徒刑、拘役或五百元以下罰金	致死者，處無期徒刑或七年以上有期徒刑。至重傷者，處三年以上十年以下有期徒刑	三年以下有期徒刑，拘役或一千元以下罰金	刑度	
刑法第276條第一項	刑法第284條第一項	刑法第134條	刑法第354條	刑法第309條第二項	刑法第277條第二項	刑法第277條第一項	適用法規	

非告訴乃論之罪	需告訴乃論	非告訴乃論之罪	需告訴乃論	需告訴乃論	非告訴乃論之罪	需告訴乃論	追訴要件

241	C	依據臺北縣政府各級學校辦理班級暨班群校外教學實施要點的規定，下述哪些工作為導師承擔者？（1）發校外教學活動報名表暨家長同意書（2）製作校外教學參與人員暨保險名冊（3）發收費三聯單，於收取學生費用後送至出納組（4）視實際狀況自行評估辦理行前勘查（5）實施行前安全教育（6）統籌車輛安全檢查（7）租車、購置門票　（A）1234567（B）123456（C）12345（D）1357
242	D	下列關於體罰的描述，何者為是？　（1）鞭打、如打手心、打耳光、打臀部（2）維持特定姿勢，如長期罰站、半蹲、罰舉重物（3）激烈運動，如過度跑步、伏地挺身、青蛙跳（4）過度從事特定行為，如過度勞動服務、過度抄寫課文（A）12（B）123（C）124（D）1234
243	A	某學生上課不守秩序，教師多次制止無效，罰站時仍然繼續干擾上課，教師除強拉該生，大聲責罵外，並掌摑該生，結果造成該生臉龐紅腫，眼鏡破裂，若家長提出告訴，教師應負有哪些法律責任？（1）普通傷害罪（2）公然侮辱罪（3）毀損器物罪（4）妨害自由罪　（A）123（B）134（C）234（D）1234
244	A	體育課時，因某學生多次服裝不整，態度散漫，教師命他慢跑操場一周；但該生誤聽為必須跑到教師命其停止為止，而教師上課後未再注意該生情況，致該生因跑步過久而暈倒。若家長提出告訴，教師應負有哪些法律責任？　（A）過失傷害罪（B）公然侮辱罪（C）毀損器物罪（D）恐嚇罪
245	B	許多教師為管教學生，會要求學生或家長簽署「同意教師管教（或體罰）承諾書」，後來發生管教衝突問題時，該承諾書是否成為法律上的阻卻違法事由？　（A）是（B）否（C）由簽署

		者認定（D）由教師認定
246	D	根據目前有關生體罰的規定，下列何者為真？（A）由全校人員及家長會代表共同決定本校是否實施體罰及如何實施（B）教師可以在專業判斷之下實施適度的體罰（C）在家長的書面同意下教師可以適度的實施體罰（D）學校不能實施體罰。
247	2	據學校衛生法規定，高級中等以下學校班級數在四十班以上者，至少設置護理人員幾人？①一②二③三④四。
248	ABC	台北市配合資訊化時代的來臨，採取下列哪些相關措施以積極推動資訊化教育？（A）要求教師「e 化」，教師需通過資訊基本能力檢定　（B）班班有電腦，班班可上網（C）辦理資訊科技融入各科教學研習活動　（D）今年六、七月報考台北市教師甄試者需會使用 Office 套裝軟體（複選題）
249	BCD	我國有「近視王國」之稱。為配合資訊化時代來臨，在使用電腦時，應如何保護視力？（A）國小學生不宜操作電腦　（B）打電腦時，電腦應離眼睛 70 至 90 公分　（C）每操作 30 至 40 分鐘，眼睛休息 10 至 15 分鐘　（D）眼睛的高度等於螢幕內框上緣的高度（複選題）
250	3	國民中學學生社團活動之業務主要屬於以下那一個學校行政單位的職責？（1）教學組　（2）體育組　（3）訓育組　（4）輔導組
251	D	班級幹部成立的主要意義是：A.讓學生熟悉分工制度 B.訓練學生開會與討論 C.輪流從事班級事務 D.培養學生自治能力
252	C	以下何者是最不恰當的座位安排方式？A.自由選擇 B.按身高輪流 C.依能力排序　D.抽籤
253	3	辦理校外教學、畢業旅行是哪一組的主要業務？（1）輔導　（2）資料　（3）訓育　（4）體育。
254	A	下列有關校外教學安全的措施，哪一項是不必要的？（A）選

		擇目的地距離學校越近越好　（B）師生實施安全教育　（C）謹慎慎選租車輛並訂定租約　（D）事先勘察目的與路線。
255	C	以下何者不是教師處理學生違規與暴力行為較常使用的方式？（A）使用行為改變技術　（B）採用社會技巧訓練　（C）請求司法介入處理　（D）進行家長諮商輔導。
256	D	下列敘述何者不符合處罰的原則？（A）處罰學生時應保持冷靜　（B）訂定處罰標準　（C）如果無效就不要處罰　（D）處罰是教師所不可或缺的手段。
257	4	導護工作為訓導工作之一環。下列何法中，規定有「校長及全體教師均負學生之訓導及輔導責任」？(1)教師法；(2)教師法施行細則；(3)國民教育法；(4)國民教育法施行細則。
258	D	教育部推動「體適能三三三」計劃，下列哪一項不是該計劃之規定？(A)學生每週運動三次　(B)學生每次運動三十分鐘　(C)學生每次運動達到心跳130下　(D)學生每次運動跑運動場三圈。
259	C	近來學童肥胖指數越來越高，為增進中小學學生體能，政府擬自八十八學年度起推動「三三三計畫」，係指每個學生：A. 每天至少運動三十分鐘，每次跑三百公尺，做仰臥起坐三十下 B. 每天至少運動三次，每次至少三分鐘，運動後視個人狀況達到每分鐘呼吸三十次以上 C. 每週至少運動三次，每次至少三十分鐘，運動後視個人狀況達到心跳一百三十次以上 D. 每三天至少運動一次，每次至少三十分鐘，運動後視個人狀況達到呼吸三十次以上
260	②	學校衛生法施行細則規定，健康相關課程教師每二學年應參與幾小時的專業在職進修？①十二小時②十八小時③二十四小時④三十六小時。
261	4	依據學校衛生法規定，中小學應實施何種程度的禁煙？(1)可劃定一個吸煙區　(2)可劃定二個吸煙區　(3)可劃定三個吸

		煙區　（4）應全面禁煙。
262	D	教師能否對學生「體罰」一事，教育主管機關的規定是如何？（A）家長同意後即可實施　（B）校長同意後即可實施　（C）學校行政會議通過後即可實施　（D）嚴格禁止。
263	AB	有關學生體能與體育教育的敘述，何者為正確？A. 我國中小學生體能較日本、大陸及美國同齡學童為差　B. 學生近視比率不斷攀升，齲齒率居高　C. 學校運動場館設施充足，但使用率過低　D. 學校體育教學應首重運動技能的培養，訓練體育專業人才（複選題）
264	A D	教育部日前取消「嚴禁教師體罰」禁令，你認為下列那些是管教學生的適當方法？A. 以輔導了解學生犯行動機，以鼓勵取代處罰　B. 應由與學生發生衝突的老師獨立進行管教，以收效果　C. 體罰為有效的管教方法，可做為矯正學生偏差行為的方法　D. 可由各校會同家長、教師、學生代表制定一套學生管教實施辦法（複選題）

申論題：

請說明校外教學與學校正式課程及非正式課程之間的關聯，並論述如何提昇校外教學的教育意義。
請說明上體育課或運動訓練時，如何預防與處理運動傷害？
請說明落實「增加學生運動時間」的具體方法與策略。

（三）輔導室的職掌

　　輔導行政組織，根據「國民教育法」及其施行細則之規定，一般設有「資料組、輔導組與特教組」三組。

輔	導	室
資料組	1 協助各班導師建立學生基本資料	

	2 學生基本資料之保管與轉移
	3 協調教務處、學務處將學習與生活輔導資料轉入個案資料袋內
	4 蒐集各類心理與教育測驗,提供給班級導師及輔導組,並協助其實施測驗與分析。
	5 辦理學生性向測驗
	6 各種輔導參考資料之蒐集、整理與運用
輔導組	7 擬定學生生活輔導與教育輔導計畫
	8 調查分析兒童生活上及學習上之困擾,並協助教師解決之。
	9 協助導師對特殊需要的兒童實施個案研究
	10 兒童輔導專欄及策劃
	11 輔導信箱之設置與信函處理
	12 辦理輔導活動融入各科教學
	13 團體輔導之策劃與實施
	14 畢業生之追蹤輔導工作
	15 協助推展親職教育
特教組	16 策劃本校特殊教育實施方案
	17 特殊班級兒童調查、鑑定與編班
	18 特殊教育班級教材之蒐集、編選
	19 特殊教育班級學生個案之處理
	20 其他有關特殊教育班級事務之協調處理

1.輔導工作:輔導是協助學生認識自己及環境,使其能適應環境並選定適當發展方向的歷程,以達到自我實現的目的。

2.輔導的內容及實施要點:輔導的實質內容除一般輔導外,可分為三方面,即「生活輔導、教育輔導及職業輔導」。其中,職業輔導是中學階段以上之學校輔導行政組織之一環。

（1）生活輔導:生活輔導旨在協助學生認識自己的身心特

性及環境，並進而培養其正確的生活理想與習慣，使
其身心得以正常發展。為實施生活輔導，學校故需提
供評量、資料、諮商、安置及追蹤等服務。

(2) 教育輔導：教育輔導的目的，在協助學生瞭解自己的
學習能力及選擇適應個別才能的教育，並養成優良的
學習態度方法與習慣，俾能發揮潛能達到人盡其才的
目的。

(3) 職業輔導：職業輔導旨在協助學生瞭解自己的職業性
向、增進職業的知識與興趣，並選擇適合個性及能力
的職業，以充分發揮個人的能力及促進社會的進步。

3．輔導室功能：

(1) 協助教師輔導適應欠佳學童。

(2) 輔導行政業務處理。

(3) 親職教育之推廣。

(4) 學生生活、學習、升學及行為之輔導。

(5) 輔導活動之推行。

(6) 輔導相關資料及資訊之提供。

(7) 教師輔導工作之行政支援。

4．輔導室推展之工作：

認輔工作之進行	融合式教育之實施	親職座談之實施
新生始業輔導	特殊團體之輔導	特殊兒童之個輔
認識師長活動	家庭訪問之實施	補救教學之進行
特殊家庭之輔導	兩性平等教育推廣	有關輔導業務

5．輔導行政重點：

(1) 重視學習輔導，協助學生解決學習困擾。

(2) 加強生活輔導，防範異常行為之發生。

（3）實施生涯輔導，協助學生適性發展。

（4）推動「教訓輔」三合一，建立輔導工作網，發揮整體輔導功能。

（5）辦理輔導知能研習活動，增進教師輔導知能。

（6）實施多元入學宣導，輔導學生參加推甄暨申請入學。（國民中學輔導室功能）

（7）推展心理諮商服務，注重個案研究工作。

（8）積極推展親職教育，提供良好的諮詢服務。

（9）實施教育與心理測驗，審慎解釋並妥善應用。

（10）主動提供輔導參考資料，出版輔導刊物。

（11）推動生命教育與性別平等教育，培養容忍挫折、化解衝突能力。

（12）輔導、建立學生良好的人際溝通技巧。

（13）善用社會資源，推展認輔工作。

6 · 建立學生輔導新體制「教學、訓導、輔導」三合一整合實驗方案：教育部（民 87，民 88）

（1）行政院教育改革審議委員會總諮議報告有「學校應行訓輔整合，建立學生輔導新體制」列為十二項教改行動方案之一，其主要目的在引進輔導工作「初期預防、二級預防、三級預防」觀念。此方案「發展重於預防，預防重於治療的教育理想，配合學校行政組織的彈性調整，激勵一般教師全面參與輔導學生工作，結合社區資源，建構學校輔導網路」。

① 初級預防：針對一般學生及適應困難學生進行一般輔導。

② 二級預防：針對瀕臨偏差行為邊緣的學生進行較為專業的輔導諮商。

③ 三級預防：針對偏差行為及嚴重適應困難學生進行專

業的矯治諮商及身心復健。

（2）本方案有四大任務指標：

① 激勵一般教師全面參與輔導工作，善盡教師輔導學生責任。

② 增進教師教學效能與人性化照顧學生，融合輔導理念，全面提升教學品質。

③ 彈性調整學校訓輔行政組織運作，為訓輔人員及一般教師規劃最佳互動模式與內涵。

④ 結合社區輔導資源，建構學校輔導網路。

（3）未來之調整方式：

① 將「訓導處」調整為「學生事務處」，兼具輔導學生的初級預防功能。

② 將「輔導室」（學生輔導中心）調整為「諮商中心」或「輔導處」；加強各級心理輔導及諮詢服務工作。

③ 學生輔導工作在校內必須整合一般教師（教學人員）、訓育人員及輔導人員力量，在社區及校際間，則必須結合整體社區輔導資源共同投入，始能達成初級預防、二級預防、三級預防之各項專業服務工作。

④ 建立學校輔導網路，結合社區輔導資源，包括社工專家人員，心理衛生人員、公共衛生護理人員、法務警政人員，心理治療人員、公益及宗教團體、社區義工、學生家長及退休教師等。

【教、訓、輔三合一整合架構圖示】

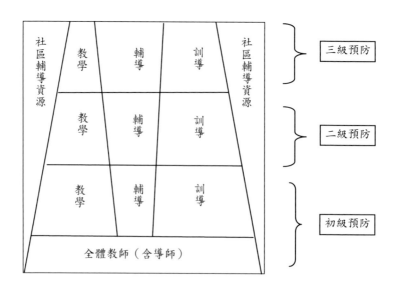

265	A	依規定，國民中小學之輔導工作由下列何人負責？（A）全體教師（B）導師（C）輔導教師（D）訓育人員及輔導教師。
266	B	教訓輔三合一方案中，所謂「初級預防」是指 （A）偏差行為學生的矯治（B）一般適應困難學生的輔導（C）嚴重適應困難學生的諮商（D）以上皆是
267	2	整合校內教學人員、訓導人員以及輔導人員三者的力量，建立各級學校教學、訓導、輔導三合一最佳互動模式與內涵，培養教師具有教訓輔統整理念與能力，並結合社區與校際間整體社區輔導資源共同投入，有效結合學校及社區資源，逐步建立學生輔導新體制，稱為(1)新輔導計畫 (2)教訓輔三合一計畫 (3)十年教育改進計畫 (4)校園組織再造計畫。
268	2	學校負責蒐集、分析、保管學生輔導資料，實施性向、智力測驗、出版輔導刊物等等有關文書方面的工作，是學校哪一組的

		業務？　（1）輔導組　（2）資料組　（3）特教組　（4）生活輔導組。
269	A	學校輔導中心可以提供社區家長各種資訊服務和輔導活動，讓家長和學校、學生之間形成密切聯繫幫助學生成長，此一專業服務可稱之為？（A）諮詢　（B）諮商　（C）評量　（D）評鑑。
270	C	國民小學輔導工作應由哪些人做有計劃之試探與評量，建立個人資料，並對特殊學生加強個案研究，作為諮商與輔導之依據？A.家長 B.輔導老師 C.級任老師 D.任課老師 E.行政人員　（A）ABC　（B）ABD　（C）BCD　（D）ABE。
271	3	國民小學資源教室的主要承辦單位為？（1）教務處　（2）訓導處　（3）輔導室　（4）總務處。
272	A	有關資源班的敘述，哪一項是正確的？（A）是強調加廣、加深與加速教學的場所　（B）會加重「標籤」的不良後果　（C）發展學習宜加強升學輔導　（D）應以普通班為其基礎，重視補救教學。
273	A	關於特殊教育中的「標記」，下列何種敘述是正確的？（A）有利有弊　（B）有利無弊　（C）有弊無利　（D）無利無弊。
*	C	根據「性別平等教育法」之規定，學校之招生及就學許可不得有性別或性傾向之差別待遇，但例外的情況為何？（A）全校校務會議之決議　（B）全校家長會之決議　（C）特定教育目標之考量　（D）教師會之建議。
274	BC	家長想要其孩子就讀啟智班，學校應考量原則為何？（A）該生領有身心障礙手冊　（B）家長意願　（C）學生實際安置需求　（D）老師主觀意願。（複選題）
275	BCD	有關啟智班學生人數較多，人力不足時，如何進行人力調配？（A）要求家長陪讀　（B）徵求校內義工家長協助　（C）徵求

		校外社團義工協助 （D）訓練普通班學生協助。（複選題）
276	C	自輔導的功能來說，擬定輔導方案時應注意哪些層面？（A）生活、教育、職業（B）目標、策略、結果（C）預防、發展、診斷（D）個人、團體、社會。
277	C	比較輔導與訓導的差異，下列何者為非？（A）訓導在肯定社群的重要，輔導則肯定個人價值 （B）訓導偏重外在行為，輔導則強調全人的關注 （C）訓導重內控力的培育，輔導則重外控力的培育 （D）訓導從外而內，輔導從內而外。
278	A	預防少年犯罪，下列措施，何者預防效果不彰？（A）確實隔離虞犯少年 （B）加強落實親職教育 （C）充實青少年休閒活動場所及設施 （D）改進教育內容與方法。
279	B	行政院近期針對未來同性戀、異性戀在校園裡應受到平等待遇，未婚懷孕學生的受教權也不容剝奪等議題，通過了何種法律？（A）男女平等法 （B）性別平等法 （C）人權平等法 （D）兩性平等法。
280	B	學校將嚴重適應不良學生安置在特殊班級或提供特殊課程，或是轉介給精神科醫生進行別治療，這是屬於何種性質的輔導？（A）預防 （B）診斷治療 （C）發展 （D）諮商。
281	C	國民中學的學校輔導工作應以何種學生為對象？（A）適應不良者 （B）身心障礙者（C）全體學生 （D）低社經背景者。
282	D	下列何者不是學校輔導計畫中的「次級預防」（secondary prevention）所提供給學生的服務措施？（A）個別諮商 （B）心理測驗 （C）同儕輔導 （D）心理治療。
283	D	建立學生輔導新體制三合一整合方案，係指：（A）預防、輔導、治療三合一 （B）學生、教師、家長三合一 （C）家庭、學校、社區三合一 （D）教學、訓導、輔導三合一。

284	D	將生命教育的議題融入課程教學，其最終的意義為：(A)讓學生懂得與人競爭　(B)讓學生知道生離死別的問題　(C)讓學生知道生物科技對人類的影響　(D)讓學生知道生命意義與責任。
285	A	台南市教育局計畫今年（93年）起將針對學校進行所謂的「教訓輔三合一策略聯盟」，請問即將聯盟的是指哪些學校？(A)全市國民中小學　(B)全市國中高中　(C)全市各大專院校　(D)全市各高中職。
286	B	「資源教室」的設置主要是針對：(A)天才兒童　(B)學習能力偏低兒童　(C)中輟生　(D)人格偏差兒童的教育。
287	3	下列哪一種特殊教育環境的安置型態對於學習環境的限制最少？(1)巡迴輔導制　(2)普通班輔以諮詢服務　(3)資源教室　(4)特殊學校。
288	1	當老師發現班上兒童明顯的遭身心虐待，下列哪一項是必須採取的措施？(1)盡快向主管機關通報；(2)告知家長，請其帶學生就醫；(3)告知班上同學，請同學幫忙受虐同學恢復心情；(4)通知其他任課老師，請大家幫忙留意受虐同學學校適應狀況。
289	2	我國正推行「教訓輔三合一」，教育部請眾多學者齊聚一堂加以討論。某位學者要求先釐清「教訓輔三合一」此一教育術語之定義，以免淪為口號之宣導。從哲學思考的方法來看，這位學者最為接近下列何種教育哲學立場？(1)實用主義學派；(2)觀念分析學派；(3)存在主義學派；(4)人本主義學派。
290	A	下列有關中輟學生的輔導，何者最正確？A.學校教訓輔三方面要共同努力 B.處理中輟生的最好方式是讓他回到原班級 C.學生未到校五日，必須通報中輟 D.教師要想辦法收留逃家的中輟生
291	1	學童轉學，若未向轉入學校報到達多少日以上，即須通報中輟系統？(1)三日；(2)四日；(3)五日；(4)一週。

292	3	依據「國民教育階段重度身心障礙學生教育代金申請要點」之規定，在家教育者，學校可協助其申請教育代金，政府提供其教科書及習作，並派員到家中輔導至多少歲為止？（1）六歲；（2）十二歲；（3）十五歲；（4）十八歲。
293	D	所謂「巡迴輔導」是指：（A）特殊學生到各處接受不同專業老師輔導（B）學生在資源班和普通班間受教育（C）學生每隔一段時間接受重覆課程教學（D）經訓練的老師到各地安置特殊學生的學校作輔導。
294	B	根據我國現行特殊教育政策，下列有關特教學校（班）設置之描述哪些是正確的？（A）力求普及，設校應考量經濟規模與成本效益（B）小班小校為原則（C）各縣市均應成立單類特殊教育學校（D）落實大學區制，朝區域整合方向發展。
295	D	特殊教育學校（班）之設立，應力求普及，以小班、小校為原則之外，並應朝何方向發展？（A）商業化（B）獨特化（C）分立化（D）社區化。
296	C	下列針對各校設立「特殊教育推行委員會」的描述，何者是正確的？（A）由各校特教組長擔任召集人（B）由輔導主任擔任主任委員（C）特殊教育學生家長代表應該參與（D）成員包括學校家長會會長。
297	C	有關「訓導」與「輔導」的差異，下列敘述何者為非？（A.訓導在肯定社群的重要，輔導則肯定個人的價值 B.訓導偏重外在行為，輔導則強調全人的關注 C.訓導重內控力的培育，輔導則重外控力的培育 D.訓導從外而內，輔導從內而外）
298	4	列有關中輟生的敘述何者是正確的？（1）學生未經請假、不明原因未到校上課達三日以上者即應列為中輟生（2）中輟生追蹤管制期限，至其年滿16歲止（3）中輟生復學後，應優先列為認輔對象（4）以上皆是

299	3	依據教師輔導與管教辦法規定，當國中生違規情節重大者，教師得移請學校為管教措施，下列哪一項措施對國中生並不適當？（1）留校察看（2）轉換班級（3）移送司法機關處理（4）退學。
300	3	各國民中學親職教育有關事項，是那一個處室的業務？（1）教務處（2）學生事務處（3）輔導室（4）總務處。
301	1	部分國民中小學「訓導處」改名為「學生事務處」是依據那一個規定？（1）國民教育法（2）國民教育法施行細則（3）教師輔導與管教學生辦法（4）教學、訓導、輔導三合一整合實驗方案。
302	D	所謂的「教訓輔三合一」制度，是指（A）導師必須在訓導處和輔導處擔負行政工作（B）處分學生時，教師、訓導主任和輔導室主任都要在場（C）教導、訓導、輔導必須由同一個人執行（D）教師、訓導處和輔導室必須通力合作共同輔導學生。
303	③	下列哪一項不是教師輔導與管理學生處理的原則？①不因個人或少數人的錯誤而懲罰全體學生　②尊重學生人格尊嚴　③應該公開處分以改正行為　④重視個別差異。
304	B	依教育部「教、訓、輔三合一整合實施方案」而言，針對瀕臨偏差行為邊緣學生較為專業的輔導諮商，屬於哪一級的預防？（A）一級預防（B）二級預防（C）三級預防（D）四級預防。
305	C	教育部推動學生輔導新體制三合一整合實驗方案，是指哪三項？（A）教師、家長、學生（B）預防、輔導、治療（C）教學、訓導、輔導（D）學校、社區、家庭
306	ABC	為提昇學生輔導工作的成效，教育當局擬推動：（A）推展學校本位教師進修輔導知能制度（B）規劃教師輔導學生職責並納入教師聘約（C）推展多元型態中途學校實施替代性教育

		方案 （D）強化升學輔導為核心的青少年輔導工作（複選題）
307	B	建立學生輔導新體制三合一整合實驗方案，係指：（A）預防、輔導、治療三合一 （B）教學、訓導、輔導三合一 （C）學校、社區、家庭三合一 （D）教師、家長、學生三合一
308	BCD	下列何者是學校輔導工作的原則？ A.治療優於預防，預防重於發展 B.協助學生了解自我，發展潛能，適應環境 C.訓導注重團體紀律，輔導注重個人發展，兩者相輔相成 D.學校教師均負有輔導學生之責（複選題）
309	AB	預防學生中輟學業的有效作法包括： A.提供適性教育，開發學生多元潛能 B.對高危險群學生實施認輔制度 C.將無故缺席三週以上的學生列為中輟生，積極通報協尋 D.設立中途學校（複選題）
310	ABD	國民中小學中輟生問題非常嚴重，下列有關中輟生的陳述，何者為真？A.中輟生係指未經請假未到校上課達三天以上者 B.學校對中輟生應積極查尋，並通報主育行政機關及鄉（鎮、市、區）公所強迫入學委員會 C.少年犯罪比例在學生為非在學青少年的好幾倍 D.近三年來國民中小學中輟生皆維持在九千至一萬名之間（複選題）
311	B	國中學生未經請假，不明原因，連續幾日未到校上課，即應通報為中輟生？（A）二日（B）三日（C）四日（D）五日。

填充題：

312	生活輔導、教育輔導	學校輔導工作的內容，一般分為四大類：一般性輔導工作、_____、_____、及職業輔導。

簡答題：

簡要繪出我國「輔導新體制─教訓輔三合一」整合架構圖。

教育部正在推展「教訓輔三合一輔導新體制」，請說明其主要任務為何？

是非題：

313	○	在諮商輔導過程中，輔導人員對受輔者有保密的義務，不對外洩漏諮商過程所獲得的資料。但當受輔者有明顯傷害自己或他人的危險性時，輔導人員必須照會權責單位處理。

（四）總務處的職掌

總務行政：指與經費設備有關之行政事務，主要包括：（1）工程營繕維護；（2）財務購置；（3）財務管理；（4）文書處理；（5）檔案管理；（6）經費出納與會計；（7）印信之典守。

總　　務　　處	
文書組	1 典守學校的印信
	2 辦理公文收發、撰擬、繕校及登記
	3 辦理公文查詢及研考業務檢查
	4 擔任全校性會議記錄
	5 記載學校大事
	6 管理公文（公報）及檔案
	7 印製資料文件及印刷用具之保管與調配
	8 其他有關文書事項
庶務組	9 辦理營繕工程及購置、訂製或變賣財物事宜
	10 消耗品及零用錢之保管
	11 員工實物請領之及配發
	12 校產校具之整理、登記、修繕與保管
	13 公共場所及各項活動場地布置等事項
	14 水電之管理
	15 編制財產目錄及增減登記
	16 其他有關事務事項

出 納 組	17 現金之出納、保管及登記
	18 <u>代辦費之收支保管</u>
	19 暫收、暫付及墊付款項之收支
	20 <u>教職員工薪津請教發放及代收、收扣、代繳等事項</u>
	21 <u>編制現金結存表</u>
	22 其他有關出納事項

1 ‧總務行政之重點：

　　（1）加強美化綠化工作，妥善規劃校園景觀。

　　（2）注重文書庶務出納業務，提高工作效率。

　　（3）加強工友管理，積極維護學校設施。

　　（4）注重門禁管理，維護校園安全安寧。

　　（5）實施公物保管責任制，輔導愛惜公物。

　　（6）改善用水用電設施，有效節約能源。

　　（7）重視校園設施安全檢查，防範意外事件發生。

　　（8）充實遮陽設備，改善教學環境。

　　（9）整修學生宿舍設備，設置 K 書中心。

　　（10）改善營養午餐設施，提高學生膳食品質。

　　（11）加強校園排水設施，改善跑道積水現象。

　　（12）興建體育館及停車場，設立室內游泳池。

2 ‧文書處理：

　　（1）文書的意義及種類：文書可以分為廣義及狹義兩種。
　　　　廣義而言，凡有關公務之文件均可稱為文書；就狹義
　　　　言，係指公文程式條例所規定之公文。

　　　①狹義之文書：係指政府公佈之「公文程式條例」所規
　　　　定之公文而言，包括有令、呈、咨、函、公告、及其
　　　　他公文等六種。

1 令：公布法律、任免、獎懲官員，總統、軍事機關、部隊發佈命令時用之；
2 呈：對總統有所呈請或報告時使用；
3 咨：總統與國民大會、立法院、監察院公文往復時使用之；
4 函：各機關間公文往復，或人民與機關間之申請與答覆時用之；
5 公告：各機關對公眾有所宣布時用之；
6 其他公文： （1）書函 （2）表格化的公文：簡便行文表、開會通知單、公務電話記錄、其他可用表格處理之公文。

② 廣義之文書：凡有關處理公務之文件均屬之，尚包括報告、報表、簽呈、清冊、函、通報、計畫書、契約書、會議記錄、調查表、手諭、牌示、傳票、收據、報告書、建議書、意見書、請願書、保證書、證明書、提議書、登記表、一覽表、統計表及其他各種冊簿表件等等。

（2）文書處理程序：文書之處理，包括收文處理、文件簽辦、文稿擬定、發文處理、歸檔五個部分。

1 收文處理之程序，為簽收、拆驗、編號登記、分文、傳遞。
2 文件簽辦之程序，包括擬辦、送會、陳核、核定。
3 文稿擬判包括擬稿、會稿、核稿、判行。
4 發文處理的順序，包括繕印、校對、蓋印及簽署、編號、登記、封發、及送達等。

（3）公文製作：學校常用到的公文為函、公告、簽三種。

① 函的製作：一律採用「主旨」、「說明」、「辦法」三段式。

> 「主旨」為全文的精要，用以說明行文的目的與期望，其文字應力求具體扼要。

> 「說明」係對案情做較詳細的敘述。

> 「辦法」係列舉出向受文者的具體要求。

② 公告的製作：公告的結構分為「主旨」、「依據」、「公告事項」。

> 「主旨」宜用三言兩語勾出全文的精義，使人一目了然公告的目的和要求。

> 「依據」係將公告案件的來龍去脈做一交代，但也可只可說出某一法規和有關條文名稱或某某機關的來函即可。

> 「公告事項」（或說明）是公告的主要內容，必須分項條列。

③ 簽的撰擬

　A 簽的意義：「簽」是幕僚處理公務表達意見，以供上級瞭解案情並做抉擇依據之文書。換言之，簽主要用於機關內部，其作用不外乎請示、要求或說明。

　B 簽的款式

> 1 採先簽後稿時，應使用「簽」的制式用紙，按「主旨」、「說明」、「擬辦」三段式辦理。

> 2 案情簡單，可使用便條紙、不分段，以條列式簽擬。
> （1）在三段的「簽」裡，「主旨」係扼要敘述「簽」的整個目的與擬辦。
> （2）「說明」係對案情的來源、經過、有關法規或前案、以及處理方法的分析等，做簡要的敘述。
> （3）「擬辦」為簽的重點所在，係針對案情提出具體的處理意見或解決問題的方案。

④ 公文製作的原則：製作公文時應注意下列的原則，及格式要合式、內容要明確、相關項目要填完整、用自要合宜、核會判行程序要完備。「行政機關公文處理手冊」

（4）公文辦理期限：

① 最速件：隨到隨辦。

② 速件：不超過三日。

③ 普通件：不超過六日。

3 ．檔案管理：檔案係指已歸檔之各種之各種文書而言。

（1）檔案亦有廣狹兩義，狹義之檔案係指已歸檔之各種公文（即公文程式條例所規定之令、呈、咨、函、公告及其他公文）而言。

（2）廣義之檔案，係指已歸檔之各種公務文件，除前述之公文檔案外，上包括報告、報表、簽呈、計畫書、契約書、會議記錄各種檔案文件。

（3）檔案管理之程序：檔案管理之程序，包括檔案之歸檔、檔案之出納、檔案之清點防護、及檔案之移轉與銷毀等項工作。

（4）檔案之歸檔：檔案管理的初步工作，是為歸檔。歸檔又可分為點收、整理、分類、立案、歸卷、登簿、目、裝訂及排架等九個步驟。

（5）檔案之出納：檔案之出納，係指檔案之調案與歸還而言。

（6）清點與防護。

（7）移轉與銷毀。

4 ．出納管理：出納管理，係指現今、票據及有價證券之收入、支付、保管、移轉、與帳表之登記編制等而言。

5 ．財務管理：財務管理係指對財產及物品所做的管理。財產

與物品的區分，係依據行政院頒佈行之「財物標準分類」為準。

6．財產管理：所謂財產管理，係指關於財產之登記、增值、經營、養護、減損等事項。

(1) 財產之減損：財產減損之方式有變賣、損失、播出、報廢及贈與五種。

(2) 學校處理報廢事宜，應依政府規定之財物報廢相關法令辦理，適用時機如左：

1　變賣：已失去使用效能，而尚有殘值者
2　利用：失其固有效能，而適合別項用途者
3　轉讓：可做有價或無價轉撥其他機關或團體使用者
4　交換：可與其他機構或公營事業交換使用者
5　銷毀：毫無用途者

7．物品管理：物品分為消耗性物品及非消耗性物品兩類。

(1) 消耗性物品係指一般物品經使用及失去原有效能或價值者，非消耗性物品係指一般物品，其質料較堅固，不易耗損。

(2) 所謂物品管理，係指物品之採購、收發、保管、登記、報核、及廢品之處理。

8．營繕工程：營繕工程的過程，可大略分為「規劃設計、招商承包、施工監工、及驗收登記」四個步驟。

9．財物購置：財物乃財產及物品之簡稱。

(1) 各項設備及其他各項財產，其使用期限達兩年以上而價值在一定金額以上者，均謂之「財產」。

(2) 凡價值在一定金額以下或使用期限不及兩年之設備或器具，謂之「物品」。

（3）財物購置的程序：財物購置的過程，可約區分為四大
　　　步驟，即「請購、確定規格、招商採購、及驗收登記」。

１０．校園規劃：

（1）校園規劃的意義，狹義而言，校園係指學校內除校舍
　　　與運動場之外的「學校庭園」；就廣義而言，校園係
　　　指學校的全部空間，包括了全部「校舍、庭園與運動
　　　場地」。

（2）校園規劃，即是將校園的校舍、庭園與運動場地三大
　　　要素，予以適當的安排與配置，以創造最佳教育環境
　　　的過程。

（3）校園美化綠化：美化與綠化即為提升校園品質的重要
　　　途徑之一。一方發揮潛移默化的境教功能，二方面可
　　　愉悅師生的心情及淨化環境。

　　① 校園的美化：美化校園的途徑很多，通常可透過造型
　　　　及造景、空間配治、藝術品布置、整潔、綠化、色彩、
　　　　及氣質美等方式來達成。

　　② 校園的綠化：所謂校園綠化，就是在校區空地上遍植
　　　　樹木花草的意思。校園綠化的具體作法包括：植綠籬、
　　　　種草皮、設植樹區、植樹帶、置草槽、美化校容闢花
　　　　圃或花園等，視學校的情況採用。植栽之選擇應注意
　　　　其「教育性、功能性、美觀性、經濟性、及安全性」。

（4）校園噪音防制：噪音、空氣污染、水污染及土壤污染，
　　　並稱為環境四大公害。

| 314 | 2 | 依行政院所頒文書處理檔案管理手冊之規定，新式公文已取消欄框，取消後在資料處理上為趨一致，其格式依下列何項次序排列？（1）正本、副本、本文、管理資料；（2）管理資料、本文、正本、副本；（3）正本、副本、管理資料、本 |

		文；(4)管理資料、正本、副本、本文。
315	4	掌管學校文書、事務及出納等事項的是屬於學校的那一單位？(1)訓導處　(2)教務處　(3)會計室　(4)總務處。
316	3	依政府採購法規定，機關辦理採購之決標時，訂有底價之採購，以合於招標文件規定，且在底價以內之最□標為得標廠商：(1)高　(2)中　(3)低　(4)不限。
317	B	目前下列學校職位中非由教師兼任者為何？(A)總務主任(B)出納組長(C)輔導主任　(D)設備組長
318	AC	學校中美化綠化的經費不能挪微電腦設備的經費，主要的原因為何？(A)會計制度的限制(B)環保概念的重視(C)經費項目編列與應用之規定(D)校長行政裁量權之管轄範圍。(複選題)
319	A	下列哪一項業務屬於總務處的工作項目？(A)文書處理(B)學生行為考查　(C)學籍管理　(D)教師遷調。
320	4	下列哪一項工作是屬於學校事務組管轄？(1)編擬各種工作報告及工作計畫　(2)保管現金暨公庫銀行票據有關出納各種單據　(3)登記出納帳簿及填製各項出納憑證與報表　(4)管理學校守衛及消防事項。
321	4	下列哪一項非校園無障礙設施的重要原則？(1)標示　(2)方便　(3)可及　(4)造景
322	AC	學校中美化綠化的經費不能挪為電腦設備的經費，主要的原因為何？(A)會計制度的限制(B)環保概念的重視(C)經費項目編列與應用之規定(D)校長行政裁量權之管轄範圍。(複選題)
323	A	教育部推動綠色學校政策的起點在於(A)心靈環保(B)圍牆綠化　(C)植物景觀　(D)環境融入。
324	C	校園規劃最重要的原則是(A)經濟原則(B)美化原則(C)安全原則　(D)發展原則。
325	3	屬專屬權利、獨家製造或供應(例如某出版社之教科用書)，

		採購時可以下列何種招標方式為之？（1）公開招標；（2）選擇性招標；（3）限制性招標；（4）最有利標。
326	4	依據學校衛生法規定，中小學應實施何種程度的禁煙？（1）可劃定一個吸煙區（2）可劃定二個吸煙區（3）可劃定三個吸煙區（4）應全面禁煙。
327	B	依據教育部統計顯示，學生意外事件發生的原因以下列哪一項最多？A.運動遊戲　B.車禍　C.自我傷害　D.溺水
328	D	八十七學年度全國各級學校重大校園事件中以下列哪一項居首？A.暴力事件　B.偏差行為　C.性騷擾　D.學生意外事件

（五）會計室的職掌

1·會計管理：會計有狹義與廣義兩種。

（1）狹義：會計係指對機關收支之記錄，以明其財務狀況。

（2）廣義：會計係指機關預算決算之編制、收支之記錄及財務之審計。

會　計　室
1 編製年度預算書表
2 經常費及臨時費收支審核與請領報銷
3 編製會計憑證及付款憑單
4 登記會計簿籍及編造會計報告
5 代收款、保管款及暫付預付等款項收支與清理
6 會計統計報表之調製
7 追加減預算科目調查與彙報
8 辦理年度經臨費、決算書表與報告
9 營繕工程購買變賣財物之監標及監驗
10 員工薪津及各種補助費之核算
11 核對現金結存表及財產帳
12 有關會計、歲計、統計案件之擬辦核會
13 其他有關會計統計月報事項

2．會計與審計：

  （1）會計：公立學校之會計事務，屬於會計法所規定之普通公務會計事務。

       而普通會計事務又包括「歲計、出納及財務」等三種會計事務，必須遵照有關法律為之，如會計法、預算法、審計法、國庫法、統計法等。

  （2）審計：審計乃對會計記錄、憑證及其他財政行為所做之審查，以確定其合法性、正確性及績效性。

    ①依規定審計之職權包括有七：「監督預算之執行、核定收支命令、審核財務收支及審定決算、稽察財務及財政上之不法或不忠於職務之行為、考核財務效能、核定財務責任、及其他依法律辦理之審計事項」。

    ②審計依其執行機關而言，可分為內部審計及外部審計。

     A 內部審計係由機關本身自行執行之審計，通常由會計單位或會計人員執行之。

     B 外部審計則係由外面的機關所執行的審計，目前主要係由屬於監察系統的審計機關來執行。

  （3）決算：決算為每一會計年度財政收支計畫實施結果之總結，亦即預算執行之最後報告。「一則用以顯示預算之效能，二則提供進行審計監督及改進預算作業之依據」。

（六）人事室或人員的職掌

  人事行政：指與學校教育人員有關的行政事務，主要包括：（1）教育人員甄選；（2）任免；（3）遷調；（4）考核；（5）；待遇；（6）保險；（7）資遣；（8）退休；（9）撫卹；（10）在職進修等。

人 事 室
1 擬定組織編製及辦事細則
2 分層負責明細表之擬定修正與陳報
3 教職員派、調、免、聘兼案件之審核與陳報
4 <u>教師登記</u>之辦理
5 <u>教職員敘薪</u>案件之審查核轉
6 教師代課案件之審核及代理教師之遴用報審
7 教職員<u>成績考核</u>及獎懲案件之辦理
8 教職員勤惰之考察登記及差假之審查
9 員工值日值夜之編排審定及查勤
10 教職員工<u>訓練進修</u>及其案件之簽擬轉報
11 教職員待遇核簽及各種津貼補助之審核
12 辦理公務人員及眷屬保險業務
13 教職員退休、撫卹、資遣案之辦理及核轉
14 辦理教職員福利互助業務
15 人事資料之調查、登記、統計、編報及移轉
16 保防教育之計畫、執行及彙報
17 防諜工作之執行及資料之蒐集
18 端正政風整肅貪污工作之推行
19 人員及設施維護計畫之策訂及執行
20 其他有關人事事項

1・專業化標準：謝文全（民93）認為專業化的標準是

　（1）受過專業長期訓練，能運用專門的知識技能：我國應
　　　擬定長期計畫，逐步把教育人員的養成，提高到研究
　　　所階段。

　（2）強調服務重於謀利：專業人員必須具備「服務重於報

酬」的信念，認為從事該事業，係基於服務社會大眾
的動機。

(3) 視工作為永久性職業：教育人員應自我要求，以從事
教育工作做為終身的職志，惟教育行政人員也應採取
配合的措施，提高成員的士氣。

(4) 享有相當獨立自主性：第一是指專業人員在執行業務
時，依其專業素養判斷如何執行，第二是指專業人員
所組成的專業團體，有權規定會員的資格與執業標準。

(5) 建立專業團隊：專業人員應建立健全的專業團體，以
發揮其自主性，並謀專業之進步與發展。

(6) 訂定並遵守專業倫理信條：專業人員應能自治自律，
故各種專業人員均訂有專業倫理或公約。

(7) 需不斷接受在職進修教育。

2．學校教育人員之任用：任用係指遴（甄）選適合的人才，
　委以適當職位執行組織任務的歷程。

(1) 專業性的積極條件主要有二：一為具有法定的學經
歷，二為經過甄選或考試及格。

①校長任用資格	國民教育法（§18）、教育人員任用條例（§4）、教育人員任用條例（§23）、教育人員任用條例（§36）、國民教育法施行細則（§14）。
②主任任用資格	「國民中小學教育人員甄選儲訓及遷調辦法（§6）」，國民小學現職登記合格教師，服務滿五年以上，其間曾任組長二年或導師三年或組長一年導師兩年，成績優良，得參加國民小學主任甄試。另根據「國民中小學教育人員甄選儲訓及遷調辦法（§10）」規定，經

	甄選合格，儲訓期滿成績考核及格者，始能取得任用資格。
③教師任用資格	教育人員任用條例（§12）、教育人員任用條例（§26）、教育人員任用條例（§39）
④職工及工友任雇用資格	學校職員之任用資格係依其職務類別，分別適用「公務人員適用法」或「技術人員任用條例」之規定，並辦理銓敘審查。「依法考試及格、依法銓敘合格、依法考績升等」。

（2）任用程序與方式

　① 任用程序：依教育人員任用條例及教師法之規定

　② 任用方式：學校人員的任用方式，可分派任制及聘任制兩種。

派任制	由政府任用，其派令是行政命令，故是政府公法的行為。
聘任制	由機關首長，以契約方式任用，這種契約通稱為聘書，是私法上的雇用契約，故是一種私法上的行為。
除了職員的任用，係採派任制外；公立中小學校長採取「遴選制」；公私立學校教師的任用都是採用「聘任制」，均由校長聘任。	

　③國中校長及主任的甄選過程有所差異：（使用「遴選制度」前）

1 初選：初選係採資格審查方式為之，以學歷、年資、服務成績、進修、著作等項評定之。
2 複選：經初選錄取者需參加複選，複選包括筆試及面試兩種。

3 儲訓：經複選錄取者，必須接受一段時間的儲訓。經儲訓合格者，使得列冊候用。
4 任用：有缺待補時，由任用機關依規定程序從候用名冊中遴用。

３‧教職員的待遇與敘薪：

（１）待遇是任用機關團體給予成員的工作報酬。

（２）敘薪係依成員之資格或功績核定其薪級或待遇之過程。

（３）待遇的內涵與目的：待遇可分為三大部分，即薪資、獎金、及福利。

　　① 薪資是待遇的主體部分，一般又可分為「本薪及津貼」兩種。本薪之給與，通常與政府訂有薪級表作為標準。薪級表是由薪級及薪額所構成。

　　② 我國教職員的薪級表係採「比例薪級表制」，而不是採用「現金薪級表制」，故所謂「薪額」僅是一種基本數額，而非實際付現金數。

　　③ 教職員的薪資除本薪外，尚包括津貼在內，主要的是「職務津貼、生活津貼、及地區津貼」三種。

A 職務津貼又稱職務加給。
B 生活津貼包括房租津貼、實物配給、子女教育補助生育補助、結婚補助、喪葬補助等多種。
C 地區津貼又稱為地域加給，係對服務於特殊地區者的補貼，如山地獎勵金、離島加給、平地鄉鎮偏遠加給。

４‧學校人員在職教育：專業化的標準之一，是不斷的從事在職進修教育。

（１）在職教育的意義：在職教育係指在職人員利用時間接受教育訓練或自我學習，以充實自己的專業及生活知能。

（2）在職教育的限制：教師法進一步規定各級學校教師在
職其間，應主動積極進修、研究與教學有關之知能，
並明訂參加在職進修是教師的義務與權利。教師在職
進修得享有「帶職帶薪或留職停薪」之保障，進修研
究之經費得由學校或所屬主管教育行政機關編列預算
支應。

（3）辦理機構及方式：依教師法之規定，教育部訂定了中
小學教師在職進修研究獎勵辦法。我國的學校人員在
職教育，目前辦理的機構有三：「學校本身、大學校
院、及教師研習會（中心）」，另有出國進修。

5．教職員工考核：

（1）考核的目的

① 做為獎勵之依據以提高成員之素質。

② 促使成員改進以提高工作的效果。

（2）考核的現行制度：公立學校人員的考核，分別根據部
定的公立學校校長成績考核辦法、公立學校教職員成
績考核辦法、及事物管理規則（工友部分）辦理。

① 公立學校校長及教職員的考核，分為「平時考核、專
案考核、及年終考核」三種。

② 考核過程：考核過程可分為「初核、複核、核定、通
知、復審及執行」等六個步驟。

③ 考核標準：學校人員的考核標準，大約可分為「工作
能力、工作精神、一般品德、及勤惰」等四大項。

6．教職員工保險：

（1）保險制度之目的有二：一是藉「危險分擔」原則，二
是讓員工能安心工作，提高工作效率。

（2）公立學校教職員之保險：係根據公務人員保險法及其

施行細則辦理。

（3）私立學校教職員之保險：則依私立學校教職員保險條例及其施行細則辦理，工友係參加勞保。

（4）勞工保險：勞工保險之項目，分為「殘廢、失業、老年及死亡」四種。勞工保險之保險費，由被保險人負擔百分之二十，雇主負擔百分之八十。

（5）全民健康保險：公私立學校教職員工以其服務學校為投保單位，以其薪資所得為投保金額，需依保險費率按月繳納保險費。

　　① 公立學校教職員工及其眷屬自付百分之四十，學校負擔百分之六十。

　　② 私立學校教職員之保險費由教職員及其眷屬自付百分之四十，學校負擔百分之三十，其餘百分之三十由中央或省（市）主管教育行政機關補助。

7.教職員工退休與資遣：退休係指機關對年事已高或身體衰落之員工，准其依規定退職，並依其年資給予退休金，以安其晚年生活的一套制度。

（1）退休：公立學校係依政府制訂的兩個法規辦理，一為學校教職員退休條例，一為學校教職員退休條例施行細則。私立學校教職員之退休，則依「私立學校法」之規定。

（2）退休金之來源有兩類制度。一類是由機關負擔，一類是由機關與員工共同負擔。

　　① 機關負擔制：退休金全由機關按年編預算支應。故退休金完全是機關對員工勞績的酬庸，通稱為恩給制。

　　② 共同負擔制：退休金由任職員工及機關共同負擔。員工負擔部分，係由每月薪資中扣繳，有酬庸勞績及個

人儲蓄之雙重意義。

③公立學校教職員退休金來源在民國八十四年修正公布
學校教職員退休條例實施以前，係採機關負擔制，修
正後則改採「共同負擔制」，由政府與教職員共同撥
繳費用建立退休撫卹基金支付之。私立學校教職員退
休金之來源，係以機關負擔為原則，為係由學生、私
校、及政府三者共同負擔。

（3）資遣：資遣旨在彌補退休制度之不足，公立學校教職
員之資遣，係依主管機關訂定之法規辦理；私立學校
教職員之資遣，依私立學校法規定，由各校訂定章則
辦理。

8．教職員工撫卹：目的有二：一是讓員工無後顧之憂，二是
給與遺族生活保障。

（1）公立學校教職員之撫卹，係依政府訂定之學校教職員
撫卹條例及其施行細則辦理。

（2）私立學校教職員之撫卹，依私立學校法之規定係由各
校自訂章則辦理。

9．教職員工福利：公立學校教職員工的福利，都依政府相關
規定辦理。私立學校教職員工之福利，依私立學校法之規
定，係由各校訂定章則及籌措經費辦理。

329	2	圖書館至少應於學生在校時間開放,為便利學生檢閱書籍內容是否適合其需要,並引起其閱讀興趣,圖書館（室）最好採（1.閉架式 2.開架式 3.半開架式 4.半閉架式）。
330	ABC	下列哪些屬於教師法規定的教師義務？（A）遵守聘約 （B）輔導及管教學生 （C）實施教學活動 （D）辦理選務工作。（複選題）
331	C	a.國小及國中校長任期一任為三年；b.補習及進修教育法所定

		之短期補習教育不得視為非學校型態之實驗教育；c.教科圖書審定委員會的教師代表比例不得少於 1/3；d.校長遴選委員會的家長會代表比例不得少於 1/4。前述有關現行國民教育法的規定，何者正確？（A）ab　（B）ac　（C）bc　（D）cd。
332	4	根據民國 85 年 10 月 9 日發布之教師進修研究獎勵辦法，教師參加全時進修、研究者，其服務義務期間為帶職帶薪時間的幾倍？（1）4 倍　（2）3 倍　（3）1 倍　（4）2 倍。
333	4	台中市國民中學校長的任用，由哪一個單位負責？（1）教育部國教司　（2）由師範學院該院、校教師中遴聘合格人員兼任　（3）教育研究院　（4）市政府遴選委員會。
334	4	校長遴選委員會期中遴選委員家長代表不得少於（1）六分之一　（2）三分之一　（3）四分之一　（4）五分之一。
335	1	學校教師評審委員會在審議教師教學不力，不能勝任工作，有具體事實或違反聘約情節重大者，應有全體委員多少人以上出席、多少人以上通過，始得決議？（1）2/3 出席、1/2 通過；（2）1/2 出席、1/2 通過；（3）1/2 出席、2/3 通過；（4）2/3 出席、3/4 通過。
336	B	現行法令規定中小學教師每年必須參加多少小時的研修（A）12　（B）18　（C）24　（D）30。
337	B	國民中學各處室主任，除人事與會計單位外，依規定應由何人擔任為宜？（A）學校職員專任　（B）專任教師兼任　（C）兼任教師擔任　（D）以上皆可。
338	A	下列各種委員會常見於學校之中，請選出一個名稱和權責不相符合的選項？（A）「成績考核委員會」─執行學校教師成績考核工作，其程序是先由校長初核後，再交由委員會最後審核（B）「教師申訴評議委員會」--辦理教師申訴案件之評議，申

		訴之程序及再申訴二級　（C）「學校教師會」--主要為維護及再申訴教師專業尊嚴與自主權，學校班級數少於 20 班時，得跨區合併成立　（D）「教師評審委員會」-- 主要辦理經公開甄選之新進教師的審查。
339	C	學校教師成績考核委員會開會時，最後決議必須符合　（A）全體委員三分之二以上出席，出席委員三分之二以上同意（B）全體委員二分之一以上出席，出席委員三分之二以上同意（C）全體委員三分之二以上出席，出席委員過半數之同意　（D）全體委員三分之二以上出席，出席委員全數同意。
340	B	下列有關教育人員任用之敘述，何者為非？（A）專任教育人員，除法令另有規定外，一律不得在外兼課或兼職　（B）偏遠或特殊地區之學校教師，其資格由各縣、市政府教育局分別訂定之　（C）教師聘約在有效期間內，除因違反聘約或重大事故報經主管教育行政機關核准者外，不得解聘　（D）學校校長不得任用其配偶或三親等以內血親、姻親為本校職員。
341	C	下列何者不是教師受學校聘任後，遭受解聘、停聘或不續聘的理由？（A）受有期徒刑一年以上判決確定，未獲宣告緩刑者（B）經合格醫生證明有精神疾病者　（C）蓄意處罰學生且未知會校方者　（D）不能勝任教學工作且有具體事實或違反聘約情節重大者。
342	C	依教師法第十四條之規定：教師聘任後，如教學不力或不能勝任工作，有具體事實或違反聘約情節重大者，應經教師評審委員會委員　（A）二分之一以上出席及出席委員半數以上　（B）二分之一以上出席及出席委員三分之二以上　（C）三分之二以上出席及出席委員半數以上　（D）三分之二以上出席及出席委員三分之二以上之決議方得給予解聘、停聘或不續聘。
343	4	依「公立學校教職員成績考核辦法」之規定，教師年度考核欲

		得四條一款（甲等）者，該年若有請事、病假，除須依照規定補課或請人代課外，其事、病假併計不得超過多少天才符合規定？（1）5天；（2）7天；（3）10天；（4）14天。
344	C	台北市立國民中小學（附中、附小除外）校長之產生，是經由（A）教師會及家長代表投票選舉 （B）校內教師會推薦甄選（C）台北市教育局組織遴選委員會遴選之 （D)市政府派任。
345	①	依據教師法規定，「教師評審委員會」之組成，其中未兼行政或董事的教師代表，不得少於總數之多少？①二分之一 ②三分之一 ③三分之二 ④四分之一。
346	②	依據「高級中等以下學校及幼稚園教師在職進修辦法」之規定，教師服務滿多久以上始得進修學位？①未規定 ②一年 ③二年 ④三年。
347	B	國中、國小校長任期屆滿時得回任教師，乃依據下列哪一種法令？（A）教育基本法（B）國民教育法 （C）教育人員任用條例 （D）教師法。
348	A	對於不適任的中學教師，下列何者有權對其進行解聘之決議？（A）教評會 （B）教師會 （C）家長會 （D）教育審議委員會。
349	B	中學的學校行政運作中，何者具有最高的議事決定權？（A）行政會議 （B）校務會議（C）教務會議 （D）輔導會議。
350	C	目前我國中校長是採，(A）派任制 （B）證照制 （C）遴選制 （D）培育制。
351	②	中小學校長任用由派任改為「遴選」係依據下列何者法規所修訂的規定？①教育基本法 ②國民教育法 ③師資培育法 ④教師法。
352	④	某所中學的教師評審委員會成員共十七人，請問未兼行政或董

		事的教師依法至少需有多少位？①六　②七　③八　④九。
353	BC	下列有關目前國民中小學校長的敘述，何者是對的？ A.由主管教育行政機關（如教育局）選拔適任者派任　B.採任期制，在同一學校得連任一次　C.任期屆滿時，得回任教師　D.任期屆滿時，由主管教育行政機關二次派至他校擔任校長（複選題）
354	B	家長參與是改善教育環境的重要因素之一。請問依照現行的辦法，家長在各校教評會的名額為：A. 至少佔一半以上　B. 至少一名　C. 至少二名　D. 至少三名
355	D	依照目前的法令，各國中校長是：A. 由各校教師普選產生　B. 由各校教師及學生家長普選產生　C. 由教育行政單位派任　D. 由各校組成遴選委員會遴選產生

填充題：

356	訓導 輔導	學校行政在實務上包括下列工作：教務工作、【　　】工作、總務工作、【　　】工作、人事工作、會計工作。
357	五分 之一	國民教育法規定國民中小學校長遴選委員會應有家長會代表，其比例不得少於委員總數的【　　】
名詞解釋或簡答：何謂專業的特質（至少舉出三項）？		

主題四：教育行政理論

一、教育行政的基本概念

（一）教育行政的意義

1 · 葛立克（Gulick）界定「行政的主要功能」包括「*POSDCoRB*」。

P：計畫（Planning）	O：組織（Organizing）	S：用人（Staffing）	D：指揮（Directing）
Co：協調（Coordinating）		R：報告（Reporting）	B：預算（Budgeting）

2 · 吳清基（民 89） 教育行政的意義可從四種不同的觀點切入：

 （1）靜態性的觀點：教育行政是達成國家教育任務的一種行政制度，也是對教育事務管理的一種社會制度。

 （2）動態性觀點：教育行政是達成教育目標的一種手段性行政行為，也是有效達成教育目標的一種行政歷程。

 （3）心態性觀點：教育行政是統整教育目標與個人需求的一種行政藝術科學。

 （4）生態性觀點：教育行政是教育組織內上級與部屬間的一種行政影響作用。

3 · 黃昆輝：教育行政是服務教與學的，是支援教與學的，是引導教與學的。沒有教師的教學與學生的學習，教育行政就沒有存在的必要。

（1）它本身是一種手段，教與學的改進才是目的。

（2）從「程序」的觀點來看：教育行政即是計畫、組織、溝通、協調及評鑑等繼續不斷的歷程。

4．「學校行政」的意義：學校行政是對學校教學以外的事務作系統化的管理，以求有效而經濟地達成教育的目標。（謝文全）

（1）學校行政處理的是學校教學以外的事務學校的事務可大約需分為兩大類：「一為教學；一為行政」。

① 「教學」：是師生之間的教學活動，為直接達成教育目標的活動。

② 「行政」：則為教學以外的其他工作或活動，旨在支援教學活動，間接達成教育目標。

（2）一般可概分為下列五項作為或步驟：

1 計畫或決定	（1）計畫是以審慎的態度和方法，預先籌謀並決定作任何事及如何做，以求有效而經濟地達成預定目標。 （2）決定是在面臨問題時，從若干解決方案中做一最佳的抉擇，已有效率地解決問題，完成預定的目標。 （3）計畫與決定是一體的兩面，凡是豫則立，不豫則廢。
2 組織	組織是指單位的設立或成員工作的分配與組合，人力物力經過良好的組織與安排，才能充分發揮其功能。
3 溝通或協調	（1）溝通是團體或個人相互間訊息的歷程，藉以建立共識協調行動、集思廣益或滿足需求，進而達成預定目標。

		（2）溝通與協調是一體之兩面，有人視之為手段與目的的關係，溝通是手段，協調是目的，即溝通的目的在協調，而協調要靠溝通。
4	領導或激勵	（1）領導乃指引組織及成員的工作方向，並激勵成員的士氣，以糾合群體的智慧與意志，共同實現組織目標及滿足成員需求的一種行為。 （2）激勵為領導的內涵之一。
5	評鑑與革新	（1）評鑑是對事務加以審慎的評析，以量定其得失及原因，據以決定如何改進或重新計畫的過程。 （2）重新計畫及改進即是革新，即評鑑之目的在革新，故兩者為一體之兩面。

（3）一般可以分為五大類，即教務、訓導、總務、人事及公共關係。

358	B	組織是一種職務配置及權責分配的體系，此種定義是自何種觀點為之？(A)動態觀點　(B)靜態觀點　(C)心態觀點　(D)生態觀點。
359	4	學校行政與企業管理的比較，下列敘述何者較為正確？（1）學校行政與企業管理的目的都是在謀利（2）學校行政的變通性高於企業管理（3）學校行政與企業管理的內容都一樣（4）企業組織的自由競爭性高於學校行政組織
360	B	國家將關於學術、教育和文化負起計畫、執行和考核之責任，以為實現國家教育宗旨與政策的稱為？(A)教育計畫　(B)教育行政　(C)教育制度　(D)教育學程。
361	C	所謂的「學校行政三聯制」是指下列何者？(A)校長、主

		任、組長 （B）領導、溝通、決策 （C）計畫、執行、考核 （D）教務、訓導、總務。
362	2	教育行政是對教育事務的管理，管理是計畫、組織、溝通、領導及評鑑的歷程，引領組織及成員努力的方向，激勵士氣以實現組織目標，稱之為？（1）評鑑 （2）領導 （3）溝通 （4）組織。
363	3	下列各項有關學校行政人員的角色任務之描述何者有誤？（1.學校行政人員介於學校組織與教師個人層面之間，具有居中調適與仲裁職責；2.作正確的行政決定，使行政管理歷程順利；3.明確掌握正視組織的法律規章與運作，盡量避免非正式組織成員意見的影響；4.重視組織成員之間的溝通，以提昇行政績效）。
364	3	以下何者不是學校行政的歷程？（1.計劃2.組織3.輔導4.評鑑）。

（二）教育行政的目的

教育行政目的在實現教育目標，吾人可由三個角度來詮釋：

1．受教育的主體：教育行政目的促使個體充分自我實現，使個人接受群體行為的標準並適應環境，加以協調與改變。

2．教育行政歷程：教育行政目的在瞭解並影響教育目標與政策的發展、引導並增進教育發展的計畫、爭取資源並運用資源，以期實現教育政策與達成教育目標。

3．達成教育目的：教育行政被要求運用教育力量，一方面重視個人發展、探索個人性向，使其在適當的社會發展環境中學習知識、技能與精神態度，另一方面以培養民主制度下能負起公民責任的公民為最高原則。

365	D	下列所述我國各級教育目標，那一項是「錯」的？A. 國民教育在培養五育均衡發展的國民 B. 高級中學教育在為未來高

		深學術及專門知能作準備　C. 高級職業學校教育在養成健全基層技術人力　D. 大學教育在養成實用專業人才
366	B	學校行政的主要目的為何？（A）促進社區交流　（B）支援師生教學　（C）執行行政命令（D）管理師生行為。

（三）教育行政的性質

1．教育行政的意義：

　　（1）教育行政是一種管理行為。

　　（2）教育行政管理的事務是教育事務。

　　（3）教育行政旨在實現教育的目標。

　　（4）教育行政講求經濟有效。

　　（5）教育行政係由政府主管機關及教育機構負責實施。

2．教育行政的特徵：

　　（1）教育行政是服務性的工作。

　　（2）教育行政所履行的是社會的根本功能。

　　（3）教育行政較具學術化。

　　（4）教育行政的成效極難評鑑。

　　（5）教育行政的明顯度高而易受批評。

3．教育行政的啟示：

　　（1）以服務社會為目的。

　　（2）應有強烈的責任感。

　　（3）應重視研究發展。

　　（4）改進評鑑方法。

　　（5）應有忍辱負重及虛心接受批評的涵養。

4．教育行政的範圍：秦夢群（民87）界定教育行政的「範圍與任務」包括

　　（1）組織與教學上受學制影響，然而校長居於教學成敗的

關鍵。

（2）員工人事、教師養成。

（3）學生事務、學生次文化的重視。

（4）財政與總務，成本分析、計畫評核術（PERT）。

（5）學校與社區關係，建立雙向溝通管道。

5・教育行政的六大特質：根據謝文全與吳清基（民89）學者，歸納出教育行政的六大特質

（1）教育功能重要，影響深遠，涉及政治、經濟、文化等各層面。

（2）教育行政性質利他，以服務社會為目的。

（3）教育行政對象複雜，差異性大，致使成效難以評估。

（4）教育行政任務艱鉅，成效緩慢。

（5）教育行政目標抽象，易受忽視。

（6）教育行政經費耗大，易受批評。

6・教育行政的研究方法：

（1）文獻分析法：就有關教育行政的各種資料加以蒐集、研讀及分析，以求從其內容中獲得所欲研究的教育行政問題之答案。

（2）調查研究法：利用問卷或訪問的方式，請受調查對象針對研究的教育行政問題陳述事實及意見，在將其所陳述的內容加以統計分析，從中獲得問題之驗證。

（3）比較研究法：指將兩個地區以上的教育行政制度或現象加以比較或對照分析，以發現其異同優劣，或歸納出趨勢或原則，以做為解決教育問題之參考。

（4）實驗研究法：透過設定實驗情境，採行「準實驗研究」設計。

（5）個案研究法：針對特定對象作深入訪談或調查。

（6）行動研究法：正視行動者即研究者，以解決問題為導向，適用於教學情境中解決實際問題。如教師針對班級教學所遭遇的問題，主動蒐集資料，以改善教育實務。

367	3	教師行動研究主要目的是在：　①建立教師之學術地位　②提昇教師的研究權威　③解決教學實際所面臨之問題　④促進教師的人際關係。
368	B	為提升教學能力，教師互相觀摩、紀錄彼此的教學情況，再共同討論。此種專業成長方式是　（A）行動研究（B）同儕教練（C）案例教學（D）教學輔導
369	D	下列何者適用行動研究？（A）臺港地區國民小學社會領域教師知覺課程的比較研究（B）運用闖關遊戲提升大臺北地區國小學生數學學習興趣之研究（C）臺北縣國民小學學生自我概念之研究（D）降低本班學生錯字之策略研究
370	C	九年一貫課程改革重視「教師即研究者」的理念，強調下列何種類型的研究？（A）調查研究（B）實驗研究（C）行動研究（D）基礎研究
371	C	下列何者不是行動研究的特色？（A）以解決問題為導向（B）教師本身即是研究者（C）研究結果可以推論至其他教育情境（D）以教師行動為主，專家只作協助（E）企圖引起讀者共鳴。
372	C	在實際的教育組織情境中，為解決實務問題而由實務工作者與專家學者合作進行研究，稱為：（A）合作實驗研究（B）種誌研究（C）合作行動研究（D）座談研究。
373	4	教師針對班級教學所遭遇的問題，主動蒐集資料，以改善教育實務，此為何種教學反省的方法？①案例法②自傳法③檔案評量④內容效度。
374	4	教師反省是此波教育改革過程中頗為強調的，請問下列何種類

		型的反省較可以協助教師發現所持理論與使用中理論的差異，並可增進教師行動前反省的動機以及行動中反省的敏銳？（1）行動前反省 （2）行動中反省 （3）行動裏反省 （4）行動後反省。
375	A	教師針對在班級中所遭遇的問題，主動蒐集資料，想辦法找出改善及解決之道。此一程序稱為：（A）行動研究（B）案例分析（C）檔案評鑑（D）反省札記。
376	C	下列何者<u>不是</u>行動研究的目的？ A.揭發對某群體的不公平現象 B.探尋社群行動的機制 C.為了提升競爭力 D.促進人們對問題的察覺
377	A	以下何者<u>不適合</u>說明行動研究的內涵？ A.研究的目的在於解決此時此地的問題，並且只採用質性研究的方式進行 B.研究不強調理論的發展，也不重視研究結果的推論，而重視即時的應用，所以通常研究者就是研究結果的應用者 C.國民中學教師針對其任教班級所發現的問題進行有系統的研究，並且尋求解決策略，進而付諸實施 D.透過研究，教師可以覺察問題、探究問題以及進行反思與成長
378	C	教師在教學中依據自己所面臨的問題進行研究，研擬解決方案，付諸實施，並且不斷評鑑、反省、修正，以解決問題。此種研究方法為何？（A）個案研究（B）參與觀察（C）行動研究（D）實驗研究。
379	A	教師如果要了解教學情境的多樣性，以及學校文化與學生日常生活意義，最適合的研究方法為何？（A）俗民誌方法（B）問卷調查（C）實驗法（D）歷史研究。
380	D	「教師即研究者」是下列何種研究的基本特色？（A）觀察研究（B）質性（化）研究（C）個案研究（D）行動研究。

381	D	下列何者並非行動研究的特色？（A）研究常起於待解決之實際問題（B）研究者即行動者（C）研究目的不在建立學術理論原則原理（D）研究者應具備研究方法及統計分析之專門技能。
382	1	課程改革中，教師的角色從「被動學習者」轉換為「主動的研究者」。在學校教學情境中，中學教師最適合採用何種方法研究教育實際問題？（1）行動研究　（2）實驗研究　（3）歷史研究（4）比較研究。
383	1	下列有關「以學校為中心」的教師進修理念，何者正確？（1）鼓勵教師從事「行動研究」以解決學校實際問題　（2）由學校委託教師進修機構辦理進修研習　（3）進修的主題應配合社會所需　（4）進修人員以新手教師為主
384	④	推動學校本位的教育發展，教師較適宜從事：①實驗研究　②田野調查研究　③扎根研究　④行動研究。

是非題：

| 385 | ○ | 教育行動研究具有協同的特徵，而其協同研究的夥伴則是學術研究工作者。 |

填充題：

| 386 | 行動研究 | 一般而言，教育研究可歸納為三類：基本研究、應用研究及＿＿＿。 |

問答題：

| 請說明行動研究的意義，並以本市的國民中學教育為範圍自訂研究主題，論述教師如何進行行動研究？ |

7．教育行政的研究典範：

典範（paradigm），係指「對宇宙現象與知識的觀察方式」。

教育研究典範包括「理性典範、自然典範及批判典範」。

（1）理性典範：理性典範講究透過演繹法來瞭解知識，對於組織的特徵採用邏輯實證的態度來分析。理性典範的代表為量化研究。

（2）自然典範：自然典範方法的基本理念則認為我們所處的世界是動態的，而其中組成的各個部份是相互關連不可分割的，須順其自然。自然典範的代表為質化研究。

（3）批判典範：批判典範則為質化與量化研究之折衷。

（4）渾沌理論（chaos theory）典範的興起：透過兼具「質性思考」與「量化分析」的方法，用以探討動態系統中，無法用單一數據關係，而必須用整體、連續的數據關係才能加以解釋及預測之行為。

387	3	教育研究的第一個步驟是 ①蒐集資料 ②提出假設 ③選擇研究問題 ④選擇研究方法。
388	B	強調探討問題在脈絡中的複雜性，由研究對象本身的架構來了解行為，多運用參與觀察和深度訪問等方法從事的研究，為何種取向？ （A）量的研究（B）質的研究（C）傳統研究（D）綜合研究
389	A	關於質的教育研究取向，下列敘述何者正確？A.其資料分析強調詮釋的循環 B.其觀察方法強調客觀與旁觀 C.其背後的哲學基礎是實證論 D.其訪問方法強調標準化及情境控制
390	④	下列有關理性典範的研究特徵，何者不正確？①方法之使用上重視實證方法 ②研究過程重視變項控制與明確的操作型定義 ③使用大量的樣本進行研究 ④研究結果重視個別樣本之討論。

8．學校行政人員的準備：

學校行政人員至少需具備四項條件，即瞭解學校行政理論與實務知識、熟悉學校行政相關法規、有豐富的學校行政經驗、及具有成功領導者的特質。（謝文全）

（1）瞭解學校行政理論與實務知識：具有學校行政的專業知識，包括計畫、組織、溝通、領導、評鑑、教務、訓導、總務、人事、公關等方面的知識和技能。

（2）熟悉學校行政相關法規：行政均需依法一切辦事，欲熟悉學校行政相關法令，最好是訂閱教育部公報或省事及縣市政府公報。

（3）有豐富的學校行政經驗：從基層的行政職務擔任起，不只可以增加磨練機會，亦是使自己具有擔任高層職位的法定條件。

（4）具有成功領導者的特質。

9．教育的功能：就各級教育的功能來說

（1）在學前教育方面，幾十年來政府未能有效因應社會需求，營造一個有利的辦學環境，樹立一套良好的規範制度，以致未立案的幼教機構大量存在，各幼教機構的良莠不齊，嚴重影響幼兒教育的品質。

（2）中等教育階段，除可提供基礎教育外，理應發揮性向試探及前程（進路）輔導的功能，以協助學生認識自己的性向，選擇適合個人能力與興趣的發展方向，並培養未來進路所需的知能。

| 391 | A | 國民教育階段學校教育的主要功能是：（A）統整（B）分化（C）選擇（D）安置。 |
| 392 | C | 下列何者不是學校教育的功能？A.社會化的功能 B.選擇的功能 C.升學的功能 D.照顧的功能 |

| 393 | A | 國民教育階段的主要教育功能為：（A）由統整到試探（B）由試探到分化（C）由分化到專精（D）由試探到統整。 |
| 394 | A | 以下何者不是中小學學校教育的主要功能？（A）政治傾向的形塑　（B）社會角色的選擇　（C）保護照顧　（D）共同文化的傳遞。 |

二、教育行政理論演進

（一）古典（傳統）理論時期：1900-1930

　　古典理論時期主要包括科學管理理論、行政管理理論以及科層體制理論。

是非題：

| 395 | × | 行政學的傳統理論將組織視為「開放系統」。 |

1‧科學管理理論（Scientific Management Theory）：

（1）以泰勒為代表學者，有「科學管理之父」之稱。

（2）主張以科學的方法來管理，找出最好的工作方法以訂定客觀的績效標準，以提高行政效果與成員工作效率。

（3）泰勒提出「科學管理原則」，使組織能達到產量最大與成本最小的境界。達到效率生產的六項管理原則：（由下層往上層）①科學化工作法則。②按件計酬原則。③時間管理原則。④功能管理原則。⑤計畫與執行分離原則。⑥管理人員專業化原則。

| 396 | 1 | 下列哪一位學者於一九一一年著有「科學管理原則」（the principle of scientific management），強調以科學方法作為增進組織效率？①泰勒（F.W.Taylor）②費堯（H.C.Fayol）③韋伯 |

		（M.Weber）④賽蒙（H.A.Simon）。
397	A	科學管理的代表人物　（A）F.W.Taylor　（B）H.Fayol　（C）C.Barnard　（D）Peter.F.Drucker

2・行政管理理論（Administrative Management Theory）：

（1）以費堯、葛立克為代表學者主張針對管理歷程進行分析。

　①費堯（H.Fayol，1841－1925），有「行政歷程之父」、「現代管理理論之父」之稱。

　②葛立克（L.Gulick，1937年）；吳偉克（L.Urwick）。

（2）費堯提出管理的要素：包括五種功能（POCCC），用來界定「行政歷程」。包括：「計畫（planning）、組織（organizing）、指揮（commanding）、協調（coordinating）、控制（controlling）」。

（3）費堯又提出著名的「十四點管理原則」：管理者「由上往下」管理組織之原則，包括

　　「專業分工、權責相稱、紀律嚴明、命令統一、目標統一、組織至上、報酬合理、權力集中、層級節制、人事相適、公正無私、任期安定、自動自發、團隊士氣」。

（4）葛立克（1937）：著有《行政科學論文集》，將行政主管的工作區分為「POSDCoRB」歷程，分別代表：「計畫（planning）、組織（organizing）、用人（staffing）、指導（directing）、協調（coordinating）、報告（reporting）與預算（budgeting）」等七大行政歷程。

398	組織	費堯（Fayol）認為行政的歷程包括計畫、【　】、指揮、協調與控制等五個歷程。

3．科層體制理論（Bureaucracy Theory）：

(1) 代表學者是韋伯（M.Weber，1864－1920），主張透過理想的科層體制，達成組織的目標。

(2) 科層體制理論又稱「官僚模式」，藉著職位分類分層、法定責任的訂定，以形成組織理性關係的建立。

(3) 韋伯主張理想的科層體制需具有以下「特徵」：「依法行事、用人唯才、專業分工、層級節制、支薪用人、保障任期、升遷制度、公正無私、書面檔案」。

(4) 韋伯（1947）所提出的「科層體制」認為學校只要有科層結構，必然有很高的效率。但從整個學校組織中，因為人與環境、人與人的交互作用結果，常會產生不確定因素影響整個組織的運作，如非正式組織的形成及其影響絕非科層體制可掌控的。

399	4	目前教育行政組織類皆採用科層體制模式（bureaucracy），此一主張係由何人所提出？①泰勒（F. W. Taylor）②費堯（H. Fayol）③葛立克（L.Gulick）④韋伯（M. Weber）。
400	①	下列何者不屬於科層組織的特性？①強調非正式組織 ②主張層級節制 ③講究用人唯才 ④界定科學化工作程序。
401	2	下列哪一項不是社會「科層體制」之組織型態特徵？（1）依法行事 （2）依工作績效升遷 （3）專業分工 （4）保障任期。
402	4	最先以理想型的理念提出「科層體制」（bureaucracy）的人是：（1）莫頓（R.Morton）（2）孔德（A.Comte）（3）帕森斯（T.Parsons）（4）韋伯（M.Weber）
403	C	下列那一個不是科層體制的主要特徵？（A）依法行事 （B）專業分工 （C）講求情理 （D）保障任期。
404	2	下列何者不屬於韋伯（Weber）所提出的科層體制之特徵？（1）不講人情 （2）系統思考 （3）法令規章 （4）權威階層

405	4	依據韋伯（Max Weber）的說法，科層體制具有下列哪一項特徵？（1）具有非正式的職位與規章（2）對任職者的升遷與發展機會缺乏合理保障（3）依照特定的社經背景選才（4）由一系列特定的官僚所形成。
406	D	下列何者非韋伯（Weber）的科層結構特徵？（A）權力階層的存在（B）法定責任的訂定（C）理性關係的建立（D）自由奉獻的精神。

（二）人際關係時期：1930-1950

　　人際關係時期主要包括霍桑實驗、動態平衡理論、需求層次理論、動機保健理論、XY 理論、理性決策理論等。本時期主張組織除了正式結構還有非正式結構的存在，對組織效率的高低有不可忽視的影響。並強調人際關係對組織發展的重要性，以「霍桑實驗」為代表。

1・人際關係學派（Human Relations）：

　　（1）代表學者梅堯（E. Mayo）、羅斯勃格（F.J.Roethlisberger），強調人際關係對組織發展的重要性。

　　（2）由社會與心理的角度來分析個人之組織行為，引發有關組織氣氛、領導、非正式團體等研究受到重視。

　　（3）霍桑實驗研究分為三個時期：各時期及其「研究啟示」如下：

三個時期	研究啟示
①第一期「電話線交換裝配實驗」	榮譽感的滿足與激勵
②第二期「面談計畫」	參與感與成就感的獲得
③第三期「電話整機線路配置實驗」	非正式組織影響成員行為

（4）霍桑實驗確立了<u>非正式團體</u>的力量。組織成員的行為多半不僅是其單獨的表現，必須依其所處的社會團體共識，作為行事之標準。

（5）工作績效之提昇來自於「榮譽感之滿足與激勵、人格受尊重、團隊精神的獎勵、個人潛能與專長的發揮」等方向。

（6）人際關係會影響成員的行為及領導的成效：「LBDQ量表」，將領導者之特質分為：

① 高倡導：領導者有組織有效率的安排員工運作的能力。

② 高關懷：上級與員工相互信任與尊重的程度的領導方式。

407	②	老師在評定學生行為時，往往認為成績好的學生，其品德也好，這種現象稱為：①霍桑效應 ②月暈效應 ③比馬龍效應 ④初始效應。
408	2	在實驗處理中，學生因自覺實驗組的自我期望對其行為產生影響，這種現象是所謂的 ①蝴蝶效應 ②霍桑效應 ③比馬龍效應 ④從眾效應。
409	3	校長正在私底下觀察我，所以我的表現跟平常不一樣，是屬於何種效應（1）曝光 （2）月暈 （3）霍桑 （4）雷斯多夫
410	B	教師會在進行教室管理時對某一學生採取責罰的措施，其效果會擴及周圍的其他學生，此種現象稱之為何？（A）比馬龍效應（Pygmalian effect）（B）漣漪效應（ripple effect）（C）期待效應（expected effect）（D）月暈效應（halo effect）。
411	B	在研究歷程中，被研究者因為知道自己參與研究而有不同於平常之表現，此效應稱為（A）約翰亨利效應（B）霍桑效應（C）月暈效應（D）比馬龍效應。
412	A	根據霍桑實驗結果發現，影響組織工作績效的最重要因素為

		（A）社會與心理因素（B）物質與精神因素（C）計畫與溝通因素（D）組織與領導因素。
413	B	霍桑效應（Hawthorne effect）指出影響組織工作績效的因素是：(A)經濟因素 (B)心理與社會因素 (C)生理因素 (D)物理因素。
414	1	下列對於霍桑實驗學派的敘述，何者正確？（1）強調社會與心理因素對於工作績效的影響 （2）主張嚴格控制的管理 （3）主要代表人物為蓋哲（J. Getzels） （4）假定人性本惡或偏惡。
415	C	小龍知覺自己受到「從眾行為」實驗而故意與人唱反調，以致實驗結果無效，這是（A）混淆 （B）月暈效應 （C）受實驗者效應 （D）霍桑效應。

填充題：

416	霍桑	在研究中，由於受試者獲知參與實驗或受到特別照顧，以致影響其動機而改變實驗的結果，稱為【　　　】效應。

2．動態平衡理論（Dynamic Balance Theory）：

(1) 代表學者為巴納德（C.I. Barnard，1886－1961），強調應重視正式組織與非正式組織間的關係，他並提出「效能與效率」的觀念。

(2) Barnard 著有《行政人員的功用》（The Function of the Executive），《組織與管理》（Organization and Management）。

(3) Barnard 在「行政人員的功用」一書中，主張
　① 成員的互動是組織成立的基礎。
　② 非正式組織會隨著正式組織之成立而存在。
　③ 應兼顧組織目標的達成及成員需求的滿足。
　④ 精神的誘因對成員的激勵力量超過物質的誘因。

⑤ 良好的溝通體系為成員合作發揮團體力量所必需。

⑥ 受命令者對命令的接受程度決定上級命令是否有影響力。

（4）行政需兼顧「效能與效率」。

　① 效能（effectiveness）：「組織目標的達成」。組織行政行為是否有效，端視是否可達成組織特定目標。後有 Peter Drucker 認為效能就是 "Do the right thing"，「做對的事情」。

　② 效率（efficiency）：「個人需求的滿足」。組織行政行為是否有效，視其能否滿足組織成員需求。後有 Peter Drucker 認為效率就是 "Do the thing right"，「把事情做對」。

　　古典理論試圖將重心放在組織目標的確立與正式化，而人際關係學派強調個人的需求。而巴納德的動態平衡理論企圖融合組織期望與個人需求間求其平衡。

417	2	在教育制度中，以最少的費用獲得學童的最佳學習效果，這是一種 （1）效能 （2）效率 （3）品質 （4）公平

3・需求層次理論（Need Hierarchy Theory）：

（1）代表學者馬斯洛（A. H. Maslow）。

（2）提出人類「五大需求」層次：生理需求、安全感需求、隸屬感需求、自尊需求、自我實現需求。

（3）人除了生理需求外，尚有更多社會及心理需求，激勵士氣應兼顧生理和心理兩方面。

（4）自尊與自我實現很難百分之百滿足，此兩種需求的訴求可同時運用。

（5）ERG 理論：（Alderfer，1969）主張將人類的需求層

次分為三種，層次間並非互斥，而是可同時進行的。

① 生存需求：個人在生理和安全上的需求。

② 關連需求：個人對有意義與正面的社會關係需求。

③ 成長需求：個人追求自尊與成長的需求。

④ 上述三種需求間不具先後關係，可同時追求多種需求，但仍與馬斯洛認為低層需求滿足後才會追求多種需求。

⑤ Alderfer 提出「挫折—退化」的看法，認為高層需求受挫時會退化強化低層需求滿足以替代之，而不像馬斯洛需求理論只繼續停留在該需求。

418	③	根據馬斯洛 Maslow 的人類需求階層理論，人類最基本的需求是：①自我實現 ②安全 ③生存 ④愛與歸屬。
419	①	學校規劃耶誕節，讓學生自行辦理化妝舞會，滿足學生表現慾望，這是運用什麼理論？①需求層次理論 ②激勵保健論 ③批判理論 ④科學管理論。
420	4	馬斯洛（Maslow）的需求層次中，最高層次的需求是為 (1)自尊 (2)歸屬 (3)安全 (4)自我實現。
421	2	如果有學生是因為受老師嘲笑而拒絕上學，根據馬斯洛（A.Maslow）的動機階層論，這位學生拒學是基於何種需求未獲滿足？(1)自我實現 (2)審美鑑賞 (3)認知需求 (4)同儕。
422	B	Maslow 的「需求層次論」，又稱為「需求滿足論」，下列何者不屬於在其中？(A)安全需求 (B)玩樂需求 (C)尊重需求 (D)生理需求。
423	B	下列何者是 Maslow 所說的基本需求？(A)知的需求 (B)愛與隸屬的需求 (C)自我實現的需求 (D)美的需求。

424	D	馬斯洛（Maslow）的人類需求層次理論，指出人類的需求依次為（A）自我實現，尊重，愛與隸屬，安全，生理（B）尊重，生理，愛與隸屬，自我實現，安全（C）生理，愛與隸屬，尊重，安全，自我實現（D）生理，安全，愛與隸屬，尊重，自我實現。
425	AD	根據馬斯洛（A.H.Maslow）的「需求理論」，後列何者屬於所謂的「基本需求」？（A）自尊需求（B）知的需求（C）美的需求（D）愛與隸屬的需求。（複選題）
426	D	根據馬斯洛（A.H. Maslow）的看法，教師欲使學生為求自我實現而努力，並企圖提高其求知的動機，則必先設法滿足其下列那種需求？（A.安全的需求 B.生理與自尊的需求 C.愛與隸屬的需求 D.以上皆是）
427	B	馬斯洛（Maslow）所提倡的需求層次論，下列何者是最高層次的需求？（A）生理需求 （B）自我實現的需求 （C）自尊的需求 （D）愛與隸屬的需求。

是非題：

428	○	在馬斯洛（Maslow）的需求層次論中，安全的需求必須百分之百滿足，愛與隸屬的需求才可能產生。

4 · 動機保健理論（Motivators-Hygiene Factors Theory）：

(1) 代表學者賀滋柏（F. Herzberg），又稱「雙因素工作滿足論」，賀滋柏提出影響工作滿足感的是一類因素，影響不滿足的因素是另一類因素。

(2) 工作滿意因素（內向）：包括「動機因素、內在因素與積極因素」，如「成就感、受賞識感、工作本身、責任感（責任與權力）、升遷發展」等。

（3）<u>工作不滿足的因素</u>（外向）：包括「保健因素、外在
因素、消極因素」，如「組織政策與管理、視導技術、
薪資、人際關係、工作環境」等。

（4）要提高成員的工作滿足感，應從<u>動機因素</u>改善、要消
除成員的工作不滿足感，應從<u>保健因素</u>改善。

429	B	「與工作間接相關，為外在因素，當其存在，不一定引起滿足感；但若不存在，則一定引起不滿足。」如學校的廁所骯髒，令人普遍不滿。此一事例，屬於赫茲伯（F. Herzberg）理論中的那個因素？（A）激勵因素（Motivators）（B）保健因素（Hygienic Factors）（C）激勵保健因素（Motivators- Hygienic Fact）（D）間接因素
430	3	依激勵─保健理論，目前對教師而言，下列哪一項目較屬激勵因素？（1）每年給予晉級　（2）每月準時發薪資　（3）給予公開表揚　（4）考績甲等

5 ． XY 理論（XY Theory）：

管理哲學係指管理者或某管理學派的認知、信仰、價值觀
等中心思想，又稱為經管理念（哲學）。例如：X.Y.理論。

（1）代表學者<u>麥理格</u>（D. McGregor），認為每個領導者都
有所謂的「領導哲學」來影響或控制團體運作與決策。

（2）X 理論：（傳統式）把人當作壞人來看，認為他們好
逸惡勞，只追求物質需要的滿足。

①人性觀假設	②X 理論的管理方式
a.一般人生性懶惰，喜歡逃避工作。	a.嚴格鞭策成員。
b.一般人缺乏雄心壯志，不願承擔責任，喜歡被領導。	b.專制，不讓成員參與。
c.一般人自私自利，以自我為中心、漠	c.強調對成員的獎懲與控制。

| 視組織目標。
d.一般人天生抗拒變革,喜好安定。
e.一般人愚笨無知,易受人煽動與誘騙。 | |

（3）Y 理論：（民主式） 主張採用人性激勵的管理。

①人性觀假設	②Y 理論的管理方式
a.一般人對工作的苦樂之感來自於工作環境。	a.實施授權制度。
b.一般人會自動自律完成所承擔的組織任務。	b.實施分權,給成員較大的責任。
c.一般人希望從中獲得成就感與自我實現。	c.實施工作擴展計畫。
d.在情況許可之下,一般人會主動尋求承擔更多的責任。	d.實施參與和諮詢管理,讓成員參與決策。
e.多數人均能應用智慧與創造力來解決組織的問題。	e.實施自我考核制度,讓成員自我設定工作目標,並對工作績效自我考核。

431	C	下列何理論主張人性本善,人會自治自律的完成組織交付的任務,並從中獲得成就和滿足感?(A)科學管理學派 (B)X 理論 (C)Y 理論 (D)Z 理論。
432	②	Y 理論對人性的基本假設:①性惡論 ②性善論 ③無善無惡 ④有善有惡。

6．理性決策理論：

（1）代表學者賽蒙（H. Simon），強調組織的運作必須兼顧<u>效能</u>與效率。

（2）著有「行政行為」（Administrative Behavior，1947），
　　　主張「行政行為」是組織決策制訂的整個過程。

（3）提出行政管理人員必須以<u>滿意的效能觀及相對的效率</u>
　　　<u>觀</u>取代機械的效能觀與絕對的效率觀。

（4）將行政行為視為一連串理性的運作，其中心乃是「決
　　　策過程」，而首要行動是「設定目標」。

（5）決策過程：主張組織成員必須「貢獻」給團體，而團
　　　體必須適切提供「滿足感」。

（6）目標設定：主張目標設定必須與決策行為緊密結合，
　　　因為既定前提的設定與目標層級的確立，個人才能有
　　　理性決策的行為。

（7）決策活動包括「情報蒐集、設計活動、抉擇方案」。

（8）提出「有限的理性」觀念。

| 433 | 1 | 在行政決策中，主張「有限理性說」（limited rationality）的是①賽蒙（H. Simon）②勒溫（K. Lewin）③杜威（J. Dewey）④費德勒（F. E. Fiedler）。 |
| 434 | ③ | 賽蒙的行政決定理論所強調的理性為：①工具理性 ②價值理性 ③有限理性 ④無限理性。 |

（三）系統理論時期：1950－1990

　　系統理論時期主要包括，社會系統理論、權變理論和 Z 理論。此時期強調試圖整合古典理論和人際關係時期之缺失，著重「開放、生態與權變」的觀點，其特色在於對「環境變數」的重視。

是非題：

| 435 | ○ | 系統理論重視組織外在環境因素，使能夠更明確的解釋組織現象。 |

1・社會系統模式：主張結構與功能是不可分開的。

（1）代表學者派森思（T.Parsons，1951）提出 AGIL 模式，認為任何一個組織，其本身就是一個社會系統，而這個社會系統中又包含許多的次級系統。

（2）社會系統的定義：為一群具有生理或環境特質的個人，他們在團體中活動的動機乃在於獲得最高的滿足。這群人彼此互相影響，而期間扮演角色的分配，則是由所處環境的文化與社會結構來界定。

（3）基本假定社會是有秩序的，其探討重點在各種不同的社會結構如何形成與結合一起。

（4）社會系統的要素：①一群人或角色扮演者；②彼此間的交互作用；③團體或個人的目標；④產生的行為；⑤一段時間。

（5）「社會系統」需具備的功能：即 AGIL 模式

　①適應功能（adaptation）：系統必須具備適當的準備與彈性。

　②達成目標（goal-attainment）：各社會系統均有其目標與功能。

　③整合（integration）：各次系統間透過合作關係，以維持系統的協調。

　④模式維持 （latency）：或稱「潛在功能」，一方面維持系統運作，一方面創新、傳遞模式運作。

（6）Parsons 認為個人在面對組織目標與個人需求間的衝突會面臨「個人行為的四大難題」：①情感中立或舒放；②自我或團體中心；③普遍或特別主義；④分化或專精主義。

| 436 | A | 補救學校教育與社會生活脫離的方法為？（A）學校生活化 （B）學校社會化 （C）社會學校化 （D）學校民主化。 |

2．社會系統理論（Social System Theory）：

（1）代表學者為蓋哲（Getzels）、林發姆（Lipham）、康培爾（Campbell）。主要探討資源由外界環境「輸入」到系統中，經系統內的交互作用而「輸出」到外界環境。

（2）組織的基本架構包括「規範」與「個人」兩部分，均需加以重視及研究。其後再加入「文化」部分。

① 規範層面：包括「機構、角色與期望」；

② 個人層面：包括「個人、人格與需要傾向」。

③ 文化層面：價值觀為「一種存於個人或團體中的理念，它的形式或為內隱或為外顯，但間接會影響個人或團體對各種模式、方法或行動的選擇。」

（3）組織與環境相互影響，應注意兩者間的合作與調適。

（4）組織應同時兼顧組織目標的達成與成員需求的滿足。

（5）領導者應兼顧法定權威及其他專業權威的應用。

（6）採取交互型或權變型領導。

（7）重視成員的生理及心理需求。

| 437 | 4 | 有關蓋哲爾（J. W. Getzels）與謝倫（H. A. Thelen）班級社會體系理論的內涵，下列何者敘述為非？（1）教學活動是一種藉於角色和人格之間的一種動態歷程 （2）教育制度中的角色期望必須符合社會上的文化價值 （3）教師必須了解教學過程中個人與制度兩方面的資源和限制 （4）教師應調整制度中的角色期望，以適應個人人格的需要，此謂「人格社會化」（socialization of personality）。 |

3.權變理論（Contingency Theory）：

(1) 代表學者費德勒（F. E. Fiedler，1964）主張在面對不同的情境時，必須依循不同的解決途徑。

(2) 世上沒有所謂的組織最佳策略策略，不見得絕對有效但也不見得絕對無效，即任何兩者不同形式的組織方法不會造成相同的效率。

(3) 領導型式須與其情境相配合，才能產生效果。

(4) 領導型式可分為工作導向與關係導向。

(5) 領導情境的主要因素包括領導者與成員關係；工作結構及職權。

(6) 控制程度愈高對領導者領導愈有利。

(7) 調整幹部時，應注意領導型式與情境的配合。

(8) 領導情境是動態的，領導者應隨時留意其變化，做必要調整。

438	1	倡導權變領導理論的重要學者是（1）費德勒 （2）費堯 （3）梅耶 （4）泰勒
439	A	情境領導理論主要之代表人物為下列何人？（A）費德勒（F.E.Fierlder）（B）史肯納（B.Skinner）（C）泰德（O.Tead）（D）布朗（A.F.Brow）
440	D	教育行政理論中，認為組織管理宜視實際狀況和條件而定的是：（A）傳統理論 （B）需求理論 （C）動態平衡理論 （D）權變理論。
441	C	權變領導理論是由何人所提倡？（A）賽蒙 Simon（B）孔恩 Cohen（C）費德勒 Fiedler（D）亞當斯 Adams
442	A	教育行政領導策略有所謂的「權變領導說」，該核心概念是考慮下列何種因素？（A）領導情境 （B）權力來源 （C）領導策

		略　（D）領導人格特質。
443	①	費德勒（F.E.Fiedler）的權變理論中，下列哪一情境因素不是影響領導效能的重大因素？①部屬的成熟度　②職權　③領導者與部屬之間的關係　④工作結構。
444	D	以開放系統模式為基礎的「權變理論」，有其基本假設，下列何者的假設不正確？（A）世上沒有所謂的組織最佳策略的效率（B）兩個不同形的組織方法不會造成相同　（C）最好的組織策略必須依環境的特性而變動　（D）有最佳的策略可適用於所有的組織。
445	C	在行政理論中最重視領導者之彈性與調適作為的是：（A）科層理論（B）系統理論（C）權變理論（D）轉型理論。

4．Z理論（Z Theory）：

（1）代表學者麥哥里（J.E. Megley）。不同學者界定不同，一說麥哥里，另一說為日裔美籍學者大內 （W.Ouchi）提出。主張組織管理應該人與制度、獎勵與懲罰、生理與心理、都不宜偏失，且建立部屬對組織的信心，強調彼此利害與共的共識，以提升績效，達成組織的目標。

（2）行政管理宜兼顧制度與個人兩個層面。

（3）激勵與懲罰各有其適用時機。

（4）應兼顧成員的生理及心理需求。

（5）組織與成員應相互調適，才能運作良好。

（6）重視組織內外環境的作用。

（四）非均衡系統模式時期：（1980後）

　　非均衡系統模式時期，主要包括混沌理論、全面品質管理理論、學習型組織、學習型學校等。

1．非均衡系統理論基本理念包括「非線性、不確定性、隨機性」，此種新典範被稱為「非線性動力學」或是「非均衡系統模式」以<u>混沌理論</u>（chaos theory）為代表。

（1）混沌理論的意義：透過兼具<u>質性思考與量化分析</u>的方法，用以探討動態系統中，無法用單一數據關係，而必須用整體、連續的數據關係才能加以解釋及預測之行為。

（2）混沌理論的基本理念：包括

① 混沌現象起因於物體不斷以某種規則複製前一段運動狀態，而產生無法預測的隨機效果。

② 「耗散結構、蝴蝶效應、奇特吸引子及回饋機制」等四項要素，並強調組織的「不確定性、隨機性及不可預測性」。

（3）教育的對象是人，人是隨時變動的個體，而教育的過程基本上依循一定的準則，並歷經長期的互動，符合混沌理論架構。提醒行政管理者必須對於周遭事物的細微變化，抱持高度的靈敏度及反應力。

（4）混沌系統的五個特徵：非線性、複雜形式、循環式的對稱、對起始狀態的敏感、回饋系統。具體內容包括：

① 耗散結構（dissipative structure）：組織能自外部環境吸取能量，是一個開放系統。在此結構中，存在不同的次系統，其關係是非線性、非穩定系統。系統本身是一種「穩定→崩潰→重組」的更新過程，藉由自我重組的力量在混沌與不穩定中產生新的形式。

② 蝴蝶效應（butterfly effect）：指任何現象的發生都隱藏某種意義，如「巴西之蝴蝶展翅，德州可能刮颱風」，不能小看。

③ 奇特吸引子（strange attractor）：指組織內在的影響力。吸引子為軌道中一點，能吸引系統朝其而去。系統的突然變方向，卻可透露出新的吸引子，或是隱藏的吸引子正躍躍欲試。

④ 回饋機制（feedback mechanism）：指系統的各項產出。系統具有不可逆性，舊的成果再注入系統會產生新的結構。

446	1	教行政理論的演變，在 1990 年代後是趨向 （1）非均衡系統模式 （2）自然系統模式 （3）理性系統模式 （4）開放系統模式
447	3	下列哪一項<u>不是</u>混沌理論的基本理念？（1）耗散結構（2）蝴蝶效應（3）模糊結構（4）回饋機制。
448	2	「蝴蝶效應」是指組織中的：①井然有序的行徑 ②無一定軌跡可循的隨機變化 ③組織平衡狀態 ④正面影響的結果。
449	D	下列何種理論主張組織的複雜性與不確定性，即對於機構生命的不穩定性與不可預測性的強調。 （A）科層體制模式（B）社會系統模式（C）政治理論模式（D）模糊理論模式
450	②	教師平時注意謹慎處理教室中的學生衝突事件，做好親師溝通和同儕輔導，這是運用哪種行政理論？①社會系統理論 ②混沌理論 ③後現代主義 ④科層體制理論。
451	B	組織中細微事件可能產生巨大影響，導致組織的崩潰，此稱為 （A）耗散結構（B）蝴蝶效應（C）煮蛙效應（D）奇特吸引子。
452	4	某國中曾經發生校長與某一教師因些微理念細故不合，由於處理不善，造成教師集體罷課，最後導致學校組織崩壞，校風不振，請問對此細微初始條件的敏感（小爭吵），引發難以預期的系統的變化（校風不振），這種效應稱為（1）比馬龍　（2）

		斯德哥爾摩　（3）群聚　（4）蝴蝶。
453	C	混沌理論當中的「蝴蝶效應」應用在教育上，下列何項敘述較能代表其真正的涵義　（A）學校環境應布置的美輪美奐，如同蝴蝶一樣美麗　（B）學校環境應和社區環境配合，使得學校環境得以永續，如同蝴蝶之和生態環境調適方得以生存　（C）學校環境維護雖小地方亦應重視解決，以免造成大問題，如同蝴蝶展翅亦可吹垮大飛機　（D）學校環境應定時維護，才能維持正常校務運作，如同蝴蝶展翅。

2．全面品質管理理論（Total Quality Management，TQM）：

代表學者戴明（W. E. Deming）、朱蘭（J. Juran）與柯洛斯比（P. Crosby）等人。

（1）全面品質管理的定義：

① 全面品質管理是指運用客觀的原理與方法，使教育規劃、執行與結果都能符合教育理念以及多數人的期望。

② 指一個組織中所有成員、部門和系統大家一起來不斷改進組織的產品及服務過程（全面），以滿足或超越顧客的期望及需求（品質），俾使組織得以永續發展的一套原則與程序（管理）。（林天佑，民87）

③ 戴明博士（Dr.W.Edwards Deming）提出，所謂的 PDCA 的循環圖（如下圖所示），又稱「戴明圈」，透過這個循環不斷的旋轉，表示其品質、技術與管理的不斷進步。

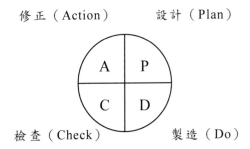

修正（Action）　　設計（Plan）

檢查（Check）　　製造（Do）

（2）發展三階段：（林天佑）

①從「品質管制」到「全面品質管制」再到「全面品質管理」。

②起於美國，傳到日本，回到美國，再到英、澳，最後到世界各地。

③從產業界，到一般服務業，再到非營利機構，最後到教育機構。

（3）基本理念：強調組織需重視「事先預防、永續改革、顧客至上、品質第一和全面參與」等五項。

①事先預防：全面品質管理重視「事前預防」，而非「事後檢測」。

②永續改革：組織必須不斷地改進缺失，突破現狀，採創新且永不休止改進的手段。

③顧客至上：全面品質管理以顧客滿意為核心。

④品質第一：強調「品質文化」的建立。

⑤全面參與：品質的提昇須靠團體的合作。

（4）TQM 的目的是要使每一位工作者具備品質控制的專業能力，提供高績效的產品及服務來滿足顧客的需要。

（5）學校推行 TQM 的策略：每個學校可視特定的條件加以修正參考採納。

①第一步：信諾

②第二步：組織發展

③第三步：以顧客為中心

④第四步：過程方針

⑤第五步：持續不斷的改善

（6）全面品質管理的組織系統，其主要的特性：

①對外 3C 活化組織動力：以 3C--競爭（Competition）、互補 （Complimentary）、合作 （Collaboration），為活化組織的動力。

②對內 6C 塑造活力團隊：以 6C--文化（Culture）、共識（Consensus）、承諾 （Commitment）、能力（Comptence） 、溝通（Communication）、協調（Coordination），來塑造有活力的團隊。

| 454 | D | 「透過定期的評鑑，以增進學校行政過程」是屬於全面品質管理的哪個技術？（A）團隊合作 （B）鼓勵自我改進 （C）以顧客為焦點 （D）持續改進。 |

填充題：

| 455 | 協調 | 近年學校管理強調全方位品質管理，其中所稱之 3C 分別是：文化（Culture）、溝通，及（　　）。 |

組織的定義與要素

1.組織（Organizing）的定義與要素：組織是由兩個以上的人員所組成，成員間具有交互作用且具有共同的目標，需重視環境內外的互動。

（1）係指為實現群體之共同目標，經由職責、職權的配置與層級的結構，所結合而成的結構體，便稱之為組織。

（2）組織係將「人」與「事」做有系統及最適的組合，同

時建立完善的溝通系統，以達成企業目標，並使組織
成員獲得工作滿足感。

2．組織的演進：包括「草創期、成長期、官僚期、轉型期」。

（1）草創期：草創時期領導人的能力最為重要，因其必須
擔負奠定基礎的重大責任。

（2）成長期：當組織事務漸上軌道後，領導人也漸退出第
一線，組織特色也逐漸形成。

（3）官僚期：組織規模日益龐大，權力結構形式漸成集權
形式，領導人與部屬間距離變大而成官僚體制。

（4）轉型期：領導者除守成外，還需解決組織內外環境之
衝擊。

3．教育行政組織的原理（謝文全）：

（1）訂有組織目標

（2）劃分部門實施專業分工

（3）做階層分化實施層級節制

（4）制定法規作為形式的標準

（5）依情境做適度的分權

（6）用人應才德兼備：因事擇人、適才適所

（7）適當保障成員的任期

（8）建立書面檔案制度

（9）重視組織的變革與發展

4．正式組織（Formal Organization）：乃根據組織系統圖、組
織章程、職位說明等規定所形成，其特點如下：「全體組
織成員之權責均明確劃分；權力系統由上而下層層節制；
組織結構分明，分層負責」。

5．非正式組織（Informal Organization）：非正式、組織係由
於組織成員彼此間的互動，自然發展形成的群體關係，其

特點如下：

①該組織之活動，不受正式組織直接監督控制。

②該組織的團體行為，對組織的工作效率有極大的影響。

③可協助組織協調機制以彌補正式組織之缺失。

456	A	下列對於『非正式組織的可能影響』的描述，何者為是？（1）增加成員對組織的向心力和團結力（2）提高成員的社會滿足感、尊榮感及士氣（3）提供情緒發洩的管道而確保成員健康（4）制衡組織行為而助其不致發生偏差（5）散播謠言而破壞組織的向心力和團結力（6）抵制組織的革新　（A）1-6（B）1-3（C）4-6（D）135

組織結構理論

　　從靜態觀點來看，正式組織是依各階層體系即權責分配的系統，探討內容即是組織結構。相關理論包括：「合作系統理論、順從理論、科層組織理論、不證自明理論、鬆散結合理論、雙重系統理論、網狀組織理論」。

1 ‧合作系統理論（Cooperative System Theory）代表學者巴納德（C. I. Barnard），提出組織內涵包括：（參考動態平衡理論）

（1）靜態結構：專門化、科層體制、正式組織與非正式組織。

（2）動態歷程：動機、溝通、權威及決定歷程。

（3）強調應重視正式組織與非正式組織間的關係，他並提出「效能與效率」的觀念。

（4）「溝通」是行政工作中很重要的因素之一，主管人員應重視並建立一套有效的溝通系統，將員工導入「合作關係」以激發其認同感。

2．順從理論（Compliance Theory）代表學者為艾齊厄尼（A. Etizoni），分析向度：

（1）分析組織中權力運用的類型與參與成員對其權力運用的心理意向或態度，俾有效引導甚至掌握組織的運作。

（2）權力類型：

　① 強制型：利用生理壓力作為控制的工具。即利用強迫或威脅作為控制底層部屬的主要手段，如監獄。

　② 利酬型：（功利型）以物質資源作為控制的工具。利用報酬的方式來控制底層部屬，如商會、工會。

　③ 規範型：精神性獎懲的運用。利用規範的權力來控制底層部屬，部屬對組織有高度的奉獻，如公立學校即歸屬此類。

（3）目的：秩序、經濟、文化

| 457 | B | 依據艾齊厄尼（Etzioni）之順從理論分析，學校是比較傾向於那一類型的組織？（A） 強制型組織 （B） 規範型組織 （C） 功利型組織 （D） 疏遠型組織 |

【組織的順從型態：九種理想類型】

權力類型				
	規範型	規範-疏離型	規範-利酬型	規範型
	利酬型	利酬-疏離型	利酬型	利酬-道德型
	強制型	強制型	強制-利酬型	強制-道德型
		疏離型	利酬型	道德型

參與類型

消極　　　情意層面　　　積極
（敵意）　　　　　　　（專制）

3・科層組織理論（Bureaucracy Theory） 代表學者為韋伯
（M.Weber）。

（1）又稱「官僚模式」，是藉著職位分類分層、法定責任
的訂定，以形成組織理性關係的建立。

（2）主要特徵：依法行事、用人唯才、專業分工、層級管
理、支薪用人、保障任期、升遷制度、公正無私、書
面檔案。

（3）科層組織的權威型態：

① 魅力權威（Charismatic Authority）：起因於受領導者
的人格感召所致。

② 傳統權威（Traditional Authority）：多因血統與世襲制
度而產生之權威。

③ 法理權威（Legal Authority）：權威的建立是基於法令
或職權的基礎上。

458	D	影響教師職業聲望的主要因素是：（A）待遇 （B）社會期望（C）教師的專業知能 （D）以上皆是。
459	B	我們中小學教師除精通所任教科目的知識與技能，並應修習教育學分，研習教材教法，經過相當時間的實習，才能成為合格教師。就此觀之，我國中小學教師符合哪一項教師專業特徵？（A）相當的獨立自主性（B）專門的知識與技能（C）服務重於報酬的觀念（D）不斷的在職進修。
460	2	韋伯將權力區分為三種，其認為哪一種權力最理想，故以之做為科層體制的基礎？ （1）傳統權力 （2）法定權力 （3）超人權力 （4）道德權力
461	C	韋伯（Weber）認為權威依其來源可分為三種類型，分別是精神感召權威、法理權威及何者？（A）團體權威 （B）專業權威 （C）傳統權威 （D）理論權威。
462	D	教師應善用何種權威，以贏得學生的信服？（A）傳統 （B）人格 （C）法理 （D）專業。
463	B	下列何者不是韋伯（Weber）科層體制所主張的權威型態？A.傳統權威 B.酬賞權威 C.法統權威 D.魅力權威
464	AD	「一位教師遵照學校所發予的聘約，以其所具備的輔導專業知能，協助學生自我成長，因而發揮了相當大的影響力，而受到肯定。」請問這位教師所建立了哪幾種權威？（A）法理（B）參照（C）強制（D）專家。（複選題）

4 · 不證自明理論（Axiomatic Theory）：

（1）代表學者：海格（J. Hage，1965）。

（2）Hage 提出在一個複雜組織的結構，經由四種組織的手
段，產生四種組織的結果，會導致不同的組織差異。

（3）四組手段：（結構性因素）

① 複雜化：專業化程度。

② 集中化：權力分配的集中度。

③ 正式化：團體內標準化的程度。

④ 階層化：組織中上級與下級間的階層數、地位差距與薪水差異。

（4）四組組織結果：（組織功能）

① 適應性：因應環境變化的能力。

② 生產力：組織的效能。

③ 效率：每單位成本的使用率。

④ 工作滿意度：員工的士氣與組織氣氛。

（5）共有七項推論：（秦夢群）

① 複雜化越高，集中化越低；

② 集中化越高，生產力越高；

③ 集中化越高，正式化越高；

④ 正式化越高，效率越高；

⑤ 階層化越高，工作滿意度越低；

⑥ 階層化越高，生產力越高；

⑦ 階層化越高，適應性越低。

5．鬆散結合理論（Loosely Coupled System Theory）：

（1）代表學者為韋克（K.E.Weick），韋克認為研究團體組織還必須配合其中程理論。相關理論包括，「無政府狀態論、結合理論、鬆散結合理論」。

（2）無政府狀態論：「無政府狀態」組織的三個特徵為

① 目標模糊：組織對各種施政目標的優先順序，並非一成不變，而是可以視必要情況隨時加以調整的。

② 對如何達成目標的方法不清楚：組織是一個鬆散的結

構，有時甚至是先決定了要做什麼事或是有了行動
（action），然後再去思考為什麼要做這件事，以及做
這件事的目標是什麼，而不盡然像理性決策模式所主
張的依邏輯思考的決策步驟以解決問題。

③ 流動性參與：參與決策人員具有相當程度的的流動性，
以至於同樣的議題由於不同的人員出席討論，結論也
大相逕庭。

（3）垃圾桶模式：

① 三個要素：具有一大堆的問題、一大堆的解決方案和
流動的參與者。

② 適用情境：如組織目標模糊或成員關係鬆散的組織，
如學校組織。

③ 決策行為：決策並非經理性過程來選擇最佳方案，而
是透過一個擁有許多鬆散意見的垃圾桶，隨意抽取意
見來作為決策依據。

（4）結合理論（Coupling Theory）：湯普森（J.D.Thompson），
主張組織中最大問題在其「不確定性」。

① 互惠式的結合（Reciprocal coupling）：成員間須緊密、
不斷的相互配合。如捷運員工輪值。

② 循序式的結合（Sequential coupling）：成員間工作分
配呈現接續性。如裝配工廠。

③ 聯營式的結合（Pooled coupling）：成員共同使用團體
的資源，但彼此間保持獨立。如學校即為一個聯營式
的結合。

（5）鬆散結合理論：韋克（K.E.Weick），提出在此系統中各
成員間彼此相關，但卻保持自己一定的身份與獨立性。

① 強調教育組織的非邏輯結構，組織內部各行為、各要素

與目標間沒有一定的關聯性，更不能忽視任何細微事件的影響力，鬆散結合系統主張學校組織成員之間，彼此的關係雖然互相聯結，但卻保持各自的獨立性。

② 系統中的每一個部門，由於具有鬆散結合的特性，因此可針對實際需要自行調適因應。

③ 系統中的任何一個部門發生困難或解組的現象時，將不會影響及其他部門。

④ 系統中的每一成員或團體均擁有較大的自主空間，有益於組織的局部發展。

⑤ 結構鬆散本是教育專業組織的特性，但學校作為一種社會系統，如其組織結構過於鬆散，亦將不利於學校教育的發展和進步。

465	1	有一種決定方式，其適用時機是當問題、解決方案、參與者都出現交集，而政策之窗又剛巧打開之時，這種決定方式可以用來解釋何以某些政策能夠形成、何以某些議題懸而不決，我們稱為什麼決定理論？（1）垃圾桶（2）古典（3）行政（4）漸進。
466	4	根據布勞（P.M. Blau）和史考特（W. R. Scott）以「受惠者」為分類標準，學校是屬於哪一類型的組織？（1）互惠組織（2）商業組織（3）公益組織（4）服務組織。
467	4	依布勞（P. M. Blau）的看法，學校是屬於 ①互利組織 ②企業組織 ③公益組織 ④服務組織。

6・雙重系統理論（Dual System Theory）：

（1）代表學者為梅爾和羅王（Meyer & Rowan）與歐文斯（Owens）。

（2）學校教學系統的確具有鬆散結合（專家）的特性，但非教學系統呈現緊密結合（官僚）情況。

① 學校組織在教學系統方面具有鬆散結合的特性。

② 行政事務的非教學系統方面，則是具有緊密結合的特性。

（3）這兩種組織結構的特性，是可以在學校組織中同時存
　　在。它一方面肯定了學校行政組織的科層體制，也說
　　明了學校另外存在著一鬆散結合系統。

7 . 網狀組織理論 （Web Organization Theory）：

（1）代表學者為羅倫基（P.Lorange）

（2）企業組織為提升競爭力，除致力於組織的扁平化之
　　外，更主張將組織層級打散成為一張網，形成機動、
　　彈性和層級少的「網狀組織」。

（3）網狀組織的特徵：「機動、彈性、層級少」。

（4）建構網狀組織的步驟：

① 破除疆界，塑造有競爭力的成員。

② 解決內部解決組織內部分工及財務劃分等問題。

③ 充分實施授權。

④ 培養組織成員的專業知能。

⑤ 組織內部資訊的流通與透明化。

組織歷程理論

　　又稱非正式組織理論，相關理論包括：學習型組織理論、
加速度組織理論、教導型組織等。

1 . 非正式組織的意義：非正式組織的產生是基於正式組織、
　　自然而非法定職權所產生的，是組織內之成員，基於相同
　　之理念、行為或利益，共同結合而成的組織。

2 . 影響非正式組織形成的因素

（1）個人因素：生理特徵、能力、年齡、性別、教育程度
　　等等。

（2）工作因素：職位、薪資、工作時間、年資等等。

（3）非正式組織的功能：

① 非正式組織的正功能：如維持組織文化，增加正式組織成員的凝聚力與穩定。以及提供社會滿足感，滿足成就的需要，以提升員工士氣。

② 非正式組織的負功能：如抗拒改變、降低適應變遷的能力。

468	C	下列何者不是形塑學校組織文化的機制？A.調適環境 B.解決衝突 C.追求自我利益 D.解決問題
469	A	組織成員之所以會參加非正式組織的原因不包括 （A）積極競爭 （B）滿足友誼 （C）追求認同 （D）取得保護。
470	D	下列何者不是非正式組織的特質？A.追求愛 B.追求利 C.追求正義 D.追求改革

3 · 學習型組織理論（Learning Organization Theory）的代表學者為聖吉（P.Senge）。

（1）學習型組織的定義：P.Senge （1990）在組織中，大家得以不斷突破自己能力的上限，創造真心嚮往的結果，培養全新、前瞻而開闊的思考方式，全力實現共同的抱負以及不斷一起學習如何共同學習。

（2）學習型組織的緣起：Argyris 提出單圈學習與雙圈學習的觀念，學習型組織的源自於此。

① 單圈學習：組織成員於實際操作時，因需要而調整方法。

② 雙圈學習：組織企圖重建規範或標準化程序時，所做的改變。

（3）Peter Senge 學習型組織理論的發展過程：「第五項修練（The Fifth Discipline，1990）；變革之舞（The Dance of Change，1999）；學習型學校（Schools that Learn，2000）」。

（4）學習型組織的基本假設：一個組織是否具有學習能力，將決定這個組織未來的興衰。

（5）哈佛企業學院的葛文教授（David A. Garvin）認為，要成為學習型組織必須以「三個M」為架構，包括「意義（Meaning）、管理（Management）、評估方法（Measurement）」。

（6）學習型組織的「核心修練」：

① 系統思考（systems thinking）：它是一套思考的架構，屏除片段、僵化的思考，從全面整體的角度思考，為第五項核心修練。

② 自我超越（personal mastery）：一種個人強烈的願景及造求真理的承諾，提供個人創作和超越的能力，能夠不斷實現個人內心身處最想實現的願望，由於個人的不斷精進，以及強烈的使命感和責任感，促使整個組織的成長與發展。

③ 改善心智模式（improving menter models）：心智模式常常是根深蒂固，會影響到我們如何去理解這個世界，以及如何採取行動的許多假設、成見，甚至圖像、印象。為了改善心智模式，必須時時反觀自省，宣照自己內心世界，透視內心的感受。

④ 建立共同願景（building shared vision）：它是一種共同的願望理想、遠景或目標的能力，將組織目標與個人目標融合。

⑤ 團隊學習（team learning）：團隊的學習，是一個團隊的所有成員，攤出心中的假設，進而一起思考的能力。

從「深度匯談」開始，在團體中讓想法自由交流，以
發現遠較個人深入的見解。

（7）學習型組織在學校的應用：組織學習的五項課題：

① 學校的願景與目標：如學校之定位、理想圖像、培養
孩子什麼能力？

② 學校的課程與教學：如課程結構、時間安排、教學活
動如何進行？

③ 學校的人力資源分配：如需要什麼樣的師資、需具備
何種能力？

④ 學校軟硬體環境設備：如環境、設備、教材及如何管
理等。

⑤ 教育績效呈現與評鑑：如校務評鑑內容。

（8）學習型組織應避免的現象：

① <u>本位主義</u>的思考方式。

② 敵人在外：避免凡事歸罪於外，應加強溝通並隨時讓
上司了解狀況，以免產生反效果。

③ 缺乏創意：只專注於單一事件（case by case）。

④ <u>煮蛙效應</u>：成員處於環境危機中而不自覺。

⑤ 從錯誤中學習的迷思：只要先有準備，無須從錯誤中
學習。

471	B	杜拉克（Peter Drucker）認為：自十九世紀以來，人類的組織發展歷經三次變革，第一次變革的（1895-1905）將管理階層與所有權分開，第二次的變革（1920）形成了指揮控制型的組織，至於 1990 年開始的第三次變革則強調以什麼為導向的組織？（A）團隊（B）資訊（C）產物（D）績效
472	4	彼得聖吉（Perer M. Senge）在「第五項修練」中，提及學習型組織的概念，下列哪一項不屬於學習型組織的內涵？　①改善

		心智模式　②建立共同願景　③團隊學習　④文化建構。
473	B	在彼得杜拉克與彼得聖吉倡導的學習型組織，下列哪一項不是他們的具體作法？（A）共同願景（B）改變習慣作法（C）自我超越（D）團隊學習（E）系統性思考。
474	3	建立幼兒園所成為學習型組織，此一概念的核心要素為：(1) 教師鼓勵學生要趁早認真學習(2)園所鼓勵教師進修學位，取得合法資格(3)園所教師共同討論所面臨問題，並研商解決方案(4)進行親子共讀。
475	C	現在主張學校要成為學習組織，學習型組織的基礎是五項修練，其中以何者最為關鍵？A、自我超越，B、共同願景，C、系統思考，D、改變心智模式
476	1	解決問題時，我們試圖思索、尋求唯一的正確答案，這種思考方式叫做：①聚斂式思考②擴散式思考③創作性思考④批判性思考。
477	A	管理學者聖吉（Peter M. Senge）有關學習型組織的主張中，所謂「第五項修練」（the fifth discipline）是指：(A)系統思考(B)自我修練（C）團隊學習（D）願景塑造。
478	4	五項修練是發展學習型學校的重要策略，五項修練中，何者為關鍵策略？(1)共同願景(2)自我超越(3)改變心智模式(4)系統思考。
479	④	下列何者不是聖吉（Senge）提出的學習型組織修練策略？①系統思考②改善心智模式③團隊學習④品質管理。
480	B	彼得聖吉（Peter Senge）的學習型組織理論也常被應用於學校經營或甚至班級經營，請問他所謂的「第五項修練」指的是什麼？A.道德修養 B.系統思考 C.自我超越 D.建立共同願景。
481	C	哈佛企業學院的葛文教授（David A. Garvin）認為，要成為學習型組織必須以「三個 M」為架構，下列何者不包括在內（A）意義（Meaning）（B）管理（Management）（C）媒體（Medium）

		（D）評估方法（Measurement）。
482	C	下列何者不屬於學習型組織的五項修練之內（A）改善心智模式（B）自我超越（C）突破習慣領域（D）系統思考。
483	B	就組織學習的層次而言，重新評估既定目標以及所根據的價值及信念，係指（A）單環學習（B）雙環學習（C）再學習（D）三環學習。
484	A	下列何者不是學習型組織的主要特徵？（A）公平正義　（B）系統思考　（C）改變心智模式　（D）共同願景。
485	C	美國學者聖吉（P.M.Senge）於 1990 年曾提出下列哪一項影響學校革新的重要理念？（A）全面品質管理　（B）混沌理論　（C）學習型組織　（D）學校本位管理。
486	2	為建立學校為學習型組織，依據聖吉（Senge）之觀點，宜以哪一項為修練首務？（1）共同願景　（2）系統思考　（3）改變心智模式　（4）團隊學習。
487	④	聖吉（P.Senge）所提出的學習型組織中不包括哪一個特徵？①個人心智模式　②強調團隊學習　③建立共同願景　④重視績效責任。
488	3	「建立學校成為學習型組織」此一概念核心的要素是（1）教師應鼓勵學生認真學習。（2）學校成員應致力進修學位，提升組織學習氣氛。（3）學校成員應共同探討組織所面臨的問題，搜集資料，並研商解決對策。（4）學校是社會上主要的學習機構，必須要以身作則，帶動學校中的學習氣氛。

4・加速度組織理論（Accelerating Organization Theory）：

　　代表學者為梅拉（A. Maira）、史考特・摩根（P. Scott-Morgan），著有《加速度組織》一書。

　　（1）綜合「再造學派」與「學習型組織」、效率與創造力、行動與情感、策略與執行，並紮根於經驗及日常實務，以達成下列目標：「策略性彈性、應變力、隱形槓桿、

營運上一致、組織參與、加速學習」。

（2）加速度組織之意義：從組織成員的認知程度，來檢核組織是否已準備推動變革。強調在組織改革與學習過程中，重視人性面，採取中庸之道。進而發揮下列各項特色：

① 願景除目標外，更應植入熱誠。

② 重新把焦點放在策略性目標，並激發生生不息的變革活力。

③ 了解組織的未成文規則，並善用其發揮槓桿作用。

④ 同時改變政策及結構，避免變革與績效脫節。

⑤ 使人成為變革的主人，而非犧牲者。

⑥ 建立連續學習，致力於維持高績效的心智架構。

5 · 教導型組織理論（Teaching Organization）：

（1）代表學者提區（N.M.Tichy）、柯恩（E.Cohen）。

① 提區與柯恩合著《領導動能》，1997

② 提區與卡威爾（Card-well）合著《教導型組織：奧林匹克級的雙螺旋領導》，2002

（2）教導型組織的意義：教導型組織要求每位組織內任何成員（包括教師也是學員），在日常活動中安排彼此教導與學習的互動機會。而組織領導人（校長扮演的角色），負責設定方向，塑造教導文化並分享自身的寶貴意見和知識。

（3）目的在塑造組織成為教導型組織，培養領導人並成為組織文化。

① 組織是一流動、轉化的自我創生系統，為環狀互動非線性型態。

② 組織不只需要「隨時學習」更需要「事實指導」，增

　　　加競爭力與永續的動力。

　　③ 組織領導人須具備<u>轉型</u><u>領導</u>能力。

（4）教導型組織必須建構「良性教導循環」用以塑造「教
　　　導型的組織氣氛」，而領導人透過「雙向學習」培養
　　　出未來的領導人。

（5）<u>「80/20」法則</u>，強調實務經驗的重要：領導力的養成
　　　80％來自實務與生活經驗，而正式的養成過程只能產
　　　生 20％領導人所需的知識與能力。

三、組織的權力與衝突管理

1 · 組織權力：

　　（1）權力（Power）的定義：係指影響他人執行自己的命令，
　　　　　或令他人接受自己所支持的規範。

　　　　① Weber（1947），「組織是個人在其社會關係中令他
　　　　　人服從其意志的力量。」

　　　　② Scott（1992），「可以影響他人行為的潛在力量」。

　　（2）職權（Authority）：

　　　　① 係正式組織經由組織章程所賦予某項職位之權。

　　　　② 係指管理職位所擁有的特定權力，具有下達命令與要
　　　　　求部屬服從的權力。

　　（3）職責／責任（Responsibility）

　　　　① 係指執行受指派任務的義務。

　　　　② 職責是無法下授的，故授權仍須留責。

　　（4）授權（Delegation）

　　　　① 將職權適當的從上級逐步移轉給屬下。

　　　　② 授權者對被授權者負有指揮監之權，但仍應自負成敗

之責，此即「授權留責」—職權可以下授，職責不可
下授。

（5）賦權（Empowerment），亦稱「培力」或「彰權益能」

① 所謂賦權就是提高員工相關工作裁量權，如此可提高
生產力。

② 此一倡導係起源於人力資源理論，認為現代的員工教
育已普遍提升，且心智亦較成熟，故不應再低估或抑
員工的能力，應加以善用。

（6）分權（Decentralization）

① 將組織的決策權力授予各級單位主管，使其擁有決策
權力。

② 分權包含了選擇性之授權與適度的集權，是一種管理
哲學。

（7）集權（Centralization）：係指決策權力和行動決定完
全保留最高管理者決定。

489	B	「教師彰權益能」（teacher empowerment）是美國這波學校革新的重點，請問教師彰權益能之所以成為推動教育改革者強調的重點，主要原因為何？（A）促進教師團體轉型為學習型組織（B）使教師能影響與自己工作有關的決定或計畫（C）建立教師工會，保障教師的勞動三權（D）做好迎接知識經濟時代的準備。

填充題：

490	○	教師如果能夠對學生授權（delegation），藉由工作的分配，就能夠達成對學生增能或權能增長（empowerment）的目的。

2．組織權力的類型：

富連琪與瑞文（J.R. French＆B. Raven，1959）將權力區分
為五種，包括：獎賞權、強制權、法職權、參照權、專家權。

（1）獎賞權（reward power）：其乃是一個領導者對下屬資源控制、獎賞的權力；

（2）強制權（cocevie power）：其乃是領導者採取對下屬調職、減薪、降級或解僱等方式，讓部屬接受其領導之權力

（3）法職權（legitimate power）：其乃是一種經過正式任命的權位權力，也就是一般正式組織結構中的職權（authority）；

（4）專家權（referent power）：領導者所擁有之專門技術和知識，有助於組織任務之遂行，並可贏得部屬對其尊敬與信從；

（5）參照權（expert power）：是一種因領導者個人之獨特人格特質、德高望重情操，以言教、身教獲得部屬之認同與友誼所建構的權力基礎。

| 491 | C | 下列哪一項不是現代學校校長所可運用之主要領導權力？（A）法職權 （B）認同權 （C）照顧權 （D）專家權。 |
| 492 | A | 教師以其人格特質、身教、以身作則來影響學生，應屬於下列何種「權」之類型？（A）參照權 （B）獎懲權 （C）專家權 （D）法職權。 |

3．教育組織衝突定義：「團體或成員與他方交會時，因利益、思想、作法上產生不相容現象，而形成之對立情緒或行為的狀態。」（秦夢群）

4．教育組織衝突產生的原因：學校組織衝突產生的原因，主要包括由角色、規範、人格與目標所產生的衝突。經常可見的是角色──規範、角色──人格、角色──目標、規範──人格、規範──目標、目標──人格等的衝突。此

外，組織的系統要素與環境之間也可能存有衝突。（張慶勳，民85）

（1）角色扮演衝突：不同的角色期待，常是衝突產生的根本原因，包括自我角色期待、想向他人的角色期待、他人角色的期待。

（2）角色衝突的類型：包括不同角色間衝突、不同團體間衝突、團體內的衝突、角色人格衝突。

（3）目標的對立：如，非正式組織的規範通常是成員互動自然產生，其規範有時與正式組織目標一致，有時卻是反對或抗拒正式組織目標。

（4）工作中的對立：當學校正式組織目標，不符合成員的需求、動機時，就產生目標與人格衝突。

（5）學校組織衝突的原因：

衝突來源	原　因
（1）師生間的衝突	①教師的權威主體性受到挑戰 ②學生自律的迷思，自由不等於放縱。
（2）教師間的衝突	①專業背景相似 ②處理學生問題態度的不一致 ③教師間的競爭 ④屬於不同的非正式組織
（3）行政人員與教師間的衝突	①行政人員對外界意見的過度反應 ②教師承受太多的行政工作負荷。 ③權力的差異
（4）家長與教師間的衝突	①教師的不被信任 ②家長對子女的不當期待 ③家長拒絕教師的創新 ④對家庭作業的疑慮
（5）學生間的衝突	①缺乏反省能力 ②競爭的壓力

5．衝突處理方式：Thomas 衝突管理模式

（1）湯瑪斯「雙向度應付衝突模式」：Thomas（1976）提出「雙向度應付衝突模式」，以「果決程度（個人堅持己見的程度）」與「合作程度（願意與他人合作並使之滿意的程度）」，來探討處理衝突的方式。

（2）Thomas「五種衝突處理策略」：包括「抗爭、統合、妥協、逃避、忍讓」五種處理方法，產生五種不同的結果。

處理方法	結　果
（1）抗爭	高果決低合作型
（2）逃避	低果決低合作型
（3）忍讓	低果決高合作型
（4）妥協	中果決中合作型
（5）統合	高果決高合作型

6．學校組織衝突管理策略：

（1）預防組織衝突方面	①讓組織成員有參與的機會
	②提供申訴的管道
	③營造開放的組織氣氛
（2）處理、減緩組織衝突方面	①釐清各部門的職權
	②增加組織的資源
	③減少學校次文化的矛盾現象

493	C	下列何者不是學校組織變革過程中呈現的倫理特質？A.透明 B.教師能自主 C.化解衝突 D.溝通的持續進行
494	4	組織衝突正面功能為 （1）消弱對目標的達成 （2）影響員工正常心理 （3）造成成員間的仇恨 （4）激發創造能力

| 495 | 3 | 一位校長抱怨學校中的女老師下了班就知道往家裏面衝，不能配合學校進行課後輔導或是其他校務的推動，對這些女老師而言，她們很可能碰到了什麼問題？（1）生涯發展的困境（2）專業精神的喪失（3）角色衝突（4）教學倦怠 |

四、組織氣氛與組織文化

1．學校氣氛的意義：Licata （1987），「良好的學校氣氛乃是全體教職員及學生有一種積極的態度及行為表現，校園瀰漫著溫暖有秩序的學習環境」。

　　（1）根據 Taguri（1966）及 Litwin（1967）的意見，認為組織氣氛係代表組織員工對於組織內部環境的一種感覺，而此種感覺乃來自於員工的經驗，比較有持久性，並可用一系列的組織屬性加以描述。

　　（2）組織成員在組織中工作時的認知與感受或組織成員對組織內部的一種知覺，即個人對於其客觀工作環境的知覺。

2．學校氣氛的特性：張德銳（1992）

　　（1）持久性：相當持久的特質；

　　（2）互動性：組織成員交互反應所形成；

　　（3）測量性：雖然抽象但可以體驗；

　　（4）獨特性、可塑性：對組織成員具有影響力；

　　（5）整體性、描述性：可用組織特性加以表達。

| 496 | C | 學校的組織氣候有很多層面，其中學校既定的價值觀、信仰與常模等為組織氣候的何種層面？（A）環境層面（B）生態層面（C）文化層面（D）社會系統層面。 |
| 497 | A | 下列關於塑造良好班級氣氛途徑，何者為非？（A）給予學生 |

| | 較高的期望（B）教師採折衷式領導（C）教師要培養幽默感（D）師生間搭起溝通的橋樑。 |

（一）組織氣氛的測量

1．OCDQ：「組織氣氛描述問卷」，Halpin & Croft（1962）利用「因素分析」統計方法，採四分量表找出八個有關組織氣氛的因素。

（1）八個因素：

教師行為	疏離程度	騷擾	士氣	親密感
校長行為	刻板	生產掛帥	以身作則	關懷

（2）Halpin 歸納出六種不同的組織氣氛類型：①開放型氣氛、②自主型氣氛、③控制型氣氛、④親密型氣氛、⑤父權型氣氛、⑥封閉型氣氛（員工表現出漠不關心的心態）。

（3）Hoy & Clover（1986）修訂「小學氣氛描述問卷 OCDQ-RE」，分析六個層面的行為：

校長行為	支持行為	指示行為	限制行為
教師行為	同僚行為	親密行為	疏離行為

① 找出兩個普通因素：a.測量教師間交互作用的開放性、b.測量教師與 c.校長關係的開放程度。

② 出現四種不同的學校組織氣氛類型：a.開放型氣氛（二者皆開放）、b.投入型氣氛（教師開放型）、c.離心型氣氛（校長開放型）、d.封閉型氣氛（二者皆封閉）。

（4）Kottkamp、Mulhern & Hoy（1987）提出「中學組織氣氛描述問卷（OCDQ-RS）」，歸納出：「OCDQ-RS」形成一個組織氣氛開放指數：開放指數=（「支持」分

數+「投入」分數）－（「指示」分數+「受挫」分數）。

校長行為	支持	指示	
教師行為	投入	受挫	親密

2 ． OCI ：「學校氣氛指數問卷」，Stern & Steinhoff（1963），
來測團體對個人的壓力。

（1）主張瞭解個人行為必須同時探討個人特徵與環境特
徵。

（2）分析六個學校氣氛因素產生：如「①學術氣氛、②成
就標準、③支持程度（開放與公平競爭的氣氛）、④
團體的效率（重分層負責）、⑤秩序性（重行事的秩
序與標準化）、⑥衝動控制（對員工的限制）。」

　A.六個因素可以再分為兩組，（①+②+③）-⑥所得到的
為「發展壓力分數」，（④+⑤）所得為「控制壓力
分數」。

　　a.學校之控制壓力分數得分高者，其特徵為注重規律
與結構。

　　b.學校之發展壓力分數得分高者，其特徵包括「刺激
學術、要求高品質水準、支持創新研究」等特徵。

發展壓力分數	學術氣氛	成就標準	支持程度	衝動控制
控制壓力分數	團體的效率	秩序性		

　B.根據兩組分數在座標平面上，可以形成四種不同狀
況：①高發展高控制（第 I 象限）、②高發展低控制
（第 II 象限）、③低發展低控制（第 III 象限）與④
低發展高控制（第 IV 象限）。

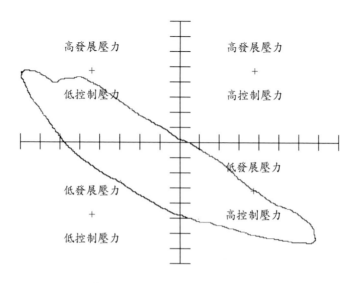

【發展壓力和控制壓力的象限】

3・POS：「學校描述問卷」，李克特（R. Likert，1968）。

（1）目的在探討個人因素對團體效率與運作的影響，探討團體特徵與團體表現間的關係。

（2）根據六項組織特徵，發展出四種管理方式。

　① 六項特徵「領導過程、動機驅力、溝通過程、決策過程、目標設定過程、控制過程」。

　② 四項成就表現：生產力、員工請假與離職比例、物質浪費的程度與品質控管。

4・PCI：「管理學生心態問卷」，Willower，Eidell & Hoy（1967）：

（1）研究目的在探討學生與學校其他成員的關係，主張管理方式的不同意味著其對學生看法的差異，並因之影響到組織氣氛。

（2）研究結果將學校分為二種：①監護型（特徵為嚴厲且高度統治的校規）；②人本型（要求學生在合作與經驗中學習），但大多學校是介於二者。

（二）組織文化的意義

組織成員共同抱持的價值體系。包括：組織文化的形成模式、組織文化的特徵、組織文化的類型、組織文化的功能、組織文化的維護、組織成員如何學習組織文化。

1．組織文化的意義（Spender，1963）：組織成員共同抱持的價值體系。

2．組織文化的特徵：一套象徵物、儀式和傳說，藉著這套象徵物、儀式和傳說，組織將基本價值和信仰傳輸給組織成員。

3．組織文化的類型：組織文化由三個部分所組成：前二者為組織文化的實質部分，後者為組織文化的表達形式。

　（1）（深層）組織的基本假設前提：視為當然的、不可見的，包括潛意識的與環境的關係、真理的本質、人性的本質、人類活動的本質、人類關係的本質。

　（2）（可觀察）組織的價值、規範與期望：較高程度的自覺。

　（3）（表層）組織的人工器物和創造物：可見的，如藝術品陳設、辦公間規劃、行為模式、語言、典禮、儀式、故事。

4．組織文化的功能：

	1‧組織本身	2‧組織成員
（一）正功能	（1）界定角色的界限 （2）提高組織的穩定度 （3）解決組織外在的生存及適應問題 （4）解決組織內部統整的問題 （5）增進組織效能	（1）降低成員焦慮 （2）增進成員對組織的向心力及榮譽感 （3）傳遞給成員身份的感覺 （4）促進成員對組織事務的認同 （5）引導和塑造成員的態度和行為 （6）界定組織的遊戲規則
（二）負功能	組織文化的負面價值 1‧面臨動盪環境時既有的文化傳統，難以因應環境的變遷。 2‧可能會有衝突的次級文化存在，造成整合的困難及組織效能的減低。	

498	③	下列那一個課題會特別探討到「學校組織文化」這個因素？　①課程內容②課程組織③課程實施④課程評鑑。
499	4	當前的教育改革頗為重視組織文化議題，請問組織文化中最不容易改變的是下列何者？（1）人工器物（2）創造品（3）價值期望（4）基本假定。
500	C	組織學習文化的建立，需要兼顧到物質文化、制度文化與（A）升遷文化（B）休閒文化（C）精神文化（D）效能文化。

是非題：

501	○	學校在發展課程時，應留意地方社區的價值觀與態度外，也要注意地方的社區背景，因為社區文化環境的不一樣，會影響學校的文化，因此我們可說社區背景也是影響學校課程的重要因素。

（三）組織病象

　　各種妨礙組織運作與成長或發展的不良徵候，稱為「組織

病象」。產生原因包括「規模過大」、「法規森嚴」、「權力集中」等。

1・<u>白京生定律</u>（Parkinson's Law）：

（1）英國學者白京生（C.N.Parkinson），1957 年提出。

（2）行政首長喜歡增加用人，「建立王國」以彰顯權勢，不管機關之實際工作量，其人員每年總要增加 5.6%左右。

（3）機關內部的行政效率日益低落，但硬體設備卻日趨豪華。

（4）機關成立的年代愈久，其成員素質愈差，因為首長用人多選不如己者，以避免製造職位競爭。

2・<u>寡頭鐵律</u>（The Iron Law of Oligarchy）：

（1）密歇耳認為「領導者權力的增加與組織之龐大成正比，與成員之權力成反比」。

（2）少數領導人之間，常因為爭權奪利，致使政治安定及行政運作受到很大的不利影響。

| 502 | B | 下列何者為避免學校行政組織腐化的要素？A.效能 B.正當性 C.創意性 D.合法性 |
| 503 | A | 下列何者是教育行政病態產生的原因？A.權力濫用 B.績效不彰 C.溝通無效 D.結構模糊 |

填充題：

| 504 | ○ | 部份教師犯了完美主義的毛病，往往花了 80%的時間與精力創造 20%的價值，這些老師乃是違反了柏金森（Parkinson）定律中所強調的重點管理的概念。 |

五、教育行政計畫與決定

（一）教育行政計畫

1‧教育行政計畫的意義：

  （1）謝文全教授，認為「計畫」的意義為「計畫是以審慎的態度和方法，預先籌謀並決定做何事及如何做，以有效而經濟地達成預定的目的。」

  （2）吳清基教授（民 89），界定教育行政計畫的意義為「教育行政機關或個人，根據既定政策目標，衡量各項可資運用的資源，透過審慎的數據與評估，擬定適切有效的程序與策略，以達成國家教育目標的歷程。」

2‧教育行政計畫的程序：謝文全

  （1）認識問題界定目標

  （2）設定前提或判斷的標準

  （3）蒐集有關資料

  （4）研擬可行方案

  （5）選擇最佳方案

  （6）實施並評鑑改進

3‧教育行政計畫的功用：吳清基（民 89）

  （1）引導執行人員的方向。

  （2）提供執行回饋的功用。

  （3）結合教育理論與實際。

  （4）增進有效利用教育資源。

  （5）反映政府的教育政策。

4‧教育行政計畫的原則

  （1）運用科學化的方法與技術進行計畫

  （2）建立雙向溝通的規劃方法

（3）妥善訂立計畫目標並全員參與

（4）兼顧整體性、一貫性與明確性並加以書面化

（5）計畫內容應維持一致性並執行可行性評估。

（6）執行前加強宣導與溝通的工作，執行後執行檢討與評估。

5．研訂教育行政計畫的方法：資料蒐集採取方式包括，焦點團體法、德懷術、控制回饋法、情境模擬、情節推演、時間系列分析等。

（1）<u>焦點團體法</u>（focus group）意義：也稱「焦點訪談法」，係指透過六到十二位參與者針對某特定主題進行自由、互動式討論，以蒐集到比較深入、真實意見與看法的一種質性調查研究方法，具有團體訪問的形式。（吳清山）

　①實施步驟：包括「計畫、討論、分析」三個階段。

　②優點：可透過參與者的互動，獲得較真實的資料。

　③缺點：資料龐雜分析十分耗時費力。

（2）<u>德懷術</u>：（Delphi Technique）意義：也稱「德菲法」，係指研究者針對某一主題，請多位專家進行匿名、書面方式使每一位專家獨立做出判斷、表達意見，專家間不得相互討論，並透過多次的意見交流，而逐步獲得最後結論的一種研究方法。

　①實施步驟：

①確定研究主題，以編制問卷。建議採結構性問卷較佳；
②選定專家，請求協助；
③郵寄問卷給專家，請其表示意見；
④整理收回問卷，將他們的意見分類、統計，進行綜合歸納，並將整體結果分送給原選定專家，請其參酌整體結果，再次表示意見，此步驟可多次重複，直至獲致結論為止，最後的結論可採眾數或中位數為依據。

② 優點：具有實用性，透過專家的協助，所得意見較具說服力。

③ 缺點：意見調查過程中，研究者本身受限於時間的壓力很大。

（3）<u>腦力激盪術</u>（BS，Brain Storming）：「強調三個臭皮匠，勝過一個諸葛亮」。透過面對面方式，相互討論以激發創意。

① 美國奧斯朋博士（Dr.Alex F.Osborn）於 1938 年首先發明應用。透過集體思考（即小組腦力激盪會議），其中主席 1 位、秘書 2 位，利用創造性想法為手段，集體思考，使大家發揮最大的想像力。適用各種問題、情境。

② 腦力激盪術的意義：一群人共同運用腦力，作創造性思考，在短暫的時間內，對某項問題的解決，提出大量構想的技巧。（吳明雄）

③ 腦力激盪術二大原理：「延遲判斷（Deferment of Judgment）」、「量中求質（Quantity Breads Quality）」。根據一個靈感激發另一個靈感的方式，產生創造性思想，並從中選擇最佳解決問題的途徑。

④ 腦力激盪術的四大規則（構想產生階段）：「禁止批評、自由運轉異想天開、多多益善、組合與改進」。

⑤ 腦力激盪術二大階段：「1.構想產生階段；2.構想評價階段」。

評價須知：「1.不輕易放棄荒誕的構想；2.活用與轉換」。

⑥ 領導者：

會前準備：「準備適當題目、評研題目、確認題目」

會中運作：「揭示與執行四大規則；運用各種方

法，以發動「思想列車」；激起輕鬆愉快的歡笑聲」。不可批評與會中人的創意，以免妨礙他人創造性之思想。

505	A	以腦力激盪訓練（Brainstorming）創造思考時，下列何者應優先考量？（A）鼓勵怪誕觀念（B）儘速判斷與篩選（C）立即增強鼓勵（D）公開鼓勵與表揚（E）少數服從多數。
506	④	同學年教師共聚一堂，集思廣益，自由發表或根據他人看法提出修正，這是使用哪種產生方案的技術？①決策樹法 ②層級分析法 ③德懷術 ④腦力激盪術。
507	②	以腦力激盪訓練創造思考時，應遵守什麼原則？①儘速判斷與篩選 ②鼓勵怪誕觀念 ③立即增強鼓勵 ④公開鼓勵與表揚。
解釋名詞：腦力激盪術		

（4）計畫評核術（PERT）意義：計畫評核術是運用科學的方法，擬定完整的計畫安排作業起迄時間，並在工作過程中去追蹤查證及管理工作進度，始能如期完成預定的工作，是一種有效的計畫管理技術。

　① 實施步驟：【決定工作及其目的→分析並確定完成工作所需的作業時間→ 決定各作業間相互依賴的程度→繪製網狀圖→估計完成各項作業所需的時間→計畫時間並確定關鍵路徑→製成行事曆→實施→反饋及修正】。

　② 優點：簡單好用具普遍使用的價值性。

| 508 | A | 計畫評核術（PERT）是一種有效的計畫管制技術，其首要的步驟為何？（A）決定工作及其目的 （B）估計完成作業所需時間 （C）確定關鍵路徑 （D）分析完成工作所需的作業。 |

（5）目標管理法（MBO）意義：「目標管理」指機關工作人員針對政策、方案、或計畫的總目標，由上、下級的執行人員共同會商，設定單位的目標，和每個執行人員的目標，然後自行依據計畫的執行，管制工作進度，檢討缺失並作改正，期終時或在一定時間後，依據設定的目標考核實際執行成果，並進行獎懲。

① 係 Peter Drucker 於 1954 年所提出，是一種以建立目標體係為基礎的管理程序，特別強調員工與上司共同參與設定具體確實又能客觀衡量成果的目標。

② 係將組織整體目標藉由參與管理，逐層轉化為各階層與各單位的子目標，形成一目標體系，同時以訂定的目標做為激勵員工的工具，定期回饋上級共同討論進行績效評估，是一種完整的規劃與控制程序。

③ 基本步驟包括：「領導者與部屬共同決定目標→兩者共同設立評鑑成果的準則→部屬開始行動→行動中的檢討→行動後的成果評鑑→對下一階段目標之準備」。

④ 六個步驟呈現循環狀態，目的在消除領導者與部屬間對之歧見。

6．計畫內容應包含以下項目：

（1）計劃名稱；（2）緣起和依據

（3）計畫目標；（4）實施策略

（5）執行要點與進度；（6）經費來源與預估

（7）預期效益；（8）檢討與評估

509	4	幼兒園所工作計畫的訂定程序為（1）選擇最佳策略（2）分析內外部（3）評鑑、省思（4）醞釀形成（5）與員工、家長、社區溝通實施執行 （1）42153 （2）24513 （3）54123 （4）24153 。

| 510 | D | 各級學校實施生活教育計畫應密切銜接，所以生活教育之實施應具有？（A）全面性（B）實踐性　（C）普通性　（D）一貫性。 |

（二）教育行政決定

1．教育行政決定的意義：教育行政人員為圖教育的發展與進步，對一個待決的問題，依其權責透過正式組織的運作，研求若干變通方案或方法，並從而做較確當合理之裁決的一種過程。（黃昆輝）

2．教育行政決定的特性：

（1）作決定是設計教育行政組織結構的依據。

（2）作決定是教育行政歷程的中心功能。

（3）作決定是整個教育行政組織所致力之事。

（4）作決定的運作影響組織功能的發揮。

（5）作決定是相當複雜且連續不斷的過程。

3．教育行政決定的過程與方法：吳清基（民89）學者，認定教育行政決定的歷程依序為「認識問題與範圍、蒐集資料、研擬解決的方案、選擇可行的方案、執行方案。」

4．教育行政決定的合理性：當教育行政者所做決定的合理性愈高，被領導者能接受命令的程度愈高，組織效能也愈能提升。教育行政決定的合理性，可分為：

（1）客觀的合理性：①對行動備選方案做較佳的選擇；②合理性的高低代表獲得期望價值與期望效用的大小。

（2）主觀的合理性：受到決定者本身主觀的條件及外在環境的客觀因素所影響，合理性並不是絕對的。

| 511 | A | 下列有關教育行政決定合理性的論述，何者為非？　（A）圓滿的行政決策是可以達成的　（B）行政決定會受到沈澱成本的影 |

		響 （C）訊息的不完整會使決策合理性受限制 （D）個人的價值觀念會影響行政決定。
512	①	參考師生意見調查結果，經由協調，產生學校人員滿意的學校願景，這是哪種決定模式？①理性 ②垃圾桶 ③滿意 ④政治。
513	①	決策時放棄遷就慣例和現實，歸零重新思考而做決定，稱為：①零基決定 ②參與決定 ③有限理性決定 ④非程式化決定。
514	C	學校行政決定的歷程有以下五個歷程：甲、蒐集現況資料　乙、認識和界定問題　丙、研擬解決方案　丁、選擇最佳方案　戊、實施方案　請問正確的順序是？（A）甲、乙、丙、丁、戊（B）甲、乙、丙、戊、丁（C）乙、甲、丙、丁、戊（D）乙、甲、丙、戊、丁。

（三）決策理論

1・理性決策模式：

（1）代表學者：Simon，1947，批評傳統行政學只注重「執行」，而忽略「決定過程」，應二者並重，而提出「理性決策理論」。

（2）決策過程應該包含三個活動：

① 蒐集情報活動（似背景調查）：對影響決策的各項變數加以了解。

② 設計活動：利用所蒐集的各種資訊，設計各種策略加以應對。

③ 選擇活動：根據所設計的各種策略，擇較佳之方案實行。

（3）Simon 假設：

① 決定本身是具有邏輯性的理性活動。

② 人不是經濟人而是「行政人」。

③ 管理者所表現的是有限理性的行為，所做的是滿意決

策，而非最佳決策。由於環境的不確定性，及資訊不完全充分，因此無法做到完全的理性決策，決策者僅能追求滿意的決策而非最佳化的決策，故又稱之為有限理性（Limited Rational）。

（4）缺點：Simon 的學說未能產生最大功用的主主因在教育環境的不確定性，使得學說的「正確性」與「適合性」是不全然相符。

| 515 | ③ | 賽蒙的行政決定理論所強調的理性為：①工具理性 ②價值理性 ③有限理性 ④無限理性。 |
| 516 | B | 提出決策有限理性概念的學者是：(A. M. Weber B. H. Simon C. J. W. Getzels D. M. D.Cohen) |

2・漸進模式：

（1）代表學者：C.E.Lindblom

（2）強調透過社會互動來對既有決策作小幅度、個別持續的修正。

（3）人的理性是有限的，對於問題無法全知和掌握。

（4）決策是由社會互動達成共識的，互動之下仍可進行分析。分析的功能包括：

① 參與者透過思考分析，確認自己在社會互動中的角色扮演。

② 參與者透過思考分析，用來說服或控制其他參與者支持其所偏好的政策。

③ 簡單漸進分析是較可行的分析策略，是一種簡化、焦點性分析，只針對幾個重要變項即與現狀有逐漸差異的各種選擇方案加以考慮。

3・Estler 四種教育決策類型：

（1）代表學者：Estler （1988）

（2）理性式決策：有明確目標和標準程序。

（3）參與式決策：以選教科書為例，必須共同參與形成共識。

（4）政治式決策：對於高度爭議性的議題，需透過各利益團體進行談判折衝。如以美國教師工會「集體談判」。

（5）無政府式決策：如教室突發狀況。

4・綜合掃瞄模式：

（1）代表學者：艾齊厄尼（A.Etzioni，1967）

（2）為糾正漸進模式過於保守，過度注重枝微末節的流弊。當決策者只求見進的修改以往的決策，因而迷失基本決定時，就會陷於左右的困境。

（3）在既定目標和方向下，以漸進模式來探討必要的特殊項目。

決策類型	理性式決策	參與式決策	政治式決策	無政府式決策
對象	有明確的目標與標準程序的議題（依法定程序）	目標和程序由參與者共同決定（形成共識）	針對高度爭議性議題，讓利益團體談判與折衝。	目標模糊與缺乏準則，有時間壓力須當機立斷。
情境（適用時機）	官僚體制、資訊流通、標準化程序	強調個人價值觀與信仰的重要性。決策內容涉及專業，成員強烈要求參與。	組織決策不但受內部結構的影響，也受利益團體影響，各方勢力難以妥協。	組織結構鬆散、資訊缺乏，如垃圾桶模式。
系統特性	封閉系統	封閉系統	封閉系統	開放系統
實例	發薪、敘薪等明文規定者	教師考績辦法、校務會議	英語課程實施進程與細節擬定	教室各項管理學生事宜。

| 517 | ② | 邀請教師和學生共同參與發展學校共同願景，是應用哪種行政決定模式？①綜合掃瞄模式②參與模式③漸進模式④理性模式。 |
| 518 | D | 教育行政決定模式中，決策者若先應用理性模式來決定組織的基本政策和任務，然後在把握既定的目標和方向的原則之下，做成無數小幅的、個別累增的決策，此稱之為：（A）最適化模式（B）滿意模式（C）漸進模式（D）綜合掃描模式。 |

（四）教育政策

1·教育政策的定義：張建成（民88）從社會學的觀點來說，「教育政策可說是社會環境與教育制度相互對話的產物。因教育制度是發生萌芽於整個社會環境互動中」。

2·影響我國教育法規制定之權力因素：從政府組織機關之外的觀點來論述政策制定過程的影響因素，包括利益團體、學術研究單位、媒體、選舉與政黨、民意等。

（1）政府外部之參與者：

1·利益團體的支持：利益團體是政府之外對決策過程最有影響力者。利益團體包括商業與工業團體、專業團體、勞動團體、公共利益團體與政府遊說團體。
2·學術研究單位：學術研究單位受政府部門之委託，從事教育政策研究，而其結果提供政策制定者參考。
3·媒體：媒體的議題設定功能會影響民意。
4·政黨競爭的催化：政黨會透過政治舞台與國會成員的運作來影響政策議題。
5·民意：民意可以促進議題的形成，但對於議題的決策方向的影響力並不大。

（2）政府內部之因素：

> 6．立法委員的主動介入：包括「舉行聽證會、介紹法案及演說、資訊的多重混合」。
>
> 7．教育部長及文官人員：被認定是專家、奉獻於法案中之具體化人員、擁有絕對的權力。

3．教育政策的制定原則：

（1）公正原則

（2）連續原則

（3）分配原則

（4）解決迫切的教育問題

（5）符合教育自主原則

（6）弱勢者受到最大的保障原則

4．教育政策制定的模式：

　包括綜合理性模式、菁英模式、團體模式、系統模式、漸進模式等。

（1）綜合理性模式：教育政策制定是依完整的綜合性資訊，客觀的分析判斷，針對許多備選方案、進行優缺點評估、排定優先順位、估計成本效益、預測可能發生之影響，再經比較分析後，選擇最為可行的方案。

（2）菁英模式：其特徵在於教育政策是由社會上少數菁英人員，整合大眾意見而制定。而這菁英份子教育程度、社會地位或經濟收入，顯然優於一般民眾，這對教育政策有相當之影響力，所以能控制較多的資源。

（3）團體模式：強調教育政策制定係團體競爭後所達成的均衡，而這取決於團體的相對影響力，任何團體間的相對影響力，一但發生變化，教育政策即可能隨之改變。

（4）系統模式：將教育政策視為教育系統的輸出。

（5）漸進模式：教育政策的制定強調政策的形成無不是依過去的經驗，對既有政策作小幅的、個別的、累增的修正而漸進變遷的過程。

5．我國教育政策制定的制定過程：

　教育政策制定過程，包括「建構問題、議程設定、政策形成、政策採取、政策評估及政策評估」。（張芳全，民89）

（1）建構問題：教育問題由輿論、行政首長指示、教育政策規劃者的問題建構、專家學者的教育研究，將可能的教育問題提出。

（2）議程設定：政策分析及教育行政人員將問題提出及分派到議程中，通常是在官方所討論的白皮書、政策備忘錄等書面報告中。

（3）政策形成：教育行政人員及政策執行者形成政策，來處理問題，其中的過程是經過科學及主觀的討論，形成共識提出具體的方案。

（4）政策採取：當教育政策經過「合法化」過程，教育政策就可與資源合法化進行配置。

（5）政策執行：教育政策在合法化後，必然有一定的組織及單位教育政策落實，就如一項的教育法案通過，相關單位就應執行。

（6）政策評估：政府應評估政策在一段期程之後評估其人力與資源的效率及成本與風險，同時應該針對政策在未來若要延續時所可能遭遇的問題。

6．W.Dunn（1994）提出一項教育政策應經過嚴謹的公共論證（public argument），即需具六項成份：「政策相關資訊、政策主張、信賴度、立論理由、駁斥理由、立論依據等」。

519	3	教育政策制定過程應最先掌握下列哪一項步驟，才易進行後續的政策規劃？①教育政策評估②教育政策合法化③教育政策問題界定④教育政策執行。
520	D	教育政策制訂過程之最後階段為下列何者？（A)問題形成(B)政策採納（C）政策執行（D）政策評估
521	4	一項教育政策應經過嚴謹的公共論證（public argument），依據W.Dunn（1994）的說法，政策論證需有六項成份，下列哪一項不包括？①適當訊息②政策宣稱③支持依據④經費多寡。
522	B	如果臺北縣內某個學校要進行一項教育實驗方案，其辦法應由（A）教育部訂定（B）臺北縣政府訂定（C）實驗學校訂立，報主管機關核備（D）視實驗方案性質而定
523	BCD	以下哪些是我國近年實施的重要教育政策？（A）幼稚義務化（B）高中職社會區化（C）大學多元入學方案（D）師資培育多元化。（複選題）
524	3	以下哪一項中等教育政策業已開始正式實施？（1）十二年國民教育（2）國民中學各學習領域科目等值（3）高中職社區化（4）國民教育階段家長參與學校事務權。
525	D	學校組織「末稍神經麻痺症」其意在強調：（A）校長願景領導的重要(B)學生學習動機的重要(C)教師行政團隊的重要(D)教育政策執行力的重要

六、教育行政溝通理論

（一）動機理論（Motivation）

　　Hanson（1991）將動機理論分為「內容理論」與「過程理論」兩類。前者注重研究促進了動機增強的因素與內容；後者注重動機產生行為的過程。強調：

　　（1）以誘因刺激組織成員朝向組織期望的目標努力工作的意願。

（2）激勵過程通常具有：①組織目標；②努力；③欲望等
　　三種要素，也是該三要素共同運作的結果。

1．動機內容理論　（content theory）：

（1）本能理論：Freud 認為人類行為的動機來源是內部心理
　　能量的轉變。人具有兩種基本驅力「自我生存的驅力、
　　性驅力」。

（2）Jung 認為人類的人格可分為三向度「內向與外向、知
　　性與感性、知覺與直覺」。

（3）Maslow 需要層次理論：某層級的需求滿足之後，下一
　　個層級的需求才會成為主要的支配力量，影響行為。

（4）Herzberg 動機保健理論：認為組織成員的工作態度對
　　績效有決定性的影響。

526	B	教師參加教師會等團體組織之各項聯誼活動，就馬斯洛的需求層次論是屬於哪一階層？（A）安全感需求　（B）歸屬感與愛的需求　（C）尊榮感的需求　（D）自我實現的需求。
527	B	教師在課堂上處罰學生不良行為的方式，會影響其他目睹此一處罰學生的行為，此種現象一般稱為　（A）比馬龍效應（B）漣漪效應（C）破窗效應（D）投射作用（E）補償心理作用。
528	④	在馬斯洛（A.H.Malsow）的人類需求層次論中，哪一種需求之層次較高？①安全　②愛與歸屬　③自尊　④自我實現。
529	C	張老師因表現優異，同時獲得原校校長敦聘為教師兼教務主任和鄰近住家的新校聘書，以致必須在二者之間作出抉擇，而二者均是張老師所願意者，此時張老師面對何種衝突？（A）趨避（Approach-Avoidance）（B）雙避（Avoidance-Avoidance）（C）雙趨（Approach -Approach）（D）雙衝（Conflict- Conflict）

填充題：

530	趨避	引起動機衝突的情境主要包括：雙趨衝突、雙避衝突、【　　】衝突三種。
531	趨避衝突	生活中常見的動機衝突有雙趨衝突、雙避衝突和【　　】。
532	自我實現需求	馬斯洛所提的人類需求階層，最高一層為【　　】。

2．動機過程理論 （process theory）：

(1) 增強理論：Skinner （1971），認為行為是其結果的函數，即某種行為的產生係受某種結果的影響（行為乃受行為後果所控制），故適當的獎賞可能左右他人的行為。操作制約的四個重要的概念是：

① 個體的任何自發反應如能帶來效的結果該反應即可被強化而保留；

② 凡是能強化個體反應的刺激均稱為增強物；

③ 因增強物的施予而強化的反應而保留的歷程稱為增強作用；

④ 凡是因增強物的出現而強化反應的現象稱為正增強。而增強可分為：「連續性增強、間歇性增強、及時性增強、延宕性增強」。

⑤ 將操作制約的原理應用到教學上的原則：

應用「正增強」原理增加行為的出現次數	應用「類化」的原理產生學習遷移
應用「塑造」的原理形成新行為	應用「消弱」原理減少不適當行為
應用「間接增強」持續行為	應用「串聯」形成新行為

的出現	
應用「刺激控制」原理做適當的反應	應用「消褪」的原理發展適當行為
應用「懲罰」原理抑制不當行為	應用「逃脫與躲避」原理建立行為

533	B	學生把不當行為反應改正後，教師拿走其厭惡的刺激，這是屬 (A) 正增強　(B) 負增強　(C) 懲罰　(D) 消除
534	4	教師在學生聯絡簿上告知家長其子女在校的優良表現，是屬於 何種獎勵？(1) 活動性 (2) 代幣性 (3) 物質性 (4) 社會性。

（2）Vroom 期望理論 （Expectancy model）：1964 年係維
克・伏隆（Victor Vroom）所提出，以個人期望為著
眼點。

① 假設有三：

①不同的個人有不同的慾望、需要與目標也隨之改變；
②人們在遭遇不同抉擇時，常以理性的態度來處理之；
③人會自過去的經驗中學習。

② 期望理論的建構主要是以吸引力、期待與實用性三者
的關係為主，較重「外在報酬」。

①結果：指個人產生某種行為後的結果。
②吸引力（valance）：指不同結果對於個人的吸引力。
③期待（expectancy）：個人對於達到第一層結果的自信與機率。
④實用性（instrumentality）：因第一層結果產生後，第二層結 　果產生的機率。

（3）Porter—Lawler 的動機期望模式：Porter&Lawler（1968）
① 認為個人在工作上的動機與熱誠是基於「個人對所期
待報酬的評量、個人在努力之後能夠確實獲得所期待

報酬的機率」。

② 如果認為所獲得報酬價值過低或者成功機率太低，則個人可能會降低努力或放棄努力。

（4）平等理論（Expectancy model）：（S.Adams，1963）亞當斯所提出，又稱社會比較理論。

① 主張個人的工作動機是基於「其與同地位的同僚間的比較」所產生。認為每一個人對於自己與他人的投入會和彼此所得到報酬結果做比較，並維持一個平衡（公平性），換句話說，滿足感乃取決於員工自己從工作上所得到的報償與其對工作間的投入是否公平而定。

② 個人會考量自己工作努力程度、教育程度、經驗、工作表現、工作難易度等和所得報酬「薪資收入、社會報酬、心理報酬」等，是否相當。

③ Adams 認為個人的動機強弱即是由不平等的程度所決定。

（5）目標理論：洛克（Edwin Locke）所提出，認為挑戰性的目標是激勵的來源，因此特定的目標會增進績效；困難的目標被接受時，會比容易的目標獲得更佳的績效。

| 535 | A | 根據麥克里蘭（D. C. McClelland）和阿特金森（J.W. Atkinson）的成就動機理論，教學上應：（A）使每個學生都有成功和失敗的經驗　（B）避免學生挫折灰心，僅提供成功經驗　（C）使教材儘量艱難，以激發其學習動機，發展潛能　（D）使教材簡易，使學生有成就感。 |

（二）溝通理論

1・溝通的意義：

（1）溝通的意義：黃昆輝（民84），「溝通乃藉由分享訊

息、觀念或態度，送訊者與受訊者之間產生某種程度
之相互瞭解。溝通的目的在增進相互瞭解、促進人際
關係、強化協調合作、達成集思廣益，使得意志集中、
力量集中，以獲得組織目標」。

（2）學校行政溝通的意義：係指學校行政人員或團體間相
互交換訊息、表達情感的歷程，藉以表現出所期望的
行為，以建立共識、協調行動，維持組織運作、集思
廣益或滿足成員需求，進而達成預定的教育目標。

2．溝通的目的：

（1）溝通是相互了解及交換訊息的歷程。

（2）溝通的對象或為個人或為團體。

（3）達成組織目標或特定任務。

（4）化解組織衝突或危機。

（5）溝通過程需要互讓以凝聚共識，達成目標。

【溝通之目的】

功能	取向	目　標	理論及研究焦點
表達情感	感情	增加組織繳色之接受程度	滿足、衝突、緊張、角色
激勵士氣	影響	致力組織目標之達成程度	權利、順從、期望、行政改變、學習
資訊傳遞	技術	供給決策所需資料之程度	決策、資訊處理、決策理論
任務控制	結構	澄清任務責任之明確程度	組織設計

3．溝通的功能有四類：（秦夢群，民86）

（1）情感的（emotive）：溝通的型式是以情動人，其目標

則在使對方感受到更被團體接受，並因而產生工作滿足感。

（2）激勵的（motivation）：其溝通的型式是以其影響力服人，目標在於使對方效忠於組織目標。

（3）訊息的（information）：此種溝通目標在利用各種科技或方式得到訊息，以作為決策之依據。

（4）控制的（control）：其溝通的目標在使對方充份了解其地位、責任與擁有的權威。

4．溝通的過程：

（1）溝通過程「影響因素」：「訊息、送訊者（來源）、收訊者（目的地）、媒介、訊息的傳送管道、環境及回饋」等。

（2）溝通的「過程」可區分為三個主要過程：「發動、傳遞與收受」。溝通的訊息經由送訊者發出之後，經由媒介傳送的收訊者，而收訊者可能針對所收到的訊息進行瞭解、統整，而發出新的訊息，再經由傳送的過程，傳到原來的送訊者。」（吳清基，民89）

5．溝通的模式：

溝通的模式包括「正式溝通與非正式溝通」、「單向溝通與雙向溝通」。

（1）正式溝通（formal communication）：針對溝通的對象，依循組織的「層級節制」或組織的「權力路線」作為溝通的管道，以幫助組織成員互相了解。

① 向上溝通：下級人員向上級人員表達其意見或態度的程序。

② 向下溝通：上級人員將訊息向下傳遞，以獲得部屬瞭解、合作、支持與採取行動的重要措施。

　　　③ 水平溝通：組織內不相隸屬之各單位間或人員間的溝
　　　　通。交換資訊與驗證其正確性，通常是非正式溝通。

（2）非正式溝通：

　　　① 建立在組織成員的社會關係上，亦即組織成員的社會
　　　　交互行為。

　　　② 非正式溝通和組織成員的專長、嗜好、習慣和興趣有
　　　　關，並無一定規則可循。

　　　③ 非正式溝通對訊息的傳遞較為快速。

　　　④ 非正式溝通多數在無意中進行。

6 · 溝通的媒介：

（1）溝通的媒介，即是傳遞的管道。溝通要發揮其效果，
　　　即要選擇適切的溝通媒介。

（2）溝通的媒介與方式，區分為「書面溝通、語言溝通（面
　　　對面溝通、電話溝通、資訊網路溝通）與肢體溝通」。

（3）溝通媒介的選擇並非單一的，可以多重的媒介來進行
　　　溝通，促進溝通的有效性。

7 · 組織溝通的障礙：包括

（1）資訊過濾

（2）時間壓力

（3）官樣文章與專業術語

（4）個人知覺

（5）資訊過量

8 · 教育行政溝通的基本原則：吳清基（民89）

（1）適合收訊者的知識水準	（2）訊息的內容要具說服力
（3）掌握溝通的時效與時機	（4）採取主動溝通展現誠意
（5）有效爭取意見領袖支持	（6）公開肯定參與者的貢獻
（7）審慎處理相關攻訐批評	（8）加強相關革新內容宣導

	(9) 充分運用多元溝通媒介	(10) 兼採正式與非正式溝通

536	C	下列哪一種教育行政的溝通方式在檢測習以為常的文化偏見？ A. 雙向溝通 B. 環狀溝通 C. 論述 D.理解他人
537	1	下級行政人員將意見訊息，向上級行政人員傳遞的過程，是屬 於 ①上行溝通 ②下行溝通 ③平行溝通 ④斜行溝通。
538	②	主任認為職員一無所知，要求依指示行事，這是溝通障礙中的 什麼現象？①嚎叫理論 ②硬塞理論 ③先聲奪人 ④月暈效果。
539	4	托育機構之溝通方法為:(1) 設置意見權　(2) 建立會簽制度 (3) 舉行會心小團體　(4) 以上皆可。
540	2	團體或個人相互間交換訊息的歷程，藉以建立共識協調行動， 集思廣益或滿足需求，進而達成預定目標，是以下哪一個名詞 涵義？（1.領導 2.溝通 3.激勵 4.行政）。

七、教育行政領導理論

1．領導的意義：（吳清基）在組織中，運用領導者本身的影響力，在兼顧組織發展目標與成員個人需求的原則下，有效激發成員潛能，以達成組織共同的目標。

2．領導理論的演進：

(1)「特質理論」時期：特質理論的基本假定領導才能為個人人格特質的特殊結合。即強調每一位成功的領導者必定具有異於他人的獨特人格特質，而這些獨特的人格特質可以藉由科學的方法加以統整，提供作為選才及培養人才的重要參考。

① 主張：企圖找出性格、社會、身體或智力的特質，用以區別領導者與非領導者。

② 綜合 <u>Yukl</u>（1994），Hoy and Miskel（1996）的看法
加以描述，可分為「人格特質、動機特質與技能特質」
三部分。

1 人格特質：包含自信、壓力承受、情緒成熟與正直等四項；
2 動機特質（指個人的工作熱誠與努力開創的動能）包括：工作與人際關係需求、權利與成就價值、對成功的高度期待等三部分；
3 技能特質（指專業知識與專家經驗）：大致可分為四種能力技術能力、人際能力、思考能力、行政能力。

541	2	「英雄造時勢」，請問這是什麼樣的領導理論？（1）權變　（2）特質　（3）行為　（4）情境。

（2）「行為理論」時期：行為理論對於領導的探討重視領
導者實際表現的領導行為。著重<u>成功領導類型</u>的發
掘，強調領導者的實際行為較能對從事領導工作者產
生實質的幫助。領導者行為理論可區分為單層面與雙
層面兩大類。

① 其理論假設乃建立在，領導行為是領導者與成員互動
的過程。

② 其目的在求團體的和諧與任務的達成。

③ 較<u>著名的研究有俄亥俄州立大學、密西根大學與管理</u>
<u>座標</u>（又稱「領導方格」）三者。

④ 單層面的領導行為理論：由單一角度將領導行為分為
多個具關聯性的類型。勒溫（K. Lewin，1938）以單
層面的觀點，將領導方式分為以下三種：「獨裁式的
領導、放任式的領導、民主式的領導」。

⑤ 雙層面的領導行為理論：視兩個因素為分類的主軸，將領導行為多個類型。哈爾品（Halpin，1957）提出，**LBDQ** 稱為「領導行為描述量表」，可統整成兩個因素：

①倡導：領導者能釐清與屬下間職責關係，確立明確的組織目標和型態及工作程序。
②關懷：領導者對於員工的感覺有所意識，建立友誼。

542	D	哈爾品與克羅夫（Halpin & Croft, 1966）認為校長常表現出體恤教師的行為，稱為：（A)倡導 (B)權變 (C)民主 (D)關懷。
543	C	學校校長表現出高關懷、低疏遠、低強調成果、高以身作則的行為，為下列何種校氣氛的描述？(A)控制型(B)親密型(C)開放型（D）封閉型
544	D	根據俄亥俄州立大學的領導者行為描述研究，領導者對於組織型的任務與部屬的需要均未予以重視之領導行為為何？ （A)高倡導高關懷(B)高倡導低關懷(C)低倡導高關懷（D）低倡導低關懷
545	C	王校長是非常重視辦學之績效，但忽略學校教職員福利的爭取，其領導方式以下列何者較為貼切？(A)高關切高倡導 （B)高關懷低倡導 （C)低關懷高倡導 （D）低關懷低倡導。
546	B	依據領導行為理論之主張，最有效的領導方式是 （A)高倡導低關懷(B)高倡導高關懷 (C)低倡導高關懷（D)低倡導低關懷。
547	②	校長時常注意教師教學需求，並協助解決困難，是屬於哪種行為？①疏遠 ②關懷 ③以身作則 ④強調成果。

（3）權變（情境）理論時期：權變理論時期強調情境的重要性，領導者可依其面對的不同問題而改變領導方式，領導成效取決於領導者人格特質和情境變數融合的程度，視領導行為為領導者特質和領導情境因素交互作用的結果。領導者在選擇時必須考慮：「領導者本身、部屬、情境與外在環境等因素」。此時期的理論包括：

① 費德勒（Fiedler）的「權變理論」；「權變理論」對領導理論有其貢獻性，主張領導情境是動態的，領導者應時時留意其變化，作必要之調整，以保持良好的領導效果。

Fiedler 的權變理論是特質論與情境論的結合，盛行於 70 年代。
Fiedler 編制了「最不喜歡同事量表（LPC）」測量。LPC 分數越高，效率分數越高，代表關係取向的領導者較為合適。
領導方式可分為：「工作導向、關係導向」。
影響領導「情境」的主要因素：「領導者與成員關係、工作結構、職權大小」。

548	D	教育行政理論中，認為組織管理宜視實際狀況和條件而定的是：(A) 傳統理論　(B) 需求理論　(C) 動態平衡理論　(D) 權變理論。
549	C	權變領導理論是由何人所提倡？(A) 賽蒙 Simon (B) 孔恩 Cohen (C) 費德勒 Fiedler (D) 亞當斯 Adams
550	A	教育行政領導策略有所謂的「權變領導說」，該核心概念是考慮下列何種因素？(A) 領導情境　(B) 權力來源　(C) 領導策略　(D) 領導人格特質。
551	3	強調領導者（人格特質）領導者行為，被領導者心向，領導的情境等因素的領導理論是　(1) 素質理論　(2) 系統理論　(3)

	權變理論　（4）順從理論

② 豪斯（House）的「途徑－目標理論」：

基本主張：假設人類行為是目標導向的，沒有目標，人類行為就會雜亂無渣。
「領導者效能」是領導者行為與情境因素交互作用的結果。包括：部屬的工作滿足、部屬對於領導者的接納程度及部屬的動機三個方向。
「情境因素」包括：部屬的特性及環境的壓力與需求兩個方向。
此模式分為二大部分：確立目標與改進通往目標的路徑。
豪斯在領導效能觀點上，被視為具有「部屬為中心」的色彩，強調部屬的工作滿足。

③ 佛洛姆和葉頓（Vroom&Yettom）的規範性權變理論：

強調管理的決定是受各種不同的情境問題的影響，可由不同的領導方式來解決。
領導情境的類型：「專制型、高議（商議）型、團體型」
情境變項：包括，問題的性質（決策的領性程度）、領導者的條件、部屬特性。
中介變項：取決於決策所要達成的品質及決策是否能被接受。

④ 雷頓（Riddin）的「三層面理論」：即所謂3－D管理理論

A 認為一般領導者行為有三個層面：「工作導向（TO）、關係導向（RO）與效能」，其中效能取決於情境。這個理論主要在探求何種情境配合何種領導型式，才能發揮最高的領導效能。

B 區分基本領導形式有四：「關係型、統整型、盡職型與分離型領導」，取決於情境之不同。

C 這四種型式運用的適當與否，可以產生以下八種管理型式：

管理形式	統整型	分離型	盡職型	關係型
有效	①管理者	③官僚者	⑤開明專制者	⑦發展者
無效	②妥協者	④逃避者	⑥獨裁者	⑧宣傳者

⑤ 賀賽與布蘭恰德（Hersey&Blanchand））的「情境領導理論」：

A 主張「關係取向」與「任務取向」外，應加上「部屬的成熟度」（主要針對所要達成的目標）。一個領導者須知其所處團體的成熟度，也應注重個別成員的差異性。

B 因其程度之高低，將領導行為分成四種：

告知式	高工作，低關係
教導式	高工作，高關係
參與式	低工作，高關係
授權式	低工作，低關係

C 適當的領導方式為一鐘型弧線。

D 在教育上最大的應用，在指出領導者必須要提升團體或個人的成熟度，否則領導必定失敗。

552	1	提出「權變領導理論」（Contingency Leadership Theory）的學者是①費德勒（F. E. Fiedler）　②豪斯（R. J. House）　③賀塞（P. Hersey）　④賴克特（R. Likert）。
553	D	費德勒（F.E.Fiedler）認為領導是否有效，端視領導者之領導類型能否與情境相配合而定，並以此理念為核心提出哪種領導理論　(A)科學管理理論 (B)依賴理論 (C)人際關係理論 (D)權變理論。

554	1	倡導權變領導理論的重要學者是（1）費德勒 （2）費堯 （3）梅耶 （4）泰勒
555	A	情境領導理論主要之代表人物為下列何人？（A）費德勒（F.E.Fierlder）（B）史肯納（B.Skinner）（C）泰德（O.Tead）（D）布朗（A.F.Brow）
556	④	教育行政理論中認為組織管理宜視實際狀況和條件而定的是：①傳統理論 ②需求理論 ③動態平衡理論 ④權變理論。

（4）「新領導理論」時期：1990 迄今

　　新領導理論時期可謂百家爭鳴，此時期的理論包括：轉型領導理論、互易領導、催化領導、整合領導與道德領導及最新的第五級領導或香蕉皮領導等。

① 轉型領導理論(Transformational Leadership Theory)的意義：強調組織領導人藉由個人魅力和建構前瞻性願景為基礎，使用多項激勵策略和方法，轉化組織成員的觀念與態度。領導者鼓勵部屬提升工作動機和工作滿足感，為組織發展而努力，進而促進追求組織的轉型與革新。（Burns，1978）

　　又稱為移轉型領導，係指領導者激勵其部屬超越其本身的利益，使組織更好，同時更對其部屬產生意義深遠且非凡的影響。

| 557 | B | 組織領導者應用其過人的影響力，轉化組織成員的觀念與態度，使其齊心一致，願為組織的最大利益付出心力，此種領導稱為：（A）互易領導 （B）轉型領導 （C）隱性領導 （D）參與領導。 |

② 互易領導理論（Transactional leadership）的意義：亦稱「交易型領導」。強調領導是資源的交換，透過獎懲的手段來遂行領導的目的。組織領導人透過折衝、

協商的過程，讓成員需求得以滿足，以達成組織目標的領導風格。互易領導不僅顧及部屬需求，也激勵其成長、自我實現和對組織承諾，使成員願自動對組織付出心力，而不侷限於酬賞的取得。（Burns，1978）

③ 催化領導理論（Facilitative Leadership Theory）：一九七〇年代，美國教育界開始重視學校校長在教學領導方面所扮演的角色功能，而伴隨此一重視教學領導的趨勢，在領導理論方面，也發展出「轉型領導」和「催化領導」的觀點。其中，催化領導特別強調組織成員「共同合作」和「授權」的理念。領導者的任務在促使各層級的組織成員均能參與決定，增進學校成員調適、解決問題和改進成效的共同能力。（Conley & Goldman,1994）

| 558 | ② | 將成員組成若干工作團隊，並建立溝通網路，是屬於應用哪類領導理念？①服務領導②催化領導③道德領導④願景領導。 |
| 559 | ② | 重視領導者扮演協助者和促進者角色，提昇成員自我調適和解決問題能力，是哪種領導理論？①融合領導②催化領導③教學領導④課程領導。 |

是非題：

| 560 | × | 教師即「催化者」是指教師教學的工作旨在掌控學生的工作進度，以免拖延。 |

④ 整合領導理論（Connective Leadership Theory）：（Lipman-Blumen，1996）組織為求生存，則需隨時因應實際需求而暫時結盟或分離。領導者能綜合多種領導風格，並且能因地制宜，採取不同的策略，讓組織成員均能公平的享有組織的資源。整合的能力就是領

導的能力，也是創造新局的能力。

⑤ <u>道德領導理論</u>（Moral Leadership Theory）的意義：以道德權威為基礎的領導，領導者係出於為正義與善的責任感與義務感而行動，因而也獲得成員為正義與善而做事的回應，表現優秀且持久。（Sergiovanni，1992）

道德領導的做法：

> 具有<u>批判倫理</u>（ethic of critique）：批判倫理即批判精神，對不合理處敢於做理性的檢討改善。

> 落實<u>正義倫理</u>：正義是批判時的主要依據之一，也是道德領導的重要內容。

> 發揮<u>關懷倫理</u>（ethics of care）：關懷倫理是指對人的關心與照顧，領導者除要完成任務之外，亦應關懷成員個人的需要與福祉。

| 561 | 4 | 近年來，品格教育（character education）在西方世界重新受到重視。相較而言，下列哪一種德育立場最重視強調實踐、習慣養成的品格教育？（1）道德認知發展論；（2）價值澄清法；（3）正義倫理學；（4）德行倫理學。 |
| 562 | ① | 強調領導者培養高尚人格、落實正義倫理的是何種領導理論？①道德領導②服務領導③轉型領導④願景領導。 |

⑥ <u>第五級領導</u>（level 5 leadership）的意義：指領導者兼具謙和個性和專業堅持，並將個人自我需求轉移到追求組織卓越績效的目標上。

A 一個成熟的第五級領導人應具備五個等級的領導能力，但這五個等級並不是循序漸進的層級制，而是能隨時補足的。（J.Collins，2001）

> 《從 A 到 A+》書中指出，第五級領導的內涵，是領導能力

| 五個等級中最高的一級。 |
| 第一級（level 1）：高度才能的個人，能運用天賦、知識、技能和良好工作習慣，產生具建設性的貢獻。 |
| 第二級（level 2）：有貢獻的團隊成員，能貢獻個人能力、達成組織目標並有效與他人合作。 |
| 第三級（level 3）：勝任愉快的經理人，能組織人力和資源，有效率和效能達成預定的組織目標。 |
| 第四級（level4）：有效的領導者，能激勵部署熱情追求明確動人的願景和更高的績效標準。 |
| 第五級（level 5）：第五級領導人，領導者兼具謙和個性和專業堅持，建立持久績效。 |

B 史托克戴爾弔詭（Stockdale-Paradox）：「面對殘酷現實，但絕不喪失信心。」不管遭遇多大的困難，都相信自己一定能獲得最後的勝利，同時，不管眼前的現實是多麼殘酷，都要勇敢面對。

C 刺蝟原則：每個組織都應該自問以下三個問題，且堅持不做不對的事，列出「不做之事」清單往往比列出「需做之事」清單更重要。

| A 你們在哪些方面能達到世界頂尖水準？ |
| B 你們的經濟引擎主要靠什麼來驅動？ |
| C 你們對什麼事業充滿熱情？ |

D 飛輪效應：系統中的各部份互相補強，形成了整合後的整體，其力量大於各部份的總合。

⑦ 服務領導（servant leadership）：又稱「僕人式領導」，領導者的角色是服務者，為成員提供協助和除去障礙。以服務領導為核心，視被領導者為顧客、尊重人性、

強調表現服務的行為也要求塑造服務的文化。

563	3	涉及領導信念與價值觀，運用責任感與正義感來激勵成員的領導方式稱為(1)交易領導　(2)服務領導　(3)道德領導　(4)權變領導。
564	③	下列教育領導理論何者係以學習理論為基礎發展而來？①權變領導　②領導的特質論　③建構主義領導　④Z理論。
565	2	教育行政是對教育事務的管理，管理是計畫、組織、溝通、領導及評鑑的歷程，引領組織及成員努力的方向，激勵士氣以實現組織目標，稱之為？　(1)評鑑　(2)領導　(3)溝通　(4)組織

申論：

| 試述班級領導的一般原則與具體策略。 |
| 試述師生專業領導關係的特徵及其建立。 |

八、教育行政視導與評鑑

　　教育行政視導與教育行政評鑑的目的，都是以促進教育行政與教學的有效性，以及提升教育人員的專業表現為依歸。

（一）教育視導（Educational Supervision）

1・教育視導的意義：謝文全（民74）指出教育視導，係指教育行政的一環，是視導人員基於服務的，有計畫的運用團體合作的歷程 藉視察與輔導來協助被視導者改進其行為，提高工作效能，增進受教育者的學習效果，達成國家的教育目標與理想。

2・教育視導的五種功能：Starratt（1983）包括

　（1）確保教育活動合法性：視導人員宣達政令，確保教育

機關確實合法推行業務。

（2）扮演溝通角色：教育環境千變萬化，既定之政令未必
　　順利執行，視導者須體諒民情。

（3）執行品管工作：傳統品管之形成多半為官派視導人員
　　赴下級機關視察，對其校園安全之維護、學生紀律之
　　維持、教學效率之高低、等加以評核。

（4）激發教育人員的專業成長：視導人員藉視導活動之執
　　行，幫助教育人員提昇其專業能力。

（5）激發教師工作動機：鼓勵教師加入行列共同解決學校
　　所發生的問題，自然激發工作動機。

3．教育視導的模式：

（1）行政視導方式：注重有關教育政策、措施之執行，行
　　政管理事務及教學設施的督導與考核。

（2）教學視導方式：內容偏重和教師教學有關事項，狹義
　　指視導人員指導教師改進教學過程。

　①教學視導（instructional supervision）：指特定教育專業
　　人員，針對學校或教師之教學措施進行系統性的視察與
　　輔導，以提升學校教學品質與學生學習效果的過程。

　②臨床視導（clinical supervision）：指視導人員對於教
　　師實際教學的觀察，將所觀察到的資料透過彼此面對
　　面的互動方式，進行分析教師的教學行為和活動，以
　　謀求教師教學改進和提昇教師班級表現的過程。

　②發展性視導：即是「問題解決的過程」，工作任務包
　　括，「直接協助、課程發展、教職員的發展、團體的
　　發展及行動研究」等。

　③學校本位視導：以學校為中心，由校內成員組成教學
　　視導小組進行教學視導的模式。即依據學校的社區環

境、辦學目標與特色、資源、組織成員、師資專業及學生狀況考量,訂定視導的考量,行政機關對學校則是居於督導協助的地位。

④ 自我視導:教師本身依自我的專業發展需要,自我訂定目標,經由與校長或其他校內同事研商後進行教學;過程中記錄教學行為資料,最後再參照事先設定的目標,而提出改進建議,促進教師改進教學,促進教師專業發展 (秦夢群,民86)。

⑤ 同僚視導:充分利用教師的專長,以合作的形式達到最高的效率。即結合校內具有專業的教育人員,對發生的問題自我診斷、評鑑與發展對策,以提昇學校的效率。

(3) 教育視導新工具「360度回饋(360-degree feedback)」:係指「受評者除遵行一套標準的評鑑程序進行自我評鑑之外,並接受上級、同儕、部屬和外部顧客的評鑑,以獲得全面多元的資料,進而瞭解個人績效、幫助自我改進並促進成長與發展。」(吳清山)

566	B	由兩位以上的教師,透過彼此觀察、分析、評鑑教學活動,改進既有的教學問題,並學習新的教學方法,稱為:(A)自我視導 (B)同僚視導 (C)合作型視導 (D)發展視導。
567	B	為提升教學能力,教師互相觀摩、紀錄彼此的教學情況,再共同討論。此種專業成長方式是(A)行動研究(B)同僚教練(C)案例教學(D)教學輔導
568	④	教師彼此間相互觀摩教學並提出改進意見,是屬於採用哪類的視導?①外部視導②自我視導③分工視導④同僚視導。
569	2	1970 年代教育學者紛紛開始發展新的視導理論因應教學需求,其中包括同僚視導,下列何者不是同僚視導的特點? (1)

| | | 認為教師足以擔當視導的工作　（2）非正式化　（3）並無主從之分　（4）強調合作關係 |

4・教育視導的原則：

(1) 以改進教學為目的

(2) 以整個教學情境為範圍

(3) 建立和諧的人際關係

(4) 運用適當的協調技術

(5) 利用有效的評鑑原理

(6) 領導並協助從事行動研究

5・我國視導人員的權限：

(1) 糾正權：視導時發現學校有違反教育法令事件，可以隨時加以糾正，學校必須立即改進。

(2) 調閱權：視導學校時，可以調閱各項簿冊及有關資料，學校必須加以配合；此外督學也可以檢查學生名額及測驗學生成績。

(3) 變更授課權：為執行職務，於必要時得臨時變更學校授課時間，學校必須配合。

(4) 召集開會權：執行職務時，得與鄉、鎮、縣轄市、區公所取得聯繫，並得召開當地熱心教育人士開會，徵詢對教育設施之意見，及商討改進之道，以備採納。

(5) 建議獎懲權：視導時，如遇有辦學人員不稱職者，則得呈請核懲；遇有成績卓越或研究有創獲者，得呈請主管長官核獎。

6・英國視導制度：

(1) 教育績效責任的形式，始於 1988 年教育法案（Education Act，1988）該法案通過所產生的地方管

理學校（LMS）便屬於因應市場機制迫使地方教育當局下放才政權與基層學校，以利學校更能反映顧客的需求。

（2）教育法案亦規定「國定課程」以及實施「全國性的測驗」，此現象削弱了地方教育當局的權力，相對地增加了學校董事會的權力，家長另擁有學校選擇權。

（3）1992 年成立的「教育標準局」（Office for Standards in Education，OFSTED）更代表英國對教育機關績效要求的制度化。受評機關含括師資培育機構、教師訓練機構、地方教育局、公立中小學以及特殊學校。

570	2	以「皇家督學」名聞遐邇的國家是①美國　②英國　③法國　④德國。
571	B	英國在 1992 年設立哪種機構以取代皇家督學處，綜理教育視導相關工作　（A）國家督學局（B）教育標準局（C）教育督學處（D）國家教育局。
572	C	根據 a.教學視導、b.臨床視導、c.教育視導等三個名詞的內涵，下列哪一項敘述錯誤？（A）b＞c（B）a＝c（C）a＞b（D）　以上皆是。
573	1	1988 年英國的課程改革可謂英國課程發展的重大事件，其特色之一是利用那一種進路作為課程發展的精神？（1）國家政策本位的課程發展（2）教師教學本位的課程發展（3）行動研究本位的課程發展（4）學生中心本位的課程發展

是非題：

| 574 | ○ | 英國於 2000 年修訂其國定課程，原有學術科目本位的課程已逐漸轉變為職業導向與學生中心的模式。 |

填充題：

575	1988	英國國定課程之法源，是【　】年教育改革法案。

（二）教育評鑑（educational evaluation）

　　大規模的評鑑活動，肇始於十九世紀的英美兩國。我國正式實施教育評鑑，則在 1970 年以後的事，近代各國政府相當重視教育評鑑，主要原因在於確保公立學校教育的績效，同時能夠使教育資源發揮最大的效果。

1．教育評鑑：

　　（1）教育評鑑的意義：教育評鑑是指對於教育現象或活動，透過有系統和客觀的方法來蒐集、整理、組織和分析各項教育資料，並進行解釋和價值判斷，以作為改進教育缺失，謀求教育健全發展的歷程。

　　（2）「學校評鑑」的意義：又稱校務評鑑。「學校評鑑乃是透過有系統的方法來蒐集、分析與解釋學校各種資料，並進行價值判斷，以作為將來改進教育缺失，謀求教育健全發展的歷程」。　（吳明清，民 85）

2．教育評鑑目的：診斷學校教育缺失、改進學校教育缺失、維持學校教育水準和提高學校教育績效。

3．教育評鑑模式：

　　（1）CIPP 模式：Stufflebeam（1973）提出包括，背景評鑑（context evaluation）；輸入評鑑（input evaluation）；過程評鑑（process evaluation）；成果評鑑（product evaluation）。

　　　①背景評鑑：審視所欲評鑑者的地位與環境，希望明瞭被評鑑者的有關資料。

② 輸入評鑑：透過審視所欲投入的人力、物力與財力是
　否能配合。

③ 過程評鑑：提供計劃實施的進度與資源利用的情形，
　以調整評鑑人員的角色並計劃下一階段的計劃。

④ 成果評鑑：比較評鑑結果與目標之間的差異並回饋給
　被評鑑者，各種質化或量化的技術都應使用。

（2）CIPP 模式評鑑的執行步驟：①確認評鑑的任務；②搜
　集資訊；③組織資訊；④分析資訊；⑤報導資訊；⑥
　評鑑的行政管理；⑦提供方案全部的預算。

576	A	美國評鑑學者 D. L. Stufflebeam 認為評鑑的主要意圖是（A）改善（B）改變（C）證明（D）驗證。
577	C	教育評鑑的目標為：（A.研究 B.證明 C.改良 D.規範）
578	D	教學評鑑的重點包括以下哪一項？（A）教學過程 （B）教學準備 （C）教學改進 （D）以上均是。
579	1	下列關於評鑑之敘述何者為錯誤？（1）它是一種絕對的客觀判斷 （2）它是一種歷程 （3）它是有系統的蒐集資料 （4）它是一套客觀認定標準。
580	3	史塔佛賓等人（Stufflebeam et al.）提出的 CIPP 評鑑模式中，下列哪一項評鑑方式其目的是在提供定期回饋給予負責課程實施工作者？①背景評鑑②輸入評鑑③過程評鑑④成果評鑑。
581	C	教師若要評量學生一學期以來藝術創作的進步狀況，最適合的方式是（A）學生自評（B）檢核表（C）歷程檔案（D）觀察
582	④	瞭解學校經營投入的軟硬體資源，是屬於 CIPP 的哪種評鑑？①成果評鑑②過程評鑑③背景評鑑④輸入評鑑。
583	A	以下何者最合乎評鑑（evaluation）的意義？ A.蒐集資料以確定學生的學習成果 B.蒐集資料以對人事物進行效能或價值的判斷 C.以量化的方式，根據規則，賦予人事物意

		義 D.根據理論，對人事物進行現象詮釋
584	2	我們常從一所學校師資的學歷及設備的好壞等因素來評鑑學校的效能，此種評鑑規準屬於 CIPP 評鑑模式的那一個層面？（1）背景 （2）輸入 （3）過程 （4）結果
585	D	在課程評鑑模式中，以「背景評鑑」、「投入評鑑」、「過程評鑑」、「產出評鑑」等四種評鑑以進行課程決定的是： A. CIPP Model B. Countenance Model C. COP evaluation Model D. Discrepancy Model
586	D	國內教育評鑑常使用史塔佛賓（D.L.Stufflebeam）的 CIPP 式，其中「C」指的是：（A）成果評鑑（B）過程評鑑（C）輸入評鑑（D）背景評鑑。
587	B	史塔佛賓（Stufflebeam,D. L.）的所提出的 CIPP 評鑑模式，不包括下列哪一項：（A）背景評鑑（context evaluation） （B）資訊評鑑（information evaluation） （C）過程評鑑（process evaluation） （D）成果評鑑（product evaluation）。
588	3	依據 Stufflebeam（1983）的 CIPP 模式，課程評鑑的運作程序何者首先實施？（1）投入評鑑 （2）過程評鑑 （3）背景評鑑 （4）產出評鑑。
589	B	教育評鑑所採用的 CIPP 模式中的 I 代表：（A.脈絡 B.輸入 C.過程 D.成果）
590	1	在學校行政上 CIPP 的代表意義何者為真？ （1）雙 P 一個是過程，一個是結果 （2）有統整（integrate）的意思 （3）C 是一種參數 （4）強調正反雙方的意見
591	3	有關史特佛賓（D. L. Stufflebeam）提出的課程評鑑模式，下列何者正確？（1）屬於目標導向的課程評鑑 （2）輸入評鑑主要目的在界定情境並評估情境中的需求和機會情境 （3）即所謂 CPII 模式 （4）過程評鑑的目的主要在檢測程序性設計及其實施中的缺失。

592	①	在 CIPP 模式中，C 代表的意涵為：①輸入評鑑 ②背景評鑑 ③過程評鑑 ④輸出評鑑。
593	A	在課程評鑑模式中旨在描述取得及提供有用的資料，作為判斷各種課程方案之用，並以「投入評鑑」、「背景評鑑」等四種評鑑以進行課程決定的是：（A）CIPP Model （B）Countenance Model （C）Discrepancy Model（D）Tyler'evalution Model
594	2	在史塔夫賓（Stufflebeam, 1971）所提出的 CIPP 整體評鑑模式中，敘述和分析可用的人力和物質資源、解決策略、以及在行動過程中的程序設計等，係為下列哪一項評鑑方式？（王文科，課程與教學論，五南，p391）（1）脈絡（context）評鑑（2）輸入（input）評鑑（3）過程（process）評鑑（4）成果（product）評鑑
595	1	教育評鑑的 CIPP 評鑑模式，其評鑑的最核心功能是 ①做決定 ②評績效 ③分析成本 ④比較優劣。
596	④	評鑑教師教學準備的時間和學校投入購置教具的經費，是屬於 CIPP 模式的哪種評鑑？①背景評鑑 ②成果評鑑 ③過程評鑑 ④輸入評鑑。

填充題：

597	背景	CIPP 評鑑模式包含四個階段，其中 C 指的是【　　】評鑑。

（3）Tyler 目標達成模式（goal-attainment model）：

① Tyler 常被尊稱為「教育評鑑之父」。

② 評鑑的本質就是一種測定教育目標在課程與教學方案中被實現的程度。

③ Tyler 認為發展評鑑方案一般的程序包含七個步驟：「擬訂目標、將目標加以分類、以行為語辭界定目標、由學校人員代表與評鑑委員共同組成委員會界定學校

目標、選擇並嘗試具有可行性的評量方法、發展與改
進評鑑的方法、解釋結果」。

598	C	將教師專業工作的表現與他們事先的教學目標作一比較，為下列何種教師評鑑的模式？（A）表現指標模式（B）臨床指導模式（C）目標達成模式（D）共同法則模式
599	A	一群校外專家進行校務評鑑時，係依據評鑑表上的檢核項目逐一評分。此種評鑑方式屬於（A）目標導向評鑑（B）比較性評鑑（C）內部評鑑（D）後設評鑑
600	ABC	下列何者是推動教師評鑑的可能目的？（A）淘汰不適任教師（B）協助教師改進教學（C）促進教師專業發展與成長（D）作為評鑑師資培育機構的依據。（複選題）

（4）消費者導向評鑑（consumer-oriented evaluation）：
　　Scriven（1968）
　　① 定義：「將對事物的價值或優點，所作的系統評估，
　　　並且強調評鑑者必須能獲致可辯護的價值判斷，而非
　　　只測量事物或決定目標是否達成而已（王文科，民
　　　78）」。主要有三種評鑑方式：
　　② 形成性評鑑（formative）：是發展歷程的主要部分，
　　　提供協助計畫、協助教育人員改良他們正在操作或發
　　　展的一切，經不斷的回饋，旨在協助發展方案及其他
　　　的事物。
　　③ 總結性評鑑（summative）：提供消費者對於比較競爭
　　　中的方案或產物的成本、優點與價值，尋求所有事物
　　　的效益，並將取來和評估有關消費者的需要。旨在評
　　　估已發展且公開的事物之價值。
　　④ 後設評鑑（metaevaluation）：Scriven 認為評鑑是一個
　　　自我參照的學科，評鑑也適用於評鑑本身。後設評鑑

指對「評鑑工作加以評鑑的觀念」，可以透過「消費者報導」將專業性評鑑結果發表出來。

601	B	對一項進行中或已完成的教育評鑑進行價值（目的、設計、實施、結果等）的判斷，也就是對現有的評鑑工作進行評鑑，稱之為 （A）高級評鑑 （B）後設評鑑 （C）上級評鑑 （D）總結評鑑。
602	D	如果評鑑工作要完善適切地達成，則評鑑工作的本身，包括其設計與歷程也需加以評鑑。這樣的概念指的是：（A）科學評鑑（B）過程評鑑（C）對抗式評鑑（D）後設評鑑。
603	1	形成性評鑑與總結性評鑑的最大差異，在於：（1）功能與作用不同 （2）評鑑人員不同 （3）評鑑對象不同 （4）資料蒐集方法不同。
604	B	一般學校的課程中亦包含潛在課程（Hidden Curriculum），下列何者屬於潛在課程的範疇：（A）高級評鑑（B）後設評鑑（C）上級評鑑（D）總結評鑑。
605	2	下列何項評鑑類型特別重視學生學科知識習得之評鑑？（1）真實評鑑 （2）結果本位評鑑 （3）統整評鑑 （4）歷程本位評鑑

（5）專家導向評鑑：以「認可制」為例。

① 「認可制」係由認可組織授予機構認可的過程。

② 認可制源自專業自主的觀念，以專業知識和經驗建立教育的最低標準。

③ 認可制為自願性過程，以同儕評鑑為基礎，主要是經由非官方性質的、自願的和自我管理的方式去維持績效責任，並透過自我評鑑的過程，以發揮學校自主與自我管理的精神，進而促使全校教職員共同參與，改進校務，達成提昇學校品質的最終目的。

④ 認可的過程：主要為同儕評鑑團體訪視機構和方案，並以自我評鑑結果所得相關文件與明定的機構標準進行評鑑，對機構或方案提出報告。

（6）Stake 外貌模式（countenance model）：亦稱「當事人中心評鑑」

① 不同類型的評鑑是針對不同目的而設計，評鑑人員需要探討實際的結果和發現最妥適合理的類型。

② 認為教師、父母、學生、雇主和公共領袖最能提出關鍵性的判斷。

③ 需省思評鑑的倫理和社會責任，所有的評鑑都應該是具有適應性的，反應式的評鑑顯然是最具適應性的。

606	D	艾斯納（Eisner）不滿傳統強調科學化的評鑑取向，轉而倡導質的評鑑。下列哪一項不屬於艾斯納所支持的理念：（A）教育鑑賞（B）教育批評（C）教育的想像（D）外貌模式。

（7）教育評鑑的另類觀點：「標竿學習」（benchmarking）

① 標竿學習的意義：標竿學習是一種流程，此流程不但可用來瞭解競爭對手，也可用來瞭解任何組織；主要目的在於提升組織的績效，是一個連續不斷的過程，用來衡量相對於最優秀競爭者或被認為是產業領先者的產品、服務與經營績效。（闔自安、郭昭佑）

② 標竿學習的種類：

1 績效標竿：找出提升企業或組織效率與效能的關鍵因素，並將此因素作為學習與超越的依據。
2 流程標竿：學習最佳企業或組織的實務，以改善自己本身的工作流程。
3 策略標竿：蒐集相關資訊，改善自己組織的策略規劃能力，

		提升組織的競爭優勢。
		4 成本標竿：降低組織的生產成本。
		5 顧客標竿：以縮短顧客的期望差距為主要目標。

③ 標竿學習對教育評鑑的啟示：標竿學習促發評鑑結果更適切的應用，讓評鑑結果得以在學校間彼此分享，有了觀摩學習的額外作用，標竿學習引領楷模認同與超越。

④ 國內「標竿一百」：以學校整體為對象，彰顯九年一貫課程核心價值、發揚九年一貫課程成果優良經驗、深化九年一貫課程推手工作、強化與社會的溝通與互動、活化學校機能等目標。標竿一百團隊，分為國小組及國中組，經由自薦或推薦的方式參與選拔，並透過訪問員到校訪問及長期的側面了解，評審小組審核相關資料後，再審查決定標竿學校。

607	A	先了解別人的最佳範例並吸取他人的成功經驗，進而應用在自己的組織，達到學習的目的，此係為（A）標竿學習（B）最佳實務（C）轉換學習（D）實踐社群。
608	C	教育評鑑最重要的目的在於 （A）評比不同方案間的優劣（B）使獎懲有所依據（C）改善方案的問題（D）了解行政人員是否用心
609	C	教師在課程實施後，用以判斷課程發展及教學實施績效的評鑑為（A）不受目標約束的評鑑（B）形成性評鑑（C）總結性評鑑（D）後設評鑑。
610	B	教師在教學歷程中所實施的評量，其目的在於追蹤學生學習進步的情形，為下列何種類？ （A）預備性評量（B）形成性評量（C）診斷性評量（D）總結性評量

611	④	校長觀察教室中的教師和學生教學互動情形，以評鑑教師的教學，這屬於哪種評鑑？①總結性評鑑 ②外部評鑑 ③自我評鑑 ④過程評鑑。
612	C	一位曾經參與某國小課程或教學方案設計的教授，在評鑑該校的課程或教學時，他／她是屬於何種身份？（A）中介人員 （B）外部人員 （C）內部人員 （D）以上皆非。
613	4	幼兒園所評鑑工作一般包括（1）介紹雙方人員 （2）參觀設施 （3）聽取簡報 （4）檢視資料 （5）評鑑委員會議 （6）評鑑座談會 （7）訪視晤談有關人員。正常的評鑑工作順序為：（1）3→1→2→5→7→4→6 （2）1→2→3→4→7→5→6 （3）1→3→2→5→4→7→6 （4）1→3→2→4→7→5→6 。
614	A	國民教育法中規定「國民教育以養成五育均衡發展之健全國民為主旨」，其與評鑑的哪一種特殊性有關？（A）全面性 （B）鑑鏡性 （C）發展性 （D）永續性。
615	A	依據教育部 92 年 1 月 15 日所公佈的「國民中小學九年一貫課程綱要」內容，建立並實施課程評鑑機制屬哪一層級的權責？（A）中央（B）地方政府（C）學校（D）教師。
616	1	依教育部九十二年所公佈的「國民中小學九年一貫課程綱要」內容，哪一項課程評鑑工作屬於學校的權責？（1）進行學習評鑑 （2）建立各學習領域學力指標 （3）建立並實施課程評鑑機制 （4）評鑑學校課程實施成效。
617	B	課程評鑑中學校擔負何種任務？（A）建立學力指標（B）進行課程與教學評鑑（C）辦理社區教育（D）推動藝文活動（E）推廣主題活動。
617	E	與學校課程評鑑無關的是哪一項？（A）校長是學校課程評鑑的召集人（B）學校課程評鑑是串聯於課程發展中的綜合性活動(C)學校課程評鑑是指地方層級的課程（D）學校課程評鑑應分析課程的利弊得失（E）學校課程評鑑是由家長進行的評鑑。

618	D	校務評鑑中強調學校自我檢討機制的建立是屬於：（A）外部評鑑（B）非正規評鑑（C）工具評鑑（D）內部評鑑。
619	B	下列何者是學校內部評鑑的優點？（A）評鑑的結果較為公正客觀（B）對學校脈絡較能有深入的瞭解（C）評鑑結果較能作為經費分配的依據（D）比較不易引起學校之間的競爭。
620	A	下列對於學校評鑑的敘述何者最為正確？（A）是一種價值判斷（B）全由外部人員進行（C）涉及獎懲（D）以學生成就為比較重點。
621	2	下列何項評鑑類型特別重視學生學科知識習得之評鑑？（1）真實評鑑　（2）結果本位評鑑　（3）統整評鑑　（4）歷程本位評鑑
622	D	校務評鑑中強調學校自我檢討機制的建立是屬於：（A）外部評鑑（B）非正規評鑑（C）工具評鑑（D）內部評鑑。
623	B	評鑑中的「檔案評量（portfolios assessment）用以評鑑完成的作品，其目的在於紀錄並反省作品的品質及所完成的範圍，及說明作品完成的過程。此一評鑑又可稱為：（A）統整評鑑（B）真實評鑑（C）交流評鑑（D）實作評鑑。
624	④	在九年一貫課程中負責課程與教學的評鑑，並進行學習評鑑的單位為何？①中央②地方政府　③教育部中部辦公室　④學校。
625	C	國內的教育評鑑通常分成，學校自我評鑑以及（A.教育部評鑑B.社團評鑑C.地方教育局評鑑 D.委員評鑑）
626	A	九年一貫的課程評鑑，是由誰建立各學力指標？（A）學校（B）中央政府　（C）地方政府　（D）教師。
627	1	就考量學校的評鑑而言，何者最為優先？（1）評鑑目的　（2）評鑑的實用性　（3）評鑑策略　（4）評鑑標準
628	A	評鑑依過程來分可以包括總結性和　（A）形成性評鑑　（B）等地式評鑑　（C）量表式評鑑　（D）紙筆式評鑑。
629	B	最近那個機構公佈的「大學聲望調查報告」，引起了頗多討論？

		A. 教育部 B. 遠見雜誌 C. 天下雜誌 D. 行政院教改會
630	A	最近那個機構公佈了「大學評鑑報告」？A. 教育部 B. 遠見雜誌 C. 天下雜誌 D. 行政院教改會

填充題：

631	教師法	如果要推動教師專業評鑑，應在哪一法案中中訂定，以確立其法源基礎？【　】
632	家長組織與參與	九十二學年度台北市國民小學校務評鑑的項目，包括行政管理與領導、課程教學與評量、專業知能與發展、學生事務與輔導、【　】及學校特色。
633	效用性	根據美國教育評鑑標準聯合委員會把教育方案評鑑標準分為：【　】、可行性、適切性和精確性。
634	公共安全	當前我國的幼稚園評鑑分四大項目：幼教行政、教保內涵、【　】及教學設備、社區融合度。
635	背景、輸入、過程、結果	史塔弗賓等人（Stufflebeam et al.）所提出的 CIPP 評鑑模式，包含【　】評鑑、【　】評鑑、【　】評鑑及【　】評鑑。

（三）教育指標（educational indicators）

1・教育指標的意義：教育指標係用來描述教育系統中有關特質的項目。為了能有效地描述教育特質，通常以統計量作為價值判斷的參照點　無法量化的部分就以質的描述表達其特質。

2・教育指標是衡量教育現狀之重要依據，良好的教育指標必須具備資料蒐集的「可行性、有效性、實用性等三個要件」，教育指標通常可以用地區及時間作為參照點，呈現出數量的變化情形。

3・張鈿富（1996）的看法，教育指標應具備下列四項功能：

　　①解釋當前教育現況；

　　②協助評估改革所帶來的衝擊；

　　③提供<u>有效的</u>教育訊息以做為決策與管理的<u>參考</u>；

　　④檢視<u>教育</u>發展<u>趨勢</u>及預測教育未來變遷。

4・教育指標的概念模式：以系統模式（system-oriented approach）為例

　　（1）分析架構可採取系統模式，對教育系統所投入的資源、過程及其結果作完整的探討。

　　（2）孫志麟（1998）的分析，教育指標的系統模式包括「輸入─輸出」模式、「輸入─過程─輸出」模式、「背景─輸入─輸出」模式、「背景─輸入─過程─輸出」模式、「輸入－過程─輸出─結果」模式和「背景─輸入─過程─輸出─結果」模式等六種型態。

　　（3）系統模式企圖探討各指標間的的關聯，以檢證教育生產力理論的適用性。Johnstone 提出的「輸入－過程－輸出」模式，在建構國家層級的教育指標體系中，仍是最常用的分析架構。

5・美國教育指標：1980 年代可說是美國教育指標風潮的關鍵階段，可分為「萌芽草創、應用推廣、多元整合」等三個主要之發展時期。

　　（1）1983 年所公布之「危機中的國家」報告書。

　　（2）1980 年代中葉之後，促使教育指標系統的建立與應用、資料的蒐集與分析、結果的應用與評估等方面有長足的發展。

　　（3）1990 年代以後的教育指標發展，CIPP 模式受到重新省思與檢討，教育指標與政策結合，教育指標系統成

為監控教育政策與目標達成狀況的重要工具。

6・法國教育指標系統：

(1) 法國具有一個豐富完整的資料庫提供各項的統計資料。

(2) 法國整個指標系統的建構原則有二：效率的問題和平等的問題。

(3) 法國的教育是以集權式的教育體系為主，由中央政府掌管一切，對於指標或統計資料的蒐集工作較為便利，並作為教育政策訂定的考量依據。

7・英國教育指標：英國教育指標發展的重點為教育品質的提升與掌控，有關教育品質的單位主要有「標準和效率單位」、「教育標準辦公室」和「品質保證局」等單位。

| 636 | 1 | 在衡鑑教育工作的專業程度時，下列哪一指標較為適用？ (1) 具有專業組織 (2) 保障穩定的收入 (3) 利酬重於服務 (4) 具備高度的社會聲望。 |
| 637 | D | 下列何者不是教育指標的功能之一：(A) 教育品質管制 (B) 提供教育的消費者選擇所需的資訊 (C) 瞭解教育成效 (D) 選擇學生。 |

（四）教育績效責任

1・美國總統 Bush 於 2001 年簽署「沒有落後的兒童（No Child Left Behind）」法案，該法案全面改革自 1965 年制定的初等及中等教育法案，並重新定義美國聯邦政府在幼稚園至中學（K-12）教育的角色，以及減少低下階層、少數民族的學生在學業成就上的差距，並強調成果取向的績效責任系統。

2・加拿大：安大略省推動績效責任制度，1996 年第一個以追求教育績效責任為任務的獨立性機構─教育品質和績效責

任室（EQAO）。

3．英國：教育績效責任的形式，始於 1988 年「教育法案」（Education Act，1988）為因應市場機制迫使地方教育當局下放才政權與基層學校，以利學校更能反映顧客的需求。規定「國定課程」以及實施「全國性的測驗」，教育與就業部（DfEE）1997 年公布的施政白皮書明確指出：「初等與中等學校必須提出有關提升該校通過國定標準的計畫以促進學生表現。」

4．教育績效責任系統應包括以下要素：「誰該負責、對誰負責、負責什麼」。

九、校園危機管理

1．校園危機管理（Crisis Management）的意義：危機管理便是迫使管理者在有限的時間和資訊下做重要的決策，使危機對組織的傷害降至最低，甚至使危機過後從中獲得利益。

（1）組織為避免或減輕危機情境所帶來的損害，而採取的策略性因應及管理措施；同時亦是一個不斷修正、調適的動態過程。在學校組織的危機事件方面，則多屬校園暴力及意外事件。

（2）危機管理涵蓋「危機辨識、危機管理計畫、危機處理策略及危機善後措施」等相關內涵。

（3）校園暴力：校園內「學生對學生；學生對老師；學生對學校；校外侵入者與學校師生間」，所發生之侵害生命、身體及強暴脅迫或其他手段，壓抑被害人之抵抗能力與抵抗意願，以遂特定不法意圖之犯罪行為者。校園暴力的類型包括「打架、群毆、勒索或強取財物、破

壞公物、頂撞師長、校外人士到校傷害師生」等。

（4）校園霸凌（school bully）：又稱校園欺凌，或校園欺侮。係指一個學生長期重複的被一個或多個學生欺負或騷擾，導致其身心受到痛苦的情形。（林天佑）

①校園霸凌的形式，主要包括肢體霸凌、言語霸凌、關係霸凌（如排擠弱勢同學、散佈惡意言論）、性霸凌、反擊型霸凌等。可能是言語的或是肢體行為的，常不定時出現在校園各種場所或時間。

②校園霸凌行為是一種恃強凌弱的不當表現，常導致被欺凌者心裡不悅或恐懼，進而影響到學習困難、適應不良或信心不足，嚴重時還會造成輟學或自傷行為。

（5）零容忍（zero tolerance）：係指嚴格禁止某種行為的一種規定而違反此規定的人必須接受嚴厲處罰的一種政策。專指學校對於某種校園暴力行為所採取的強制禁止與立即處罰的政策。

①在教育領域中由於學生的學習權受到憲法的保障，所以一般對於校園中的暴力行為多半採取教育的途徑，以導正學生的偏差行為與觀念。但在暴力與犯罪事件有更凶殘與頻繁的趨勢下，絕大多數的學校對刀械槍砲均採取零容忍政策。

②也就是這些校園暴力行為明定違反學校或教育規定禁止的事項，違規的學生一經發現或查獲，便會受到制裁，如禁止上學或退學，目的建立校園的自我防衛機制。

2．危機管理的階段與步驟：一九七九年，「聯邦危機管理局」（FEMA），將危機管理的發展帶入「多元目標導向」領域，將危機管理過程分為四個階段「舒緩階段；準備階段；

回應階段；復原階段」。

3 · 處理校園危機之行政管理計劃實施的內容及重點：

（1）建立組織危機處理體系

（2）可能發生之危機腳本討論

（3）學校人員之訓練

（4）學校內部溝通計劃

（5）學校對外溝通計劃

（6）校園危機處理模擬演習

（7）社區資源配合

（8）回復校園正常運作

（9）盤問及後續諮詢輔導

（10）處理過程評估及改進

638	C	以下何者不是教師處理學生違規與暴力行為較常使用的方式？（A）使用行為改變技術 （B）採用社會技巧訓練 （C）請求司法介入處理 （D）進行家長諮商輔導。
639	3	在處理學生危機（如：學生面臨嚴重的威脅）時，宜最先採取的步驟是哪一項？（1）問清楚主要問題，決定處理方向；（2）評估嚴重程度、可用資源；（3）給予當事人關懷與保護、緩和其情緒；（4）研擬計畫、和相關人員合作。
640	AC	鑑於中小學校園暴力事件頻傳，社會幫派問題逐漸侵蝕校園，教育部將斥資，以五年時間推動新的輔導體制。這項作法具有那些特色：A. 強調學生輔導工作是全體教師的共同責任 B. 將現行訓導及輔導處二者整合運作，教務處只負責師生的教學工作 C. 一般性輔導由導師及行政人員負責 D. 招募大量心理專業人員進駐校園，倚重校外專家處理特殊案例（複選題）

十、學校公共關係

1 . 學校公共關係的意義：學校公共關係擁有不同的名稱，包括「社區關係、教育公共關係、學校社區關係」等。學校公共關係是學校行政上重要的一環，透過有系統、有計劃、長期性的雙向溝通活動，結合公眾利益與意見，以獲取內外公眾對學校的支持，共同為增進學生福祉，達成教育目標而努力。

2 . 學校公共關係的目的：為學校組織爭取公眾的了解、接納與支持，減少學校教育的障礙或阻力，並由於大眾對教育的關心與參與，以及學校本身的健全，促進教育目標的達成。

3 . 學校公共關係「運作的步驟」：包括；輿論調查、計劃決策、傳播行動與估評校正。

 (1) 輿論調查：了解公眾對學校教育的滿意程度，以及對學校措施的信賴程度，確知公眾對學校教育的需求。

 (2) 計劃決策：正式研究法的民意調查，如郵寄調查、電話調查、人員訪問、團體調查。

 (3) 傳播行動：傳播的六大原則「可信賴性、關聯性、內容明確性、持續性、管道多元性、受訊者的接收能力」。

 (4) 評估校正：藉由評估活動才能了解公共關係的目標是否達成，衡量有無修正的需要。

4 . 行銷公關（Marketing Public Relation）

 (1) 行銷（marketing）是一種需求管理的過程，包括行銷、分析、規劃、執行與控制。

 (2) 行銷公關不但可以使消費者聽見企業所欲傳達的訊息，也可使消費者留下深刻印象。而企業透過行銷公關活動贊助各項藝文等活動時，亦會贏得消費者的注

　　　意與尊重。

　　（3）行銷在教育組織的主要功能：Kotler 和 Fox（1994）

　　　　① 完成教育組織的任務。

　　　　② 提升教育市場的滿意度。

　　　　③ 增進教育行銷活動的效率及吸引教育行銷資源。

　　　　④ 協助教育組織，檢視自身條件及內外環境變化趨勢。

　　　　⑤ 改善教育品質、有效提升學校形象、爭取外部資源，
　　　　　以吸引學生前往就讀。

5．教育行銷策略：將行銷策略應用至教育組織即為「教育行
　　銷」。換言之，教育行銷策略能協助教育組織，檢視自身
　　條件及內外環境變化趨勢，改善教育品質，有效提升學校
　　形象，爭取外部資源，以吸引學生前往就讀。

6．置入性行銷：

　　（1）定義：「置入性行銷」是廣告運作的常態性表現方式。
　　　　其用意在透過低調軟性，時常不經意出現的說服方
　　　　式，增加了廣告滲透人們潛意識的深度，達到影響閱
　　　　聽眾的效果。而且它的不著痕跡、話題衍生性、感染
　　　　性，在妥善的操作之下常常帶來超乎預期的結果。譬
　　　　如在電影或電視劇當中，置入性行銷的產品往往因為
　　　　劇情或劇中人物的走紅，而提高知名度或是形成熱
　　　　銷、或建立某種品牌形象。

　　（2）置入性行銷是一種進化的、隱性的廣告，通常是由廣
　　　　告或媒體公司所使用，他只要直接買通媒體或製作人
　　　　就可以行銷，連廣告都省了。隱藏了行銷者的身分，
　　　　使效果宏大。但相對也使消費者「知」的權力受損。

　　（3）「產品置入」就是以付費方式，以有計畫、不引人注
　　　　目的拍攝手法，將商品或是品牌商標，以策略性的手

法放置到電視、電影等娛樂媒體中，減低觀眾對廣告的抗拒心態，來達到廣告效果。結合「公關、廣告與商品置入」三種觀念。

（4）置入性行銷的手法：

| 1‧螢幕畫面置入：視覺上的表現 |
| 2‧腳本台詞置入：聽覺呈現 |
| 3‧戲劇情節置入：將產品設計成戲劇情節的一部份，結合視覺和聽覺置入，可能是道具或表現戲劇的一環，可以增加戲劇的真實感。 |
| 4‧應注意操作置入性行銷時，廣告時段的產品廣告不能與置入的商品情節放的太近，避免節目廣告化。 |

十一、教育經費

1‧教育經費的意義：係指學校教育所編列的經費，不擴及憲法所規定的教育、科學、文化範圍。（吳清基，民89）

（1）憲法一百六十四條之規定，「教育、科學、文化的經費，在中央不得少於其預算總額之百分之十五，在省不得少於其預算總額百分之二十五，再縣市不得少於其預算總額百分之三十五」。但在民國八十七年修憲條文第十條將上述教科文預算下限刪除。

（2）民國八十八年六月二十三日公布施行「教育基本法」，本法第五條明訂：「各級政府應寬列教育經費，並合理分配及運用教育資源。對偏遠及特殊地區之教育，應優先予以補助。教育經費之編列應予以保障；其編列與保障之方式，另以法律定之」。

（3）民國八十九年十二月十三日公布施行「教育經費編列與管理法」。本法明定政府應於國家財政能力範圍內，

　　　　充實、保障並致力推動教育經費之穩定成長。

2・教育經費的探討範圍：

　（1）教育經費的籌措：教育經費的主要來源，包括：賦稅收入、學雜費收入、營運收入、借貸收入、捐贈收入等五項。其中最為固定也佔最高比率的部分為政府的賦稅收入與學雜費收入。

　（2）教育經費的分配：

　　① 中央與地方教育經費分配：依據「教育經費編列與管理法」規定，行政院應設教育經費基準委員會，由學者、專家、直轄市政府、縣 （市） 政府及中央相關機關代表組成，其中學者及專家人數不得少於委員總數三分之一。

　　② 中央對地方特定教育補助經費分配：依據「教育經費編列與管理法」規定，教育部應設「教育經費分配審議委員會」審議對公私立教育事業的特定教育補助，補助對象包含地方政府及所屬教育機關(構)學校等。

3・教育經費的分配原則：教育經費的分配原則，包括「水平公平與垂直公平」。

　（1）零基預算（Zero-Based Budgeting）：簡稱 ZBB，即不以舊有預算為依據，一切從頭開始、以零為基礎，任一預算項目都必須重新評估其價值性及必要性。亦指企業編制新年度預算時，每一預算項目均重新加以評估，確定是否需要，而與上一年度預算中有無該項計劃預算無關，係完全重新自「零」開始，故稱為零基預算。

　（2）計畫預算（program budgeting）：係指每一個計劃都會得到定期的評估，以了解其有用性及有效性，而評

估的結果將決定此計畫是否得到支持、改進或刪除。
是否成為計劃預算的對象，常須視政府政策的重點而
定或是計劃本身獲得高度的評價。（吳清基，民89）

（3）確保教育經費合法編列，依「教育經費編列與管理法」
規定，各級政府應於國家財政能力範圍內，充實、保
障並致力推動全國教育經費之穩定成長。

4．教育經費的運用原則：

（1）效益原則：根據教育經費質與量的需求標準，確立相
關評鑑指標，透過檢核以掌握整體教育投資的效益。

（2）民主與透明化原則：盡量讓教育經費的運用情況透明
化及納入更多相關教育專業人員參與校務之決定，以
提高教育效益。

（3）精緻原則：除了注重績效原則外，應重視教育投資的
產出品質是否足夠精緻。

（4）福利原則：以受教育主體「學生」之福利與感受，作
為教育績效考核的指標之一。

5．檢視我國教育經費之運用現況與改善途徑：

（1）運用現況：教育支出是台閩地區23縣市政府最大的負
擔，2000年12月13日公布教育經費編列與管理法，
該法雖也明定「各級政府教育經費預算合計應不低於
該年度預算籌編時之前三年度決算歲入淨額平均值之
21.5%」但實際上對教育經費的充實幫助不大。

（2）改善途徑與因應之道：調整中央與地方在各類各級教
育經費的分擔比率，以減輕地方政府教育經費負擔。

（3）教育經費與教育優先區設置：

① 教育資源分配不均，產生城鄉教育失衡及少數弱勢族
群未受到積極照顧的現象。尤其一些位處偏遠、地理

環境特殊、交通不便、人口逐漸流失、班級數較少、教師流動率過高...等等文化不利地區的學校，無法獲得解決特殊問題所需的資源，致使他們的教育水準難以迎頭趕上。

② 教育部曾於八十四年度補助臺灣省教育廳試辦教育優先區計畫，自八十五年度起開始審慎規劃，擴大辦理「教育優先區計畫」，九十三年度將「照顧學習弱勢族群學生」之議題，納入教育優先區計畫考量，期能平衡城鄉教育差距，實現「教育機會均等」與「社會正義原則」的精神。

③ 計畫目標：

規劃教育資源分配之優先策略，有效發揮各項資源之實質效益。
改善文化不利地區之教育條件，解決城鄉失衡之國教特殊問題。
提升處境不利學生之教育成就，確保弱勢族群學生之受教權益。
提供相對弱勢地區多元化資源，實現社會正義與教育機會均等。
促進不同地區之國教均衡發展，提升人力素質與教育文化水準。

641	A	國民教育的基本精神為何？（A）均等（B）效率（C）卓越（D）精緻
642	C	哪一項政策與促進教育機會均等的訴求無關？ （A）多元入學（B）常態編班（C）小班小校（D）教育優先區
643	1	下列何者不是教育部「教育優先區」計畫的補助項目？（1）新建師生宿舍與危險教室 （2）親職教育活動（3）弱勢學生學

		習輔導　（4）學校發展教育特色
644	D	下列哪一項教育政策為減少地區背景不利對教育的影響，採取「積極性的差別待遇」，以實踐教育機會均等的理想？（A）小班教學計畫（B）九年一貫課程（C）廣設高中大學（D）教育優先區。
645	A	下列最能表達教育機會均等的意義？A.教育輸出品質的平等 B.教育資源輸入的平等 C.公平競爭 D.以上皆非
646	B	以哪一項教育政策係採「積極性的差別待遇」減少地區背景不利對教育的影響，以實踐教育機會均等的理想？（A）九年一貫課程（B）教育優先區（C）小班教學精神（D）高中職社區化。
647	④	為促進教育機會均等，近年來教育部積極推動的政策是：①自動就學方案 ②十年國教計畫 ③綜合高中計畫 ④教育優先區計畫。
648	C	教育優先區計畫的主要目的為何？A.補救教學 B.菁英教育 C.機會均等 D.適性教育
649	B	教育優先區計畫的主要目的為何？（A）補救教學 （B）機會均等 （C）因材施教　（D）有教無類。
650	C	下列何者不是教育部推動 94 年度教育優先區計畫指標？（A）原住民比例偏高之學校（B）離島或偏遠交通不便之學校（C）青少年行為適應積極輔導之學校　　（D）中途輟學率偏高之學校
651	4	下列何者為促進教育機會的途徑？①縮短義務教育年限②實施雙軌學制③提早課程分化④實施補償教育。
652	B	教育優先區計畫的主要目的為何？（A）補救教學 （B）機會均等 （C）因材施教　（D）有教無類。
653	A	政府透過政策性地重新分配教育資源的運用，使教育水準較落後的地區，獲得充分支援，提昇學校教育的品質，並引領社區的發展。這是指哪一項教育政策？（A）教育優先區 （B）九年一貫課程 （C）終生學習 （D）體制多元化。
654	4	下列何者非台灣國民中小學學校的經費主要來源？（1）公務預

		算 （2）家長會捐助 （3）社會資源 （4）國外股匯市資金投資。
655	C	以下何者非進行特殊學生課程規劃時應注意的原則？（A）個別化原則 （B）社區化原則 （C）公平原則 （D）團隊合作原則。
656	2	下列何者不是「離島建設條例」中補助國中小學生的項目？（1）書籍費（2）設備費（3）交通費（4）國小學生活動費。
657	2	計劃預算的編制可分為哪三個過程？ （1）計劃設計、費用估算、經費分配 （2）目標設計、計劃擬定、預算籌編 （3）工作設計、費用估算、經費分配 （4）成本核算、計劃設計、預算籌編
658	B	為解決特殊地區的教育問題，平衡城、鄉差距，教育部推行實施下列哪項政策（A）小班小校（B）教育優先區（C）免試入學（D）公費生保送甄試（E）九年一貫課程深耕計畫。

填充題：

659	教育優先區	為解決特殊地區的教育問題，平衡城、鄉差距，教育部推行_____政策。	94 苗縣中

十二、教育法令

1 ‧教育法令的意義：教育法令係指政府為規範教育事務的有效運作，促進教育事業的健全發展，所頒佈的教育法律和命令。教育法令的重要性在於，做為推動教育政策的依據、保障教育實施的品質和增加教育改革的成效。（吳清基，民 89）

2 ‧教育法令的重要性：鄧運林（民 85）認為教育法令的重要性有：（1）實踐教育理想。（2）引導學術研究。（3）落實行政運作。吾人亦可將教育法令的重要性可歸納為：（1）實踐教育理想的藍圖。（2）推動教育政策的依據。（3）

促進教育改革的成功。（4）保障教育實施的品質。（5）落實行政運作的根據。」

3・教育法令的性質：

(1) 公法：凡規定權力關係、國家關係及統治關係者。

(2) 行政法：凡規定行政權的組織與作用者。

(3) 規範性的法規：係以保障國家權力，規範國家教育事務的法規，少有強制性的規定。

4・教育法令的種類：

(1) 法律：專指由立法機關經過立法程序所制定的法律，其名稱包括法、律、條例、通則。

(2) 命令：專指各機關依其法令職權或基於法律授權訂定之命令，可分為規程、規則、細則、辦法、綱要、標準或準則。

規程：凡規定機關組織、處務準則者稱之。
規則：凡應行遵守或應行照辦的事項稱之。
細則：凡規定法規之施行事項或就法規另作補充解釋之。
辦法：凡規定辦理事物的方法、時限或權責稱之。
綱要：凡規定一定原則或要項者稱之。如，國民中小學九年一貫課程綱要。
標準：凡規定一定程度、規格或條件者稱之。如，國民小學課程標準。
準則：凡規定作為之準據、範式或程序者稱之。如，教師申訴評議委員會組織及評議準則。

5・教育法令制定的過程：

(1) 提案：由行政院向立法院提出法律案。因此多半由教育部依其權責，經教育法案的提出、組成專案小組研擬草案、進行意見徵詢、教育法案的審議、行政院法案審查，再經由行政院向立法院提出法律案。

（2）一讀會：當立法院收到行政院送來的教育法案時，立法院院會會議決定不予審議、交付審查或直接二讀。

（3）審查：主要針對法案之必要性、適切性、功能性或其他法律的關聯性進行審查並可主張刪除、修正或增補。

（4）二讀會：依程序將一讀會的審查結果送院會決定，由主席宣讀審查報告，再由該法案審查會的召集委員給予口頭補充說明，進行廣泛討論後可「逐條討論」。

（5）三讀會：經二讀程序逐條討論、逐條表決通過後，進行三讀會的程序。

（6）公佈施行：立法院三讀通過後，送總統公佈由十日內公佈。

6．我國教育行政制度之法源依據：

（1）我國教育法規體系可分為「中央教育法規」及「地方教育法規」兩個部分。中央教育法規系統包括憲法有關教育條文、教育法律、行政命令（包括授權命令與職權命令）三個層級。

（2）中華民國憲法相關條文：第 158-165 條

（3）教育基本法：似教育領域之憲法，1999 年 6 月 23 日公佈教育基本法，全文共有十七條，該法旨在保障人民學習及受教育之權利，確立教育基本方針，健全教育體制。

7．對學校行政運作較具影響的相關條文：教師法、教育基本法、師資培育法等。

| 660 | C | 明確規範教育中立，保障教師專業自主，同時確立國民教育階段小班小校之原則，上述精神主要見之於何項教育法規？（A）國民教育法（B）師資培育法（C）教育基本法（D）教師法。 |
| 661 | B | 目前中小學學生不能行使的教育權(A)發表權（B)罷課權（C) |

		隱私權　（D）訴訟權。
662	AB D	下列何者是「教師法」中對教師義務的規定？（A）擔任導師（B）從事與教學有關之研究、進修（C）參加教師組織，並參與其他依法令所舉辦之活動(D)積極維護學校受教之權益。(複選題)
663	C	下列何者不屬於「教師法」所列之教師權？（A）教學自主權（B）進修權（C）罷教權（D）申訴權。
664	2	根據國民教育法，教科圖書審定委員會由學科及課程專家、教師及教育行政機關代表等組成。教師代表不得少於多少？（1）六分之一　（2）三分之一　（3）四分之一　（4）五分之一。
665	1	學校教師評審委員會在審議教師教學不力，不能勝任工作，有具體事實或違反聘約情節重大者，應有全體委員多少人以上出席、多少人以上通過，始得決議？（1）2/3 出席、1/2 通過；（2）1/2 出席、1/2 通過；（3）1/2 出席、2/3 通過；（4）2/3 出席、3/4 通過。
666	C	下列哪一項法律號稱為「教育的憲法」（A）師資培育法　（B）教師法　（C）教育基本（D）國民教育法。
667	1	明定「在國民教育階段內，家長得為其子女之最佳福祉，依法律選擇受教育之方式」者，是規定在那一個法規？（1）教育基本法　（2）國民教育法　（3）教師輔導及管教學生辦法　（4）國民中學學生編班實施要點。
668	③	教育基本法的核心理念為何？①民主化　②多元化　③學習權　④中立化。
669	A	號稱「準教育憲法」者為下列何種法規？（A）教育基本法　（B）教師法　（C）國民教育法　（D）師資培育法。
670	B	依據立法院一讀通過的「社區學院設置條例」，承認社區學院為正式學制，未來修畢社區學院課程者，可以取得什麼學位？（A）學士　（B）副學士　（C）專士　（D）副專士
671	④	根據「國民教育法」第七條之規定，我國國民教育之本質為：①道德教育與生活教育　②基本教育與生活教育　③基礎教育與

		終身學習 ④生活教育與民族精神。
672	C	根據教育基本法,在那個教育階段內,家長負有輔導子女之責任;並得為其子女之最佳福祉,依法律選擇受教育之方式、內容及參與學校教育事務之權利? A.學前教育 B.小學教育 C.國民教育 D.全民教育
673	AB C	中小學校可依法成立之組織包括那幾項?A. 教師評審委員會 B. 教師會 C. 家長會 D. 職工會 (複選題)
674	3	下列那一個委員會的成員中沒有家長代表?(1)各國中的教師評審委員會 (2)各國中的課程發展委員會 (3)各國中的教師成績考核委員會 (4)各縣市的教育審議委員會。
675	1	學校教師評審委員會在審議教師教學不力,不能勝任工作,有具體事實或違反聘約情節重大者,應有全體委員多少人以上出席,多少人以上通過,始得決議??(1)2/3 出席、1/2 通過; (2)1/2 出席、1/2 通過;(3)1/2 出席、2/3 通過;(4)2/3 出席、3/4 通過。
676	C	下列人員何者不是學校中「教師成績考核委員會」之當然委員? (A)教育主任(B)人事主任 (C)教師會長 (D)訓導主任。

8‧教師勞動三權:

(1) 定義:係指教師享有之基本權利:團結權、集體協商權(團體交涉權)和爭議權(團體行動權)。

① 團結權:勞工享有組織或加入工會的權利。

② 集體協商權:勞工運用集體力量和雇主交涉有關勞動工作條件和其他勞工權益所訂定的勞動協約。

③ 爭議權:當勞工與雇主間無法達成協議時,運用一些爭議行為,如罷工、怠工或圍堵等,向雇主施壓的權利,教育中指的是教師「罷教權」。

（2）教師工會：教師為方便與雇主（政府）進行對話與協
　　商，以維護教師的工作權利與尊嚴，而依法組成的民
　　間團體。

①我國工會法規定，勞工參加工會是一種權利也是義
　務，其中規定「每位勞工都必須加入工會；經過一定
　程序後，工會才得宣佈罷工。工會得與雇主或資方，
　協商工資、工時等勞工權益事宜」。目前，我國教師
　會定位為專業性的民間組織，不適用工會法，但也不
　能享有完全的勞動三權。（受人民團體法規範）

②美國：美國與加拿大教師享有勞動三權，但爭議權涉
　及罷教權（學生學習權及受教權），各州規定不一。

③日本：公立學校教師屬於公務員，受「地方公務員」
　之限制，不得罷教。

④法國：教師依憲法規定罷工權為憲法權之一種，故教
　師罷教權是允許的。

677	D	下列何者非教師法規定教師之權利？（A）參加在職進修（B）申訴權（C）參加教師組織（D）罷課罷教
678	4	我國現行的法制中，國民小學教師未享有下列何種權利？（1）結社權（2）受益權（3）參政權（4）罷教權。
679	D	依「教師法」之規定，教師沒有下列那一種權？（A）管教權（B）進修權（C）教學自主權（D）罷教權。
680	C	下列何者不屬於「教師法」所列之教師權？（A）教學自主權（B）進修權（C）罷教權（D）申訴權。
681	D	下列有關各級教師會組織的說明何者正確？（A）依據教育人員任用條例而設立的（B）所有教師均須入會（C）主要用以規範公立學校教師（D）根據人民團體法向主管機關報備立案。
682	B	我國國民中學教師涉及其權益，而提出的申訴制度分成幾級？（A）一級（B）二級（C）三級（D）四級。

683	B	目前教師參加學校教師會是採 （A）義務制 （B）自願制 （C）代表制 （D）推薦制。
684	3	根據現行教師法，教師享有下列那一項權利？(1)罷教權利 (2)工會組織權利 （3）拒絕參與教育行政機關或學校所指派與教學無關之工作或活動權利 （4）校外兼職自主權利。
685	C	目前中小學教師教學時未行使的教育權是（A. 學生懲戒權 B. 講授自由權 C. 組織工會權 D. 教科書裁量權）
686	CD	依據現行法令規定，教師可以 （A）組織工會 （B）罷教 （C）參加校務會議 （D）參加教師評審委員會（複選題）
687	4	下列何者不是勞動三權？ （1）團結權 （2）協商權 （3）爭議權 （4）反失業權
688	AB D	近來立法院修改勞動三法，對於教師是否應有「勞動三權」爭議頗大，請問勞動三權係指 （A）團結權 （B）協商權 （C）自主權 （D）爭議權。（複選題）

十三、教育行政管理

1・知識經濟（knowledge economy），KE

(1) 意義：一切藉由知識所創造或進行的經濟活動。一九九九年，世界銀行報告指出，知識經濟應有三種層面的區分，「一是獲得知識，即如何從生活中及學校教育中取得知識；二是吸收知識，吸收知識的方式可由正規教育及非正規教育；三是知識的溝通及傳達，將知識傳達給需要該份知識的社會大眾」。

① 直接建立在知識與資訊的激發、擴散和應用之經濟。創造知識和應用知識能力與效率，凌駕於土地、資金等傳統生產要素之上，成為支持經濟不斷發展的動力（行政院經建會，2000）。

② 所謂知識工作者，就是懂得如何運用知識從事生產的人。資本不再是主導經濟發展的力量，知識的運用與製造才是經濟成長的動力。

（2）新的知識經濟體系具備四項特徵。

① 新的觀念極新的科技相當普遍；

② 人力資源發展系統相當普及；

③ 具有健全的的資訊基礎建設；

④ 政府以及經濟環境支持企業發展與革新。

（3）主要的特徵：（林海清，2001）	（4）核心理念：
①網路化與全球化；	①知識獨領風騷；
②傳遞快速化與訊息多樣化；	②變革引發開放；
③組織分散化與生產專門化；	③科技主導創新；
④持續發展性與創新動力性；	④創新推向無限的可能；
⑤人力資本化與潛能極限化；	⑤全球化共創商機與風險；
⑥知識分享化與人際虛擬化	

（3）知識經濟的管理核心：KPIS 公式

① 「K」是指「知識」（Knowledge）：知識是一種藉由分析資訊來掌握先機的能力，也是學習是建構知識的驅動力。

② 「P」是指「人力資源價值」（People）：隨著知識經濟時代的來臨，人的工作態度和價值觀已取代了能力和意願成為最主要的人力資源價值衡量標準。

③ 「I」是指「資訊價值」（Information）：資訊是組織形成決策的主要依據，領導者在進行決策時要能夠有充分的資訊進行決策，避免決策盲思，乃在於資訊掌握能力，。

④ 「S」是指「分享擴散」（Sharing）：由 KPIS 公式綜觀之，分享擴散實為最重要之關鍵因素，因為由數學公式得知，若 S=0 則 K=1；若 S=∞ 則 K=∞，所以一個組織知識累積之速度，端視組織內部知識分享的程度，而分享的投入要素應為組織成員所共同認同的「主流價值觀」。

（4）知識經濟時代的學校行政領導：如何讓知識產業化，即研發知識、創造更具高附加價值的及創意的知識，學校教育具有重要角色。

① 建立一個網路學習的教育體系。教育部規劃的「網路學習發展計畫」與「創新能力培養發展計畫」、「促進教育自由化、國際化暨加強產學合作推動計畫」、「加強資訊教育實施計畫」，及「加強偏遠地區中小學資訊教育計畫」。

② 建立學校的發展願景，培養學生主動學習的方法與態度，從而養成終身學習的能力與習慣。

③ 採用轉型領導。

④ 採用知識管理。

⑤ 加強資訊科技的教育應用、國際化的網路學習及交流應建立。

⑥ 對成人教育應強化成人或文盲的學習電腦機會。

| 689 | D | 哈佛大學教授波特（M.Porter）在國家競爭優勢書中指出：在全球競爭激烈的世界，經濟優勢的主要因素為 （A）天然資源與資本雄厚 （B）龐大的企業體 （C）資訊科技的發達 （D）新知識的創造與應用。 |
| 690 | 4 | 下列有關知識經濟之描述，何者正確？（1）知識經濟一詞由教育合作與開發組織（OECD）所提出；（2）知識經濟係指以 |

		經濟為基礎的知識；（3）知識經濟與網路科技之關係密不可分，因此資訊（information）就等於知識；（4）數位差距（digital divide）的來臨，帶來社會不平等日益嚴重，將是知識經濟一大隱憂。
691	A	梭羅（Thurow）宣稱在第三次工業革命中，知識已經取代了先前經濟體系中土地與能源的地位。（A）是　（B）否
692	A	Martin Trow 認為：超過（A）15％（B）25％（C）35％（D）45％ 年齡組合人口接受高等教育時，稱之為大眾化高等教育體制（Mass Higher Education）。
693	A	（A）知識經濟　（B）工業經濟　（C）農業經濟　（D）游牧經濟的一項明確特徵是真正的全球化。
694	A	面對「知識經濟」時代的來臨，未來職場需要的人力該具備什麼樣的能力？（A）因應社會變遷，繼續學習的能力　（B）與人合作，克服困難的團隊工作能力　（C）利用各種知識，研發創新的能力（D）運用電腦取得資訊的能力（複選題）
695	ABD	知識經濟時代的來臨，有哪些特點？A.農、工產業減少，以知識與智慧為主的產業增加　B.資訊爆炸，學校教育應著重培養學生分析、判斷、思考等能力 C.知識經濟時代知識的半衰期愈來愈長，大學的學習至為重要　D.知識經濟社會強調網際網路的教學（複選題）
696	AB	我國自從國家資訊基礎建設（National Information Infrastructure，NII）開展以來，高速網路的建置工作已蓬勃發展中。以下何者為近來的教育政策？A.班班有電腦　B.校校有網路　C.補助每位學生購置電腦設備　D.提供教師免費電子郵件信箱（複選題）

是非題：

697	○	知識經濟帶來的一項教育挑戰是：使我們開始反思順應工作世界、社會生活和終身學習需求所需要的學校教育目標。

| 698 | × | 在這個知識經濟的時代，教育是知識經濟的核心，而以知識為中心的學習則是促成個人與組織進步的工具。 |

2・學校本位管理（School-based Management），　SBM

（1）意義：學校本位管理（SBM）是將作決定的權力，由行政機關轉移到學校，藉以改進教育的一種策略，它經由校長、教師、學生、家長及社區人士在預算、人事及課程等方面作決定，為學生創造更佳的學習環境。

（2）SBM 的意義可以從「管理」的不同層面加以解析：

① 管理什麼？包括課程、學校人事及學校預算等方面。

② 誰來管理？由校長、教師、學生、家長、社區等人員，共同決定上述相關事務。

③ 怎麼管理？SBM 乃是將原屬於教育當局之決策權下放到學校，由學校自主決定，並承擔決定的後果。

④ 為何這樣管理？學校有較多的機會去瞭解學生，能將資源有效直接地與學生的需求配合。

（3）SBM 之模式：若從「決定人員」及「權力分配」的觀點，可區分為：

① 校長行政控制模式：最主要的決定權力則在校長，當然校長也須為學校運作負絕大多數的績效責任。

② 教師專業控制模式：對於教師持最為積極的角色作用，因為教師與學生直接發生效用，此種 SBM 模式最有助於改進教與學。

③ 家長社區控制模式：此種模式中主要是將作決定的權力轉移給家長及社區，將學校的經營與主導，由教育專業人員的手中，轉移到消費者身上。

④ 平衡控制模式：此種 SBM 模式在調和家長社區控制模

式與教師專業控制模式。使教師的知識在學校主要的決定上能發揮更大的效用，同時亦讓家長與社區對學校更具有績效責任。

（4）SBM 的範圍：內容包括「預算、人事、課程與教學」。而 SBM 的角色，包括「校長、教育行政人員、教師、家長與社區」。

① 學校本位預算：由主管教育行政機關依經費分配比率，以學校性質及學生數決定予各校一筆年度預算總額。學區教育局按照一定的比例公平分配經費之後，使學校能依照自己本身的需求決定經費運用之優先順序，並讓學校成員、家長和社區人士一起參與預算編列之計畫，規劃使用詳目及優先順序，若有剩餘之預算，亦可留做下一年度使用，不必繳回；同時，為擴展學校資源，學校本位預算亦准許學校在一定的範圍內自籌校務基金以促進校務發展。

② 學校本位課程與教學：學校在根據學校本位管理委員會與學區教育局建立了教育目標大綱後，能自行規劃各校實施課程的內容和教學方法，以達成學區教育的目標。學校依據上述教育目標和基本標準自行設計課程與教學計畫，亦可自行決定課程內容、教材、教法和選用教科書。

③ 學校本位人事：學校擁有彈性使用人事經費的權力，由學校負責人事聘用和解聘。由主管教育機關負責教育人員的招考，以建立合格教師的名冊，學校再從名冊中聘任適當人選加入教育行列，以促進學校達成教育目標。學校能彈性使用人事經費的權力，如將預算用來聘任教師、購買書籍與教材或聘任二至三位輔助教師的助理；在教師評鑑方面，學校則擁有考核的權力。

699	B	現今歐美國家所推行的學校本位的管理,隱含著何種教育行政運作的想法?(A)中央集權化(B)分權化(C)均權化(D)平權化。
700	E	下列哪一向敘述不符合學校本位課程的性質?(A)依據學校願景而規劃(B)考量地方特色(C)可以邀請課程專家參與(D)家長或社區人士擁有建議權(E)屬於由上而下的課程發展模式。
701	C	學校本位課程發展所依據的課程模式主要為(A)目標模式(B)歷程模式(C)情境模式(D)統整模式(E)理想模式。
702	④	教師自編教材,共同決定課程授課內容,是屬於哪種管理理念的實踐?①品質管理②知識管理③參與管理④學校本位管理。
703	1	此波以「鬆綁」為主軸的教育改革,其主要是符應下列何種策略來進行改進?(1)學校本位管理(2)全面品質管理(3)目標管理(4)民營管理。
704	①	成立學校自治會是屬於應用哪種管理精神?①學校本位管理②危機管理③全面品質管理④知識管理。
705	B	下列哪一項敘述「是」歐洲經濟合作及發展組織(OECD)的學校本位課程發展模式中的特色?(A)重視情境功能的重要性(B)重視學生分析的重要性 (C)重視學校層級領導任務的重要性 (D)重視目標訂定的重要性。
706	AB D	近些年來政府「權力下放」給中小學校的措施有哪些? (A)學校自行聘任教師 (B)學校自行選擇教科書 (C)學校自行遴選校長 (D)學校自行決定學校本位課程(複選題)
707	C	下列何者不是學校本位課程發展的特質?(A)包含選擇、改編與創發(B)需要社區人士參與(C)需要專家學者指導(D)包含發展歷程與結果。

申論題：

> 何謂自主管理學校（self-managing schools）？
>
> 答：【澳洲維多利亞省「未來學校」教改計劃的核心人物，墨爾本大學教育學院院長 Caldwell 博士。他在研究各國實施學校本位經營的經驗後，認為一所自主管理的學校應該是整個教育系統的一部分。他使用（「學校自主管理」，而不使用「學校本位經營」）在這個系統，上級政府制定教育目標、政策、評量標準、績效考核等，學校則在這個架構下充分獲得授權，負責各項資源的分配，包括：知能、科技、權力、教材、人事、時間、考核、資訊、財政等。】
>
> 請說明學校願景（或課程願景或學生圖像）如何轉化成為學校的課程，並落實在學生的學習上。
>
> 學校本位課程的意涵為何？教師如何參與學校本位課程的發展？

3 ・策略管理（strategic management）：

（1）策略管理的意義：組織運用適當的分析方法，確定組織目標和任務，形成發展策略，並執行其策略和進行結果評估，以達成組織目標的過程。

（2）策略管理要素：包含「目標、計畫、行動」等要素。

（3）目的：在於解決組織的問題。指策略的運用績效，營造良好的經營環境和營運系統、善用組織各項資源、創造優勢競爭和實現策略目標。策略管理的主要課題係以更敏銳的環境偵測，來發掘織織成敗的原因，及更具彈性的策略，來因應多變的企環境。

（4）SWOT 分析：

① SWOT 是擬定企業組織策略時必須用到的工具。「S 為優勢（strengths），W 為弱勢（weaknesses），O 為機會點（opportunities），T 為威脅點（threats）」。

② 「強弱優劣分析」，強弱優劣分析是一種特殊的分析

方式。在這樣的分析中，內在的優缺點，與環境中的機會與威脅一併呈現，可以清楚看出被分析單位的整體優劣勢。

③ 分析組織「外在環境」的機會和威脅；組織「內在」的優勢和劣勢，作為擬訂計畫和執行策的依據。

（5）策略管理程序：

① 界定組織目標。

② 進行 SWOT 分析。

③ 形成策略，建構各種執行策略。

④ 執行策略，策略管理的實際運作。

⑤ 成效評估，作為未來修正目標或改進計畫的參考。

（6）重視「教育執行力」：領導人應將執行力視為一種紀律，從組織的三大流程「人員流程、策略流程、營運流程」來貫徹執行力，群策群力，萬眾一心，讓任務準時完成，讓管理工作獲得成效。策略固然重要，但優異的執行更重要。　（EMBA 雜誌 2003.2）

708	1	學校在研擬校務發展計畫時，常會使用 SWOT 方法來分析學校內外部環境條件，下列哪一選項屬於內部環境條件的分析？①SW②WO③OT④TS。
709	①	近年來許多學校針對學校的情境條件因素進行 SWOT 分析，其中的 S 是指 ①優勢②劣勢③機會④威脅。
710	1	學校本位課程情境分析（SWOT）中的 S 是指：①優勢②弱勢③機會④威脅。
711	E	某都市中心明星學校，平均每班學生人數 37 人，教師平均年資在 10 年以上，親師關係密切，行政系統鼓勵教師嘗試行動研究，其發展學校本位課程，以 SWOT 進行分析，其 W 可能包含的項目為何？（A）辦學綱要（B）教學綱要（C）課程標準（D）設備標準（E）課程綱要。

填充題：

712	機會	在發展校務計畫中，作為分析內外在環境背景的 SWOT 分析，O 是指【　　】。

簡答題：

在描繪學校願景之前，我們常利用 SWOT 分析法來分析學校的各項條件，何謂 SWOT 分析？
近年來許多學校實施 SWOT 分析，此種分析模式的四個英文字母分別代表何義？
名詞解釋：學校本位管理（SBM，School-Based Management）

4・<u>知識管理</u>（knowledge management），　KM

(1) 意義：知識管理係指組織運用資訊科技等方法，並配合組織文化、組織結構等特性，將組織內的資訊和人員作有效的管理和整合，透過組織成員知識的蒐集、組織、儲存、轉換、分享及運用的方式，成為團體制度化的知識，促進知識的不斷創新，以增加組織的資產，擴增組織的財富和藉此提高組織因應外部環境變化的能力，及不斷自我改造的動力。（吳毓琳，2001）

(2) 各國政策：

① 美國提出的「二十一世紀美國教育行動」；

② 新加坡所建立的「思考型學校、學習型國家」；

③ 日本所宣示「培養具有生存實力的下一代」等。

(3) 組織中，同時存在「個人知識與組織知識」。透過「個人知識＋組織知識」，可以有效整合以提升解決問題的實踐能力。

知識的種類	定　　義	實　　例
個人知識	1.歸屬個人的知識與智慧	人脈、經驗

	2.個人可在利用、活用 3.很難共享	靈感、創意
組織知識	1.有助創造組織價值 2.易於與他人共享	智慧財產權 方法論與工具

（4）組織中知識，亦可分為「內隱知識與外顯知識」。強調組織內部創造知識的過程，即是這兩種知識交互作用的結果。

知識的種類	定　義	實　例
內隱知識	1.主觀的，不易口語化與形式化 2.在個人、組織等各個層級中，透過個人的經驗、印象、熟練的技術、文化、習慣等方式。	觀點、個人的經驗、組織文化
外顯知識	客觀的，具有語言性與結構性	方法論、報告書、手冊

（5）知識轉換的四種模式：（劉京偉，2000 譯）

① 「共同化」：從內隱知識到內隱知識→強調「身體力行以致知」。藉由分享經驗從而達到創造內隱知識的過程，所產生的知識，稱為共鳴的知識。

② 「外部化」：從內隱知識到外隱知識→利用語言、形式將想法與訣竅表現出來。其過程是將內隱知識透過隱喻、類比、觀念、假設或模式表達出來，所產生的知識，成為觀念性知識。

③ 「結合化」：從外隱知識到外隱知識→組合語言與形式。係將觀念加以系統化而形成知識體系的過程，所產生的知識稱之為系統化知識。

④ 「內部化」：從外隱知識到內隱知識→掌握語言與形式。係以語言或故事傳達知識，或將其製作成文件手冊，促使外顯知識轉化為內隱知識的過程，其所產生

的知識，稱為操作性知識。

知識的轉換	
內隱知識	外顯知識
共同化	外部化
內部化	結合化

（6）組織的知識常由以下三種資本所組成：

① 人力資本：即組織成員綜合展現之知識、能力、經驗技術學習與創新能力。

② 結構資本：去除人力資本後所留下來之資產，可以複製，也可以分享。包括硬體、軟體、資料庫、組織結構、專利、商標等屬於組織結構部分之資本。

③ 顧客資本：組織對外在顧客行為之瞭解、顧客對組織之支持度及兩者間關係之良好程度。

（7）知識管理態度：包括，知識移轉、知識儲存、知識分享、知識創新等。

（8）在教育行政的應用：知識管理特別重視組織的人力資本：

① 培養組織成員的專業能力，以及提升組織的生產能力及創新能力。

② 面對全球化及滿足顧客需求的競爭趨勢，企業重視員工其專業發展的生涯規劃並將組織中不同成員所擁有的知識，加以整理、轉移及整合，才能成為組織的「智慧資本」。

③ 學校推動知識管理必須以「人」為主體，並善用資訊科技產物，使組織成員的系統與資訊系統進行有效的

結合，並塑造一種知識共享的文化，才能讓學校成員
成為知識工作者並具有知識生產力。

713	4	知識管理的知識轉化，有四種模式，以下何者為非？①共同化②外部化③內化④中性化。
714	①	教師將自網路合法取得的知識，加以有系統整理後，在傳送給其他教師參考，這個傳送的動作，是屬於知識管理的什麼流程？①擴散②創新③整理儲存④轉換。
715	2	學生因就學所遭受的損失我們稱之為（1）社會成本 （2）機會成本 （3）經濟成本 （4）人力成本。
716	D	下列何者不是戴文坡（T. H. Davenport）所提出的知識管理原則：（A.有效的知識管理需要人員和科技之混和對策 B.分享並使用知識通常是不自然之行動 C.知識管理永無止境 D.知識管理等同於資訊管理）
717	A	透過資訊科技所傳遞的知識通常是：（A. 顯性知識 B. 隱性知識 C. 深藏的知識 D. 未察覺的知識）
718	4	下列何者非屬知識管理的範疇？（1）知識的分類（2）知識的分享（3）知識的創造（4）知識的教學。
719	3	父母雖然教育程度與經濟能力都很高，卻因為工作忙碌無法監督與協助子弟學習，導至學生學業成就表現低落，這點說明了家庭中那一種資本的缺乏？（1）人力資本（2）經濟資本（3）文化資本（4）社會資本
720	C	某國中鼓勵兒童學習電腦卻造成多數學生近視，此即未考慮到教育的 （A）成本效益 （B）機會成本 （C）外部性社會成本 （D）淨效益價值。

是非題：

| 721 | ○ | 在學校中進行知識管理，必須鼓勵教師藉由公開發表、討論與溝通等方式，致力於將隱性教學知識外顯成為顯性知識，才有利於教育專業知識的創新和發展。 |
| 722 | ○ | 一個組織機構的知識管理有兩種不同主張，一是由資訊科技所主 |

| | | 導，一是由人所主導。後者即 Senge（1994）所稱的「學習型組織」。 |

填充題：

| 723 | 知識、人員、分享 | 知識管理有三要素：一是【　　】、二是【　　】、三是【　　】。 |

5．教育選擇權（school choice）：

(1) 意義：

　① 教育選擇權，又可譯為「學校選擇」，或稱為家長學校選擇權、家長選擇受教權，簡稱家長擇校權。

　② 在國內所指為家長教育選擇權。是指家長或學生在義務教育階段內，有選擇學校的自由與權利。是一個複雜的權力分配的問題，它涉及層面包括政府、學校教師、家長和學生的權力運作，其目的在使每一個家長和學生都有選擇學校的自由與權利。「當學生與家長有了擇校權，學生就會受益。」

(2) 內涵：

　① 我國教育現況：國民中小學採學區制，限制了家長為其子女選擇教育的機會。目前落實家長教育選擇權的方式：

　② 在行政院教育改革審議委員會所出版的「教育改革總諮議報告書」（民 85）中特別提到「父母的教育權」，而且建議父母在考慮兒童最佳利益的情形下，選擇適合其子女的教育型態的權利應予保障。

　③ 教育部在其《中華民國教育報告書》中（民 84），也指出「教育券」的構想，擬透過教育券的實施，可以使有特殊需要的學生，如山地、偏遠、身心障礙、家

境清寒者，持券進入適合他自己就讀的學校或機構就讀就養，該學校或機構就可持教育券向政府兌換經費，以充實設備，大量實施後，會帶動機關或學校間的競爭。

（3）教育券：「教育券係由政府編列預算，對符合特定資格學生所做之直接補助。」其方式與以往政府教育經費先補助學校，再由學校機構勻支於受教者身上不同，教育券政策則是反向考量補助方式，先以教育券補助學生，再由其憑券入校就讀。（教育部，1995）

① 教育券的面額等值，每位學生享有相同的教育經費，並可酌情對弱勢與特殊學生給予特別優惠，因此教育券可說是較公平的制度。

② 教育券打破學區制，並將私校納入，使得高品質教育不再是有錢的專利。每位學生都可以選擇適合自己的學校就學，不受住居地區的限制，使學生的受教育機會更趨公平。

③ 幼兒教育券：從 2000 年 9 月份起，開始全面發放幼兒教育券。

方式	內　涵
發放金額	每張面額五千元，一學期發放一張，不得兌換現金。
發放對象	五至六歲、就讀私立幼稚園的幼兒。
使用方法	家長在私立園所註冊的時候，以此教育券來抵免學費。
幼教券形式	以台北市為例，每一幼兒教育券一式三聯，第一聯家長收納，第二聯園所存查，第三聯教育局、社會局存查，三聯單由市府教育局統一印製。
辦理方式	如台北市教育局就各行政區內符合資格之幼生

		名冊，依幼兒姓名、身份統一編號，將第一、二學期教育券以限時郵寄方式發給家長。
724	1	我國目前實施教育券政策的是哪一階段教育？　①幼稚園　②國民小學　③國民中學　④大學。
725	1	實施幼兒教育券的主要目的是①教育資源的公平分配②減少城鄉差距③普及地區均衡發展④提升幼教品質。
726	4	家長教育選擇權正式規範在那一法規中：①國民教育法　②兒童福利法　③教師法　④教育基本法。
727	A	下列何項政策反映出教育市場化的精神？（A）教育券（B）小班教學精神（C）教育優先區（D）學生營養午餐。
728	D	世界各國對於教育的管理漸有朝向何種機制的趨勢？（A）政府責任　（B）獨占市場　（C）增加投資　（D）自由市場。
729	D	下述何者為增加教育選擇權的改革措施：(A)教育券（voucher）(B)特許學校（charter schools）(C)在家教育（home schooling）（D）以上皆是。
730	1	下列何者「家長教育選擇權」所植基的基本理念？（1）市場經濟原理　（2）社會主義的理想　（3）左派重視社會正義的理想　（4）新馬克思主義
731	C	近來經濟不景氣，失業率增加，對教育造成的影響有：（A）教師減薪（B）多數大學為減輕學生負擔，調降學分費　（C）申請助學貸款的學生增加（D）書商為了減輕家長負擔，大幅降低教科書及參考書價格。
732	BCD	依我國目前的現況，家長基於親權，對於未成年子女在學校教育上享有以下哪些權利？（A）公立學校越區就讀權（B）教育生涯選擇權（C）子女在校資訊請求權（D）父母教育權受侵害時，得主張異議權。（複選題）
733	1	列何者<u>不</u>是美國實施學校選擇（school choice）或家長選擇（parental choice）的主因？（1）消除私立學校對教育市場的壟斷現象。（2）公立學校經營效能不佳。（3）學生的學業表現

		在國際比較上不理想。(4)希望利用市場機制提升學校的品質。
734	A	近年來歐美國家的「家長教育選擇權」在國內教育界成為熱門話題，家長的教育選擇權主要係指家長可以為子女選擇： A.就讀的學校　B.就讀學校的校長　C.就讀學校的教師　D.就讀學校的班級
735	BCD	下列有關台北市兒童教育券政策的陳述，何者為真？A.市政府發給五歲以上子女到公私立幼稚園或托兒所者每年一萬元　B.市政府發給五歲以上子女到私立幼稚園或托兒所者每年一萬元的有價憑單，藉以抵免學費　C.鼓勵未立案的幼稚園、托兒所立案　D.滿足家長選擇權的需求

填充題：

736	89	教育部從＿＿學年度開始發放教育券。
737	93、6000	教育部自民國＿＿年1月1日起開始實施中低收入戶幼童托教之補助，符合本計畫補助對象，每人每學期最高補助新台幣＿＿＿元，但就讀幼稚園實際收費較低者，依實際情況補助。
738	內政部	當前「幼托整合方案(草案)」是兩哪部會：教育部與【　　】的聯合規劃。

解釋名詞：教育代券

6‧策略聯盟（strategic alliances）：

(1) 意義：又稱為「伙伴關係」，指組織之間為了突破困境、維持或提昇競爭優勢，而建立的短期或長期的合作關係。如我國大學系統，提出具體的共同運作計畫，整合數個有潛力的研究中心或具有跨校性之發展方向、特色等進行規劃，逐步整合可互補之大學校院成為一個新大學系統。

(2) 內涵：

① 策略聯盟係為因應市場的競爭，二個或二個以上獨立的企業，為某些策略上利益的考量，所作的結盟。並以長期的承諾及共享資源為基礎，具有多元化的類型，如「共享資金」、「互有股份」、「共享股份」等。

② 策略聯盟的目的，在於提升彼此的能力而獲得最大的利益。而參與聯盟的企業則仍保有其獨立自主性。

③ 英國近年來所推動的「<u>教育行動區</u>」（Education Action Zone, EAZ）計畫，即是將鄰近地區的中小學組成一「教育行動區」，彼此分享教育資源及師資，透過每月一次的「行動論壇」（Action Forum）協商解決行動區內的教育問題，企業也贊助行動區所需的經費（張明輝，1999）。

（3）政府加入 WTO 之後，大陸與國外知名高等教育學府將陸續登台。

① 有部分具有互補性質的大學展開策略聯盟或併校，以及規模較小的師範學院成立聯合教育大學的提議。

② 國內情形：在我國加入「世界貿易組織」（WTO）之後，各級學校招生市場必須開放。

> A 學前教育機構，出現連鎖幼稚園的經營型態，有關資金、師資及課程教材的交流，使其具有較大的競爭優勢。
>
> B 國內大學整併計畫，為加強高等教育校院之競爭力、將有限資源作有效之利用，大學校院透過各種合作方式進行校際間之資源整合。
>
> C 鼓勵大學校院積極規劃適合外國學生之外語課程並採英語教學：目前計有 16 所大學辦理英語授課課程，9 校與 4 國辦理「雙聯學制」。

③ GATS 第一條，定義了服務貿易的四種提供方式，分

別是「跨境交付、境外消費、在服務消費國的商業存在及自然人的流動」。有關教育服務的承諾,與這四種服務提供方式息息相關。

1	跨境交付:如通過網路教育、函授教育等形式提供教育服務,比如外國的大學機構經過國際教育機構的認證之後可以在其他國家開設網路學院,招收學生,經過合格的學習過程,可以獲得國際認證的學位。
2	境外消費:一般指國內學生直接到國外的學校去求學或參加培訓。
3	在服務消費國的商業存在:是指國外機構直接來台設立辦學機構,或與國內的機構合作辦學,以機構方式進駐國內。
4	自然人的流動:是指外籍教師來台任教或我國教師到國外任教等,以個人身分參與教務服務。

④ 國內教育市場開放的範圍包括以下四項(教育部國際文教處,2002):

1	開放外國人設立高中、高職及其以上之學校與教學機構。
2	遠距教學:同意外國學校可針對國內高中以上學校學生之需求,提供來自國外之跨國服務,例如函授學校及遠距教學。
3	設立短期補習班:同意外國人可依據我國之「補習及進修教育法」,來台設立短期補習班;其短期補習班之設立、變更或停辦等相關管理規則,由直轄市、縣市主管教育行政機關定之。
4	留學服務業:開放外國人依經濟部公司法規定來華設立留學服務業公司,仲介我國高中以上學生赴國外留學。

739	D	我國於 91 元旦起成為 WTO 正式會員,必須遵守教育服務業的承諾,譬如開放外籍教師來台任教,此為何種服務方式的提供?(A)境外消費(B)跨境交付(C)商業存在(D)自然

		人流動
740	BD	教育部將引進外籍人士擔任國民中小學外語教師，下列有關敘述何者為正確？（A）只有私立學校可聘任外籍教師 （B）外籍教師聘任前應具備相關教學經驗 （C）教學應以外籍教師為主，本國教師為輔 （D）外籍教師的聘任以偏遠地區學校為優先。（複選題）
741	A	最近用在學校組織間的「策略聯盟」，以突破並提升學校組織現有競爭力，其實就是強調學校與學校之間何種關係？（A）夥伴關係（B）競爭關係（C）制衡關係 （D）評比關係
742	D	外國留學生是國際友誼的橋樑，更重要的，一個國家外國學生人數之多寡，不僅是該教育國際化以及教育國際競爭力的重要指標，同時也是該國家吸引力以及國際影響力的表徵，我國於 2004 年起設立何種獎學金以吸引外國留學生？（A）華人獎學金（B）台灣獎學金（C）華與獎學金（D）交流獎學金
743	B	為使各校突破並提升組織現有競爭力，縣市政府希望各校採用何種合作模式？（A）改變成績評定方式 （B）策略聯盟 （C）學校願景 （D）訂定學校總體計畫。
744	C	為整合教育資源，政府鼓勵高等教育機構合併，請問已完成合併的案例為 （A）台灣師範大學及台灣科技大學 （B）東華大學及花蓮師範學院 （C）嘉義技術學院及嘉義師範學院 （D）高雄師範大學及高雄應用科技大學
745	ABCD	教育部為協助國內高等教育追求卓越，將採取哪些措施？（A）大學合併 （B）大學結盟 （C）校內資源整合 （D）成立跨校研究中心（複選題）
746	ABD	根據教育部日前提出「高等教育發展藍圖」，對於我國高等教育發展方向，下列敘述何者正確？（A）我國加入世界貿易組織（WTO）後，國內大學校院將面臨更多競爭 （B）未來高等教育改革的方向為績效、創新與卓越 （C）國內大學應區隔為研究型大學與單科大學兩類 （D）重點研究領域將包括生物科技、生物醫學、海洋科技、光電資訊等（複選題）

747	AB CD	我國加入 WTO 後，在教育服務事業方面的開放承諾包括哪些？（A）國外高中職以上學校可以來台設校 （B）國外學校可以提供跨國遠距教學服務 （C）外國人可以來台設立短期補習班 （D）外國留學服務業可以在台營業（複選題）
748	C	近年來大學併校的消息時有所聞，目前真正完成併校的案例有哪些？A.台東師範學院併入台東大學　B.花蓮師範學院併入東華大學　C.嘉義技術學院與嘉義師範學院合併為嘉義大學　D.台北市立師範學院與台北中興法商學院合併為台北大學

7．媒體識讀（meadia literacy）：

（1）意義：又稱媒體素養、媒體公民教育。媒體識讀培養閱聽人的批判態度與能力，從而消除其消極、被動性格，以回歸掌握傳播的主體角色。鼓勵社會大眾近用媒體或從事另類傳播，促使人人積極參與訊息的產製和傳送，以達培育社會理想公民的終極目標。成為一個積極的閱聽人，刺激媒體改善資訊環境。

（2）媒體的分類：

① 平面媒體：包括報紙、雜誌、海報、DM 印刷品、霓虹燈看板、高速公路看板、公車車上廣告。

② 電子媒體：包括廣播、電視、電影、戶外電視牆、網路。

③ 整體而言，電子媒體強調的是時效性、觀眾參與度及普遍性，而印刷媒體則擁有深度性、訊息持久及重複使用性之優勢。

（3）目的是要學習「認識媒體、解讀訊息」。必須要具有媒體識讀能力，是素養、識讀、讀寫算的基本能力。瞭解媒體如何運作，瞭解如何善用媒體，瞭解如何避免媒體的不當資訊娛樂訊息。

（4）可以幫助我們拆解媒體中錯誤的資訊、扭曲的資訊、

偏頗的事實或誤導的觀點，以充分掌握非片面的不扭曲的資訊，幫助我們作選擇。

（5）瞭解媒體的基本概念與特質：媒體科技的基本特質、媒體基本的運作、媒體的所有人、媒體經營者的目的。

（6）瞭解媒體的生產與運作模式、知道如何分辨優質的節目、何謂劣質的節目、瞭解媒體內容真偽，包括選擇題材的標準、鏡頭和角度、增強或忽略、部分或全部、心理作用等。

（7）「媒體素養教育政策白皮書」：所有的媒體內容都是經過選擇與建構的過程而產生。媒體所提供的資訊有五項本質：

①媒體的資訊並不全然真實性地反映世界。
②媒體訊息都經過複雜的篩選、包裝、選擇和組合。
③訊息的呈現，可能受到媒體記者與編輯者、媒體部門與組織負責人，甚或政府、政黨或財團的影響。
④媒體的傳播科技特質，塑造了媒體的獨特的表現形式或內涵。
⑤閱聽人是媒體工業運作下所產生的產品市場，經由收視率調查，作為廣告商欲購買及觸及的目標對象。

8．人力資源管理（management of human resource）：

（1）意義：人力資源管理是指有效發展組織成員的工作潛力、擴大成員參與組織決定，以同時滿足個人目標與組織目標的一套原理原則與方法。

　①人力資源管理：包括組織成員的招募、甄選、訓練發展及績效評鑑等內涵。

　②人力資源管理的基本假定：人有從事有意義工作的意願

與傾向，管理者的重要使命在於設計一套原理原則與方法，全力開發員工的潛力，並擴大員工參與的機會，以滿足員工的需求並同時達成組織的目標。

③ 人力資源管理的重要課題：包括建立整體性的人力資料庫、規劃系統性的進修訓練課程、建立績效本位的薪給制度、強化分工合作的組織團隊、提昇員工工作環境的品質以及建構滿足個人與組織需求的機制。

（2）人力資源管理策略：涵蓋「創新、品質提升及降低成本」等相關策略，而如能將人力資源管理及人力資源策略有效加以整合，則可提升組織的競爭優勢。

（3）人力資源規劃係指未來人力供需的分析，並據此擬定招募及培訓計畫；廣義的人力資源規劃係指整個人力資源部門的規劃，並與經營策略相整合的過程。

（4）學校在人力資源管理方面，可以透過策略聯盟、虛擬管理、網路訓練以及創新管理的策略。

9 · 組織再造：

（1）組織再造：是屬於一種屬於典範的改革方式，透過對組織設計原則的重新思考，以及重新檢視組織目的、運作、結構等問題，來進行組織的重組與重構，以適應外在環境的劇烈變革。（呂生源，2000）

（2）學校組織再造：主張學校組織再造係指學校行政架構、權力結構和觀念文化的重新再設計與轉化，俾使學校經營能夠適應社會變遷需求，提高其營運效能。（吳清山，1999）

（3）學校組織再造的內涵：組織再造的內涵，主要包含「總員額量管制、教學支援工作人員的進用以及勞務外包」等概念。

①　總員額量管制授權學校自主，學校的編制以業務分掌為原則。

②　教學支援工作人員的法源：包括教師法、國民教育法、中小學兼任代課及代理教師聘任辦法等，並根據國民教育法第11條，此法確認教學支援工作人員合法化。

③　勞務外包採「教學與行政工作分離」原則，學校可以將非教學相關勞務以簽約外包委外經營，來減輕教師工作並降低成本。

| 749 | A | 學校組織變革的主要目的在於　(A)提高效能　(B)創新形象　(C)加強行銷　(D)精簡人力。 |
| 750 | 3 | 學校將環境清潔、安全、營養午餐等工作以公辦民營方式交由廠商處理，是根據國民中小學人力重整及組織再造專案的什麼原則？(1)總量管制　(2)教學支援工作　(3)勞務外包　(4)環境整理。 |

填充題：

| 751 | 二十 | 國民中小學教學支援工作人員進用辦法規定，教學支援工作人員每週教學節數以合計不超過【　　】節為原則。 |

１０．六個標準差（Six Sigma）：

(1) 意義：它著重在消除錯誤、浪費和工作重疊。一標準差等於只有三〇％把事情做對的的機率。二標準差好一點，每一百萬次大概有三十萬次的瑕疵。

①　標準差（standard deviation）以 σ 表示，讀作 Sigma，是希臘字母。

②　六標準差代表的是，每一百萬次中，只有 3.4 次的失誤機會。

③　六標準差的終極目標是：提高客戶滿意度，還有增加

　　利潤。

（2）六標準差的 DMAIC 五大行動步驟分別為：

　　① 界定（Define）：針對流程，界定問題。

　　② 衡量（Measurre）：蒐集資料。

　　③ 分析（Analyze）：分析數據。

　　④ 改進（Improve）：決定解決方案，並加以執行。

　　⑤ 控制（Control）：控制新流程，保持成果不輟。

１１‧燈塔學校（beacon schools）：

（1）意義：指經認定具有某種學校特色，這種特色足以作為其他學校學習的榜樣，同時也願意提供學校特色給其他學校參考。如英國英格蘭地區的中小學、幼兒學校及特殊學校。

（2）燈塔學校的推動是英國首相布萊爾（Tony Blair）上任之後的重要教育改革措施之一，目的在提升中小學學校教育品質，提高中小學學生的學業成就標準。

（3）英國的燈塔學校計畫，透過建立學校多元特色以及校際協助的途徑，發揮教育體系的整體力量，有效普遍提升中小學學校施教品質，提高學生學業成就。

（4）新竹縣政府於 93 年起推動「燈塔學校」政策，新竹縣在全國二十五縣市中，教育評比排名第二，僅次於金門。

752	4	英國首相 T.Blair 上任後，為提昇中小學學校教育品質，提高中小學學生的學業成就標準，成立了什麼學校，以推動改革措施？（1）藍帶學校（2）標竿學校（3）專業發展學校（4）燈塔學校。
名詞解釋		燈塔學校（Beacon school）

１２‧平衡計分卡（Balanced Scorecard，BSC）：

(1) 意義：平衡計分卡以平衡發展的管理角度，提出一種重視整體系統觀的整合思維，強調並重主觀和客觀證據、策略管理和績效測量、短期獲利和長期發展、計畫決策和績效考評，並以轉化願景、溝通和聯結、事務規劃、回饋和學習等形成長期策略觀點。

(2) 平衡計分卡分為四大構面，分別是「財務構面、顧客構面、內部流程構面、學習與成長構面」。

① 財務構面：指企業過去的績效。

② 顧客構面：重點在確立企業所在的市場區隔，並監控企業在目標市場區隔中的表現。

③ 內部流程構面：從顧客和財務兩構面推演出來，目的在讓企業確實掌握這些關鍵流程。

④ 學習與成長構面：藉著人力資源和組織的轉型，持續滿足顧客的期望。

(3) 學校適合推動的原因：學校之優勢在於通常具有非常清楚的使命與願景，但其成員較為保守、不易接受新觀念，因此需要更長的時間才能建立制度。但須澄清政策與願景並不相同，政府單位會把政策當作最高指導原則，因此多半重視短期績效（政績），而平衡計分卡注重是長期發展和績效展現。

753	學習成長	平衡計分卡所謂平衡是指，在規劃組織策略與績效評量時，應兼顧四大構面的平衡，所謂四大構面應包括：(a) 財務面 (b) 顧客面 (c) 內部流程面 (d) _____ 面。

１３‧公辦民營學校（private management of public management）：

（1）意義：指政府設立學校，委由民間團體經營的意思。所以，它與公立學校和私立學校之經營型態不太相同；可視為介於半公半私的一種學校組織。

（2）「公辦民營學校」主要有四種模式：

① 管理合約：係由教育行政機關與民間團體簽訂合約，雙方分別就經營目標、經費、時間、條件、內容、方式、學生評量等方面達成協議，民間團體依據合約來經營學校。

② 民間承包：係由民間團體向政府承包合約，定期向政府繳交承包費，並由民間團體自負學校盈虧責任。

③ BOT：係指建造、營運和轉移（Build，Operate & Transfer）；所謂 BOT 即將公共工程交由民間企業來興建，並交予其營運，但依契約規定年限後則將所有權移轉，交還政府，此一過程，即稱之為 BOT。亦即政府提供土地，民間團體負責興建，興建完成之後，政府以特許方式交由民間團體經營一段時間，以作為其投資報酬，經營期滿之後，民間團體將其學校資產和設備轉移給政府。

④ 特許學校（Charter school）：係指政府特別允許教師或家長經營的學校。亦即，由一群教師或家長提出學校經營企劃書，經過地方教育行政機關審核通過後，即可成為特許學校，可以免受許多教育法規的限制，學校可依其需求遴聘人員和彈性使用經費，所以它是一種政府負擔經費，教師或家長經營的學校。

⑤ 實例：「宜蘭佛光人文小學」，宜蘭縣政府首先通過地方自治條例，91 年 1 月，由佛光山文教基金會取得拔雅分校辦學權，隨即成立籌備處，8 月 30 日正式開

學，訂名為「人文國小」。人文國小推動<u>主題統整教學</u>實施以「社會科」為主軸的主題統整教學。

754	②	學校公辦民營是屬於哪類型的組織再造？①作業流程②經營理念③成員角色④組織型態。
755	B	教育體制鬆綁後允許大學校舍興建採 BOT 方式，請問 BOT 係指 （A）Benefit，Offset，Transmit （B）Build，Operate，Transfer （C）Buy，Obtain，Transform （D）Burden，Originate，Trade
756	④	特許學校（charter school）是美國中小學教育改革的一種嘗試，而國內對此一學校改革的型式亦方興未艾，下列哪一種教育法規為其法源依據：①教師法 ②學校組織法 ③國民教育法 ④教育基本法。
757	C	全國第一所由家長出面爭取，唯一允許學生自治（包括自選導師、自排課表、自訂生活公約）的實驗計畫是在哪一所國民中學實施？ A.政大附中國中部　B.師大附中國中部　C.北政國中　D.柑園國中
758	ABD	國內現有體制外實驗學校有那些？A. 高雄縣錫安山伊甸園學園 B. 新竹縣雅歌實驗小學　C. 新竹科學園區實驗學校 D. 苗栗縣全人教育學校
759	AB	下列何者為體制外的學校？ A. 毛毛蟲實驗學苑　B. 森林小學　C. 師範學院附屬小學　D. 台北市國語實驗小學（複選題）

主題五：學校制度

　　我國學校制度：可包括學校制度的演進、各級教育制度、近年重大教育改革政策。

一、學校制度的演進

（一）國家與人民

1．台灣面積為三萬六千平方公里，台灣地處邊陲，十七世紀以後，漢人大量移墾台灣，人口數方面。

2．在過去五十年當中，由於處於動員戡亂時期與戒嚴時期，台灣的民主政治發展並不順利，（1987年解除戒嚴，1991年廢止動員戡亂），目前與我國有正式邦交關係者只剩二十八個國家。

3．目前過去五十年來，我國國家發展的軌跡事先發展經濟與教育，再逐步發展民主政治。2002年1月1日台灣成為世界貿易組織（WTO）的正式會員國。

（二）台灣教育學校制度演進

1．台灣現代化學制始於一九一九年（日大正八年），日人發布台灣教育令後，才確立台胞教育的學制方針與施設綱領。

2．1949年中央政府遷台以來，教育行政方面，採中央、省市、縣市三級。近代中國學制，在清末嘗試引入西式學堂，一九〇二年起正式改行西式學制，初期主要模仿日本制，民國以後改仿美國制。

3．我國學校系統可分為四個階段：「幼稚園階段、初等教育

階段、中等教育階段、高等教育階段」。

（1）在學制方面，採六三三四制為主軸，即國小六年，國中三年，高中三年，大學四年。

（2）民國十一年實施的新學制，即是引入美國式的六／三／三／四制。民國三十八年中央政府遷臺，迄今已七十餘年，其間雖有小幅更動，仍行該制，之後一直沿用至今無結構性的改變。

（3）一九五〇年代由於外在政治環境的影響，我國教育強調國家意識的形成與民族精神的培養。

（4）民國四十六至六十九年期間為配合經濟建設與發展，教育部門強調人力資源的規劃與開發。

（5）一九八〇年代隨著經濟結構的自由化、國際化，產業結構由勞力密集轉趨資本與技術密集，以及政治制度的日漸民主開放，教育制度也進入轉型與改革的年代。

760	C	我國現行的 6-3-3-4 學制，係源自哪一學制？（A）清光緒二十八年的壬寅學制（B）民國四年的立憲學制（C）民國十一年的新學制（D）民國十六年的大學區制。
761	ACD	下列哪一個國家的教育制度曾對我國教育制度產生過影響？（A）英國的綜合中學（B）美國的公學（C）法國的師範學校（D）德國的文科中學（複選題）
762	AB	下列對我國過去五十年來教育發展的敘述，何者為正確？（A）國中畢業生升學率大幅成長（B）女性佔各級受教學生人數比例上升（C）國中、小學每班平均人數逐漸增加（D）高等教育人口佔全體受教學生人口的比例下降。（複選題）

（三）幼稚園發展史

1・發展時期：我國幼兒教育的發展可分為四個時期，清末仿
　日「萌芽期」、民初仿美「轉變期」、民國十一年後「建
　置期」、民國三十八年政府遷臺後「發展期」。

　（1）民國十一年教育部公布實施「新學制」，將「蒙養院」
　　　正式改稱為「幼稚園」，列於小學之下，規定「幼稚
　　　園招收六歲以下之兒童」，確立了幼兒教育在學制上
　　　的地位，民國十八年八月教育部頒布「幼稚園暫行課
　　　程標準」，我國之托兒所也在此時設立，成為托兒所
　　　教保工作的萌芽期。

　（2）其後，歷經抗戰時期、政府遷台，隨著經濟起飛，社
　　　會經濟結構與型態改變，婦女就業人口增加，各界對
　　　幼兒教育之重要性有更深入之認識等相關因素，幼教
　　　機構之需求性日益迫切，幼教機構之設立亦急速成長。

　（3）我國現行體制中負責學齡前幼兒之教保機構為<u>幼稚園
　　　與托兒所</u>。幼稚園係依據幼稚教育法、幼稚園設備標
　　　準及幼稚園課程標準等相關規定設立之學前教育機
　　　構，招收滿四足歲至入國民小學前之幼兒，由地方主
　　　管教育行政機關負責。

　（4）托兒所係依據兒童福利法及省（市）政府訂定之托兒
　　　機構或托兒所設置標準與設立辦法等相關規定設立之
　　　兒童福利機構，招收<u>滿一個月至入國民小學前</u>之幼
　　　兒，由地方主管社會行政機關負責。

2・幼稚園教育目標：

　（1）我國學前教育機構包括<u>幼稚園與托兒所</u>二種。

　　①幼稚園由<u>教育部</u>主管，托兒所由<u>內政部</u>主管。

　　② 根據 1981 年公布的幼稚園教育法第二條規定，幼稚園
　　　教育的對象為 <u>4 歲至入國民小學前</u>之兒童。

（2）幼稚教育的宗旨在促進<u>兒童身心健全發展</u>。以達成五項
　　目標：

　　① 維護兒童身心健康；② 養成兒童良好習慣；

　　③ 充實兒童生活經驗；④ 增進兒童倫理觀念；

　　⑤ 培養兒童合群習性。

（3）幼稚教育法規定，直轄市、縣市政府設立之幼稚園，
　　其園長由各該政府派任。

　　① 規模較小之幼稚園，在園長之下設教保組及總務組兩
　　　組。

　　② 規模較大之幼稚園，在園長之下設教務組、保育組及
　　　總務組三組，設有特教班亦得設特教組，以及兼任會
　　　計與人事。

3・幼稚園概況：

　　從校數、班級數、教師數、學生數、學校規模、班級規模、
師生比率等項，歸納五項要點如下。對學前教育的需求越來越
大，主要是由於幼兒照顧的與及早教育的需求。

（1）就學於幼稚園或托兒所 5 歲的兒童合計，其就學率至
　　少在 95%以上。

（2）教育部目前正在執行「發展與改進幼兒教育中程計
　　畫」，自 89-94 會計年度，為期五年。該計畫主要目
　　標為促進幼兒教育健全發展，改善幼教環境與生態，
　　具體改革措施主要有五：

　　① 發放<u>幼兒教育券</u>：自 2000 年 9 月起發放幼兒教育券，
　　　對於年滿 5 歲，就讀於私立幼稚園、托兒所之幼兒，

每生每學期補助 5000 元。並補助低收入戶、原住民及身心障礙幼兒就學。

② 普設幼稚園：提供足夠的幼兒受教機會。

③ 推動幼托整合方案：幼稚園教師需大學畢業，托兒所保育員只需高中畢業即可，有必要整合幼托師資資格、設備、法令，並加強管理與評鑑。

④ 改善幼教工作環境與生態：建立私立幼教機構教職員待遇、福利、退休、撫卹、進修等制度，以改善幼教職場高流失率的現象，進而提高教師專業知能。

⑤ 豐富幼教課程與教學資源：增進幼小銜接，研議更多元開放的幼稚園課程綱要。

【我國幼稚教育發展及制度】

萌芽期 （清末仿日）	光緒二十九年（1903）：設立蒙養院，為我國專設幼兒學校之始 3～7 歲幼兒 每日授課最多四小時 師資：女子師範生 課程：遊戲、歌謠、談話、手技 宗旨： ＊保育教導兒童，發育其身體，漸啟其心知，避惡趨善 ＊適應兒童心力所及，不過難，不過勞 ＊留意兒童性情及行止儀容，使趨端正 ＊兒童性善模仿，須示以良好之事物
轉變期 （民初仿美）	民國元年（1911）：「師範教育令」－女子師範學校設蒙養園及保姆講習科 民國四年（1915）：「國民教育令」－國民學校附設蒙養園 民國五年（1916）：「幼稚園」名稱定案

	民國八年（1919）：幼教由仿日→仿歐美
建制期 （民國十一年 後）	民國十一年（1922）： ＊「學制改革系統案」－小學之下列有幼稚園 ＊「教育法令」－幼稚園收六歲以下兒童 民國十九年（1930）：幼稚園可獨立設置 民國二十一年（1932）： 「幼稚園小學課程標準」 「幼稚園小學課程標準實施辦法」 「師範教育法」 民國二十八年（1939）：「幼稚園規程」 民國三十一年（1942）：兒童福利制度辦法－「幼兒園」 民國三十二年（1943）：「幼稚園設置辦法」
發展期 （民國三十八 年遷台後）	民國四十五年（1956）： ＊公私立幼稚教育機構→幼稚園 ＊「國民學校法」第八條－成立幼稚園 民國四十八年（1959）：「中國幼稚教育協會」 民國五十年（1961）：「幼稚園暫行設備標準」 民國五十八年（1969）：「幼稚園教師登記及檢定辦法」 民國五十九年（1970）： ＊「中華民國全國兒童少年發展研討會議」 ＊修正並頒布「幼稚園設置辦法」 ＊「中國幼稚教育協會」革新建議 民國六十年（1971）：第一屆幼稚園教師檢定考試 民國六十二年（1973）：私立幼稚園大量發展 民國六十四年（1975）：「幼稚園課程標準」修訂 民國七十年（1981）：「幼稚教育法」 民國七十二年（1983）： 「幼稚教育法施行細則」 「幼稚園園長，教師登記檢定及遴用辦法」 「私立幼稚園獎勵辦法」

	民國七十六年（1987）：「幼稚園課程標準」再度修訂
	民國七十八年（1989）：「幼稚園設備標準」修訂
	民國八十年（1991）：「發展與改進幼教六年計劃」
	依據教育部公佈之幼稚課程標準為準則
	1. 以生活教育為中心。
	2. 不得以國小課程預習與熟練，以免影響幼兒身心正常發展。
	3. 課程設計符合幼教目標，並以活動課程設計型態作統整性實施。
	4. 訂定完善的教學計劃。
	5. 以遊戲型態來統整所有課程。

763	3	教育部與內政部聯合推動「幼托整合」規劃案，目前已辦理公聽會暫告一段落，依據該項規劃案的內容，請問下述何者為「是」？（1）幼托整合後，現職托兒所保育員必須再進修方能再任現職；（2）幼托整合後，現職幼稚園教師將可獲採認為合格保母；（3）所謂幼托整合，包含幼兒園、K教育、國小課後托育等規劃；（4）幼托整合後，幼兒園歸屬內政部管轄。
764	4	以我國當前幼托政策而言，幼稚園與托兒所收托對象的重疊部分是　（1）二-未滿三歲　（2）三-未滿五歲　（3）三-未滿六歲　（4）四-未滿六歲
765	B	幼稚園屬於學校範圍，收五歲到七歲幼兒的國家是？（A）韓國　（B）英國　（C）美國　（D）德國。

（四）國民小學教育發展

1．體制與目標：

（1）我國國民教育為九年，其機構名稱稱為「國民小學」與「國民中學」；前者屬初等教育階段，後者屬中等教育階段。

（2）國民小學招收對象為滿 6 歲之兒童，修業六年。

（3）根據國民教育法規定，目前國民小學主要由直轄市或縣市政府負責設置，並採學區制。私立國民小學的比率不到 1%。

（4）我國國民教育有三種主要特性：

① 培養健全國民：

A 國民教育法規定，國民教育以養成德、智、體、群、美五育均衡發展之健全國民教育為宗旨。

B 根據教育部 2003 年 1 月 24 日「國民中小學九年一貫課程綱要」，規定國民教育階段的課程設計應以學生為主體，以生活經驗為重心，培養現代國民所需的十項基本能力。

（1）了解自我與發展潛能；	（2）欣賞、表現與創新；
（3）生涯規劃與終身學習；	（4）表達、溝通與分享；
（5）尊重、關懷與團隊合作；	（6）文化學習與國際了解；
（7）規劃、組織與實踐；	（8）運用科技與資訊；
（9）主動探索與研究；	（10）獨立思考與解決問題。

② 全民性與強迫性：

A 國民教育法第二條規定：「凡 6-15 歲之國民，應受國民教育；已逾齡未受國民教育之國民，應受國民補習教育。」

B 同條第二項規定：「6-15 歲國民之強迫入學，另以法律定之。」

③ 免學費：

國民教育法第五條規定：「國民小學及國民中學學生免納學費；貧困者，由政府供給書籍，並免繳其他法令規定之費用。」

2．國民小學概況：國民小學組織與人員：

根據國民教育法及其施行細則等規定，國民小學組織可分為五部分：即「校長、處室、委員會、校務會議、其他」。

(1) 校長：校長採任期制，任期屆滿時得回任教職。縣市立即直轄市立國民中小學校長，由縣市政府或直轄市政府組織遴選委員會就公開甄選、儲訓之合格人員中遴選後聘任之。

(2) 各處室部分：包括教務處、訓導處、總務處、輔導室、人事、會計等。

① 國民小學 12 班以下者，校長之下只設二個處（教導處、總務處），兩個組（教務組、教務組）。

② 25 班以上者，校長之下只設 4 個處（教導處、總務處）、13 個組（教務組、訓導組）。

(3) 委員會部分：主要有教師評審委員會、課程發展委員會與學生獎懲委員會等三個委員會。

① 教師評審委員會是依教師法之規定設立。

② 課程發展委員會是依國民中小學九年一貫課程綱要之規定設立。

③ 學生獎懲委員會是依教師輔導管教學生辦法之規定設立。

(4) 校務會議：

① 依國民教育法規定，國民中小學設校務會議，校務會議以校長、全體專任教師或教師代表、家長會代表、職工代表組成之。

② 國民教育法施行細則規定，校務重大事項其內容有四：「校務發展計畫、學校各種重要章則、依法令規定應經教務會議議決之事項、校長交議事項」。

（5）其他：包括家長會、教師會、員生消費合作社。

① 在人員編制方面，1999 年 12 月 10 日「國民小學與國民中學班級編制及教職員員額編制標準」，國民中小學之編制人員包括十種人員之設置。

> （1）校長（2）主任：各處、室及分校置主任 1 人。（3）組長（4）教師（5）輔導教師
>
> （6）幹事（7）護士或護理師（8）住宿生輔導員（9）營養師（10）人事及主計人員

② 2002 年 4 月 24 日發佈「國民中小學教師授課節數訂定基本原則」，國民小學教師每週授課節數以 <u>21-25</u> <u>節</u>為原則。

766	A	下列那一項組織**不在**學校行政的正式體系中？（A） 學校教師會 （B） 教評會 （C） 課程發展委員會 （D） 教職員考績委員會。
767	D	我國現有國民小學總校數大約多少？A、1100 校，B、1600 校，C、2100 校，D、2600 校
768	4	校長是學校 ①一級主管 ②高級主管 ③首席主管 ④首長。
769	AB	目前採學區制的學校，包括哪些？（A）國民小學 （B）國民中學 （C）高級中學 （D）高級職業學校（複選題）
770	B	「國民小學及國民中學應配合地方需要，協助辦理社會教育，促進社區發展。」是哪一項法令的規定？（A）教育基本法（B）國民教育法（C）社會教育法（D）家庭教育法。
771	D	下列何者是國中各校「課程發展委員會」的法定職責？（A）決定各領域教師授課節數（B）執行學校課程計畫（C）審查選擇各出版社審定通過之教科書（D）負責學校課程與教學評鑑。
772	A	依照國民教育法的規定，我國國民幾歲時應受國民教育？（A）六歲至十五歲（B）六歲至十六歲（C）七歲至十五歲

		（D）七歲至十六歲。
773	4	根據民國92年2月6日修正之國民教育法，下列何者不可參加校務會議？(1)校長　(2)全體專任教師或教師代表　(3)家長會代表　(4)學生。
774	4	新增修之國民教育法規定校務會議之組成，下列何者不在擴增之成員中？(1)學校之職員　(2)學校之工友　(3)家長會　(4)地方民意代表。
775	D	教育部88年12月提出「國民中小學班級編制與教職員員額編制標準」修正草案，調降國中小學班級學生人數以多少人為原則　(A)20　(B)25　(C)30　(D)35。
776	1	下列何者並非國民中學「課程發展委員會」之職責？(1)研擬基本學力指標　(2)規劃學校總體課程　(3)審查自編教材　(4)教學評鑑。
777	AB CD	九年一貫課程實施後，國中小學學校組織中增設「課程發展委員會」。請問該會的職責包含哪些？　(A)規劃學校總體課程　(B)決定各年級各學習領域學習節數　(C)設計教學主題　(D)教學評鑑。(複選題)

填充題：

778	五分之一	國民教育法規定國民中小學校長遴選委員會應有家長會代表，其比例不得少於委員總數的【　　】

3．國民小學課程：（九年一貫課程綱要之影響）：

　（1）2000年9月30日國民中小學九年一貫課程「暫行」綱要。

　（2）教育部又於2003年1月24日公布「國民中小學九年一貫課程綱要」。

　　① 在內容方面：包括七大學習領域及六大議題。

　　A 七大學習領域：包括「語文、健康與體育、社會、

　　　藝術與人文、數學、自然與科技及綜合活動」。

　　B 六大議題：包括「資訊教育、環境教育、兩性教育、
　　　人權教育、生涯發展教育、家政教育」。

② 國小三年級開始英語教學。

③ 學習階段規劃，各學習領域。

④ 在各領域教學時間方面：將學習總節數分為「領域學
　習節數」與「彈性學習節數」。

⑤ 在上課日數方面：全年授課日數 200 天（不含國定假
　日及例假日）每學期上課二十週、每週授課五天。

（3）國民小學教科書方面：

① 76 學年度以前，我國國民小學教科書均由國立編譯館
　編輯，台灣書店印刷及配發。

② 77 學年度時，首先開放藝能科及活動科目教科書由民
　間編印。

③ 自 85 學年度起，由一年級逐年全面將教科書開放由民
　間編輯，送教育部審查後印行，目前我國國民小學教
　科書係採審定制。

779	B	我國目前的教科書制度屬於？（A）統編制（B）審定制（C）自由制（D）審定與統編並行制
780	C	現今學校自編教材應送交那個單位審查？（A）縣市教育局（B）國立編譯館（C）學校課程發展委員會（D）校內領域課程小組
781	B	國民中小學課程綱要由哪一個機關所頒佈？（A）行政院（B）教育部（C）國立編譯館（D）國立教育研究院。
782	A	根據國民中小學課程綱要的規定，全年授課時數以多少天為原則？（A）200 天（B）210 天（C）214 天（D）220 天。
783	1	國民小學學校教科書之選用，應由學校那一個會議訂定選用辦法？（1）校務會議；（2）行政會議；（3）教務會議；（4）

		科書選用小組會議。
784	E	現行規定，中小學教師五年內必須完成在職進修至少 　（A）50（B）60（C）70（D）80（E）90 小時。
785	D	下列何者屬於九年一貫課程中的六大議題？（A）生命教育（B）媒體教育 　　（C）安全教育 　　（D）人權教育
786	4	教育部最近所公佈國民中小學一貫課程綱要，包括幾大領域？擬培養學生幾項能力？（1）三大領域；五項能力 （2）五大領域；七項能力 （3）五大領域；十項能力 （4）七大領域；十項能力 。
787	4	我國教科圖書開放民編後即定有審定制度，但習作部分之審定於何年開始實施？（1）91 （2）92 （3）93 （4）94。
788	C	國民中小學選用教科書是以什麼為單位？A. 縣市　B. 鄉鎮　C. 學校　D. 班級
789	④	各國民小學教科書之選用辦法，依現行法規，應由各校何種會議訂定？①教務會議 ②課程發展委員會 ③各領域課程小組會議 ④校務會議。
790	2	教科書選用是九年一貫課程實施後的一項重要工作，在進行時宜考量及注意許多向度，請問要注意教科書的「多元公正性」，此部份係屬何種向度？（1）教學向度 （2）內容向度 （3）物理向度 （4）服務向度。
791	D	九年一貫課程預定在那一年可以自小一至國三全面實施？A、民國 90 年，B、民國 91 年，C、民國 92 年，D、民國 93 年
792	1	九年一貫課程中彈性教學節數，應佔總教學節數的比例是百分之？①20 ②25 ③30 ④35
793	3	實施九年一貫課程，各校應組織什麼委員會，以審查各年級的課程計畫？①課程規劃委員會 ②課程評審委員會 ③課程發展委員會 ④課程指導委員會。
794	4	教育部於民國八十七年公佈「國民教育階段九年一貫課程總綱綱要」，下列哪一項不是其課程目標？（1） 以生活為中心，

		配合學生身心能力發展歷程。(2) 尊重個性發展，激發個人潛能。(3) 涵泳民主素養，尊重多元文化價值。(4) 培養道德良知，適應社會群體生活。
795	C	國民中學九年一貫課程於哪個學年度真正做到全面實施？(A)91學年度 (B)92學年度 (C)93學年度 (D)94學年度。
796	D	在九年一貫課程綱要中，並未針對下列哪一項目作規範 (A)基本能力 (B)學習領域 (C)能力指標 (D)教材綱要。
797	B	有關九年一貫課程綱要中能力指標之敘述，下列哪一項並不適用？(A)能力指標係配合十大基本能力敘寫 (B)能力指標係依據學生修讀年級敘寫 (C)能力指標係依學生學習階段敘寫 (D)七大學習領域能力指標所依據之學習階段區分不盡相同。
798	C	九年一貫課程中，自編教材是由哪一個單位負責審查？：(A)教育部國教司 (B)教育部國教輔導團 (C)各校課程發展委員會 (D)各校學習領域課程小組。
799	①	在實施九年一貫課程時，各校教師得因應特殊情形自編教科用書，自編教科用書的審查單位是：①各校課程發展委員會議 ②各校校務會議 ③縣市政府教育行政主管單位 ④國立編譯館。
800	D	九年一貫課程綱要中分層次指出課程目標，其中將成為自編教材與審查教科書最具體依據的是：(A)五大理念 (B)十大課程目標 (C)十大基本能力 (D)各學習領域的分段能力指標。
801	C	九年一貫課程中強調將六大議題融入各領域課程 教學。下列哪一項不屬於這六大議題：(A)兩性 (B)環保 (C)鄉土 (D)人權。
802	C	九年一貫課程政策，是教育改革工程的重大環節之一。下列何者不是九年一貫課程的主要特色？(A)鬆綁課程規範 (B)發展學校本位課程 (C)加強教師知識傳遞 (D)融入社會新興議題。
803	1	下列何者不是九年一貫課程之特色？(1)小班小校；(2)重視協同教學；(3)重視活動課程；(4)發展學校本位的課程。
804	A	九年一貫課程的學習領域是由三個面向延伸出來，下列哪個面

		向不是？（A. 國家發展 B. 自然環境 C.個體發展 D. 社會文化）
805	B	我國現行九年一貫課程綱要屬於：（A.意識形態課程 B.正式課程 C.潛在課程 D 支持課程）
806	D	下列哪一個敘述不符合九年一貫課程方案的規劃？（A.以培養學生基本能力為課程設計核心架構 B. 以學習領域取代過去分科過細的做法 C. 提供學校及教師更多彈性教學的自主空間 D. 教學時數分為基本授課時數與彈性時數，兩者各佔百分之五十）
807	D	下列何者非屬九年一貫國民教育的基本理念：（A）人本情懷（B）統整能力 （C）鄉土與國際教育 （D）環境教育。
808	2	「積極運用社會資源與個人潛能，使其適性發展，建立人生方向」是屬於國民中小學九年一貫課程十項基本能力中，哪一項基本能力的內涵？（1）瞭解自我與發展潛能 （2）生涯規劃與終身學習 （3）規劃、組織與實踐 （4）運用科技與資訊。
809	BD	下列哪些敘述符合我國幼稚園階段的教育現況？（A）不合格師資比率低於 10% （B）從業人員以女性為主 （C）公立幼稚園園數較私立幼稚園多 （D）專業工作人員流失比例居高不下。（複選題）
810	AC	教育部正積極研訂國民中小學九年一貫課程，其主要重點是：A. 增加各校自訂課程的彈性 B. 提供適合資優學生的課程 C. 進行科目統整，減少學習科目 D. 國小一年級開始學習英文與電腦（複選題）
811	AB	國民中學教育的目標在：A. 養成德智體群美五育均衡發展的健全國民 B. 應兼顧學生升學及就業的需要，除文化陶冶之基本科目外，並加強職業科目及技藝訓練 C. 以發展學生身心，並為研究高深學術及學習專門知能的預備為宗旨 D. 以教授學生職業智能、培養職業道德、養成健全的基層技術人員為宗旨（複選題）
812	A	下列何者未列入九年一貫課程十大基本能力之一？A.健康、休

		閱與身心和諧　B.尊重、關懷與團隊合作 C.規劃、組織與實踐 D.欣賞、表現與創新
813	A	以下何者<u>不包括</u>在九年一貫課程政策當中？ A.一本多綱課程　B.統整課程　C.學校本位課程　D.彈性課程
814	C	國民中學九年一貫課程於哪個學年度真正做到全面實施？（A）91 學年度（B）92 學年度（C）93 學年度（D）94 學年度。
815	A	依國民教育法的規定，國民中小學之課程綱要的訂定機關為（A）教育部　（B）縣市教育局　（C）學校課發會　（D）各學習領域課程小組。
816	D	在九年一貫課程綱要中，並未針對下列哪一項目作規範　（A）基本能力（B）學習領域（C）能力指標（D）教材綱要。
817	D	下列何者不是九年一貫課程綱要的主要理念與內涵？（A）以領域取代先前的學科和科目，並將學習內容化分成七大領域（B）規定學校必須設立「學校課程發展委員會」（C）以「人」為中心，規劃新世紀國民需具備的十項「基本能力」（D）以學期為單位，將總時數區分成「學校行事節數」與「班級彈性授課節數」，並規定全國學校統一的每週授課節數。
818	B	有關九年一貫課程綱要中能力指標之敘述，下列哪一項並不適用？（A）能力指標係配合十大基本能力敘寫（B）能力指標係依據學生修讀年級敘寫（C）能力指標係依學生學習階段敘寫（D）七大學習領域能力指標所依據之學習階段區分不盡相同。
819	B	九年一貫課程十大基本能力中的「主動探索，解決問題與運用資訊和語言」，其主要內涵在於培養學生何種重要特質？（A）民主素養（B）終身學習（C）統整能力（D）鄉土與國際意識。
820	C	下列何者不是九年一貫課程修訂的原則？（A）重視中小學課程統整性（B）以學習領域統整為基礎（C）延長上課時數與規劃學校本位課程（D）規劃實施國小英語教學。
821	C	「國民中小學九年一貫課程綱要」規定各校成立學習領域小組，下列何者<u>不是</u>成立原則？（A）依專長分組　（B）跨年級分組　（C）各組人員不可重覆　（D）縱向規劃各年級領域課程

		計畫。

4．國民小學教育改革重點：目前我國小學教育改革的重點主要有五：

（1）推動小班小校計畫，提升教學品質：

① 自 87 學年度起執行「降低國民中小學班級學生數計畫」，希望國小在 92 學年度，國中在 96 學年度能達到 35 人一班的標準。

② 小班小校的目標主要有三：A.尊重學生各別差異，提供適性教育機會；B.改善班級師生互動關係；C.提高教師教學品質。

（2）推動組織再造，落實績效責任：教育部於 2001 年 6 月教育部於教育部於提出「國民中小學組織再造及人力規劃方案」，其目標有三：

① 減輕教師行政負擔，符應學校專業需求及教師專業自主；

② 因應九年一貫課程之實施，並呼應學校本位管理；

③ 建立學校教職員總員額制度，並落實績效責任制度。

（3）九年一貫課程實施，培育學生基本能力：九年一貫課程標榜「能力指標落實」、「九年一貫」、「七大學習領域與課程統整」、「學校本位課程」，目前遇到一些困難，例如：「能力指標不切實際、學習內容龐雜不實、協同教學難以實施」等。

（4）繼續推動教育優先區計畫。

（5）強化學校體育衛生，提升學生體能與健康

822	①	把學校廁所外包給廠商清潔，這是屬於哪種組織再造的方式？①作業流程再造②管理結構再造 ③組織型態再造 ④經營理念

		再造。
823	A	（A）「校園倫理」專指師道精神而言 （B）教育機會均等的內涵包含教育過程的平等（C）教育發展需配合國家建設 （D）我國傳統把師生關係列為五倫之一。以上何者敘述有誤？
824	4	「小班小校」的精神其實就是： ①課程統整 ②協同教學 ③多元評量 ④適性教學。

簡答題：

政府近年頗為重視弱勢族群的教育，弱勢族群包括那些對象？ 答：原住民、身心障礙者、社會弱勢者，含居住地區不利者和低社經地位者

（五）國民中學教育發展

1．國民中學體制與目標：

（1）12 歲於國民小學畢業後，依學區分發入國民中學，修業三年。

（2）根據國民教育法規定，國民教育以由政府辦理為原則。

（3）根據國民教育法規定，國民中小學教育皆以養成德、智、體、群、美五育均衡發展之健全國民為宗旨。

2．國民中學概況：國民中學組織與人員：

（1）國民中學的組織架構與國民小學大致相同，均可分為五部分，即「校長、處室、委員會、校務會議、其他」。

（2）主要的差異有二：

① 國中編制比國小大

② 在人員編制方面也高於國小。

③ 根據教育部 2002 年發佈「國民中小學教師授課節數訂定基本原則」規定，國民中小學教師每週授課節數以

18-22 節為原則。

3‧國民中學課程：

2002 年「國民中小學九年一貫課程各學習領域階段劃分」所示，國民中學與國民小學一樣分為「七大學習領域」，但主要有二點不同：

（1）國中每週學習節數較多

（2）國中的課程內容變動大：

　① 國小教師包班制，容易適應；

　② 1994 年版國民中學課程標準中之教學科目有 18 科及三個活動。

　③ 要整合為七大學習領域較為困難，況且國中教師向來是分科教學，要採協同教學，在行政技術上的安排不易。

| 825 | 1 | 九年一貫課程十大基本能力中的「獨立思考、勇於表達、善於溝通、參與合作」，其主要內涵在於培養學生何種重要特質？（1）民主素養（2）統整能力（3）終身學習（4）人本情懷。 |
| 826 | 3 | 依據「國民中小學九年一貫課程綱要」各學習領域之規定，下列敘述何者正確：（1）「語文」學習領域佔領域學習節數的百分比為百分之二十到二十五；（2）九年一貫課程的特色至少包括統整課程、鼓勵教學創新、領域教學、學校本位的課程發展、小班小校等；（3）「綜合活動」學習領域課程計畫應融入十項指定內涵；（4）「彈性學習節數」不得少於每週學習總節數的百分之二十。 |

4‧國民中學基本學力測驗：

（1）自 90 學年度起，國三生必須參加全國統一辦理的<u>基本</u>

能力測驗，該測驗的編制由<u>台灣師範大學心理與測驗</u>
<u>研究發展中心</u>負責，每年舉辦<u>兩次</u>。

（2）與以往聯合招生考試比較，國中基本學力測驗引起爭
議者主要有四：

① 考試範圍方面：由於考試領導教學，國中教學的重點
就只限於該進度，造成學習不完整，不利於往後高中
課程的銜接。

② 考試次數方面：基本學力考二次，學生尚未畢業，嚴
重影響正常上課，未參加第二次學測的同學，影響要
參加第二次學力測驗的同學。

③ 題型方面：基本學力測驗均採選擇題，不考作文，導
致國中不重視作文。

④ 教科書不同版本：面對多種版本教科書，將可能增加
學生負擔與命題的困擾。

827	A	九十二年國民中學基本學力測驗的考試科目，包括下列哪些？（A）國文、英語、數學、社會、自然（B）國文、英語、數學、自然（C）國文、英語、數學（D）目前尚未定案。
828	BCD	近些年來「國中基本學力測驗」或「大學學科能力測驗」命題有哪些趨勢？（A）題目的文字敘述漸趨簡短（B）閱讀圖表的題目增加（C）基本概念推理的題目增加（D）各學科間統整的題目增加。（複選題）
829	ABD	基本學力測驗，所謂「基本」的意思是（A）基礎的（B）核心的（C）簡單的（D）重要的（複選題）
830	ABC	對於國民中學學生基本學力測驗分數組距不宜公布一事，教育部認為有以下所列哪些原因？（A）凸顯城鄉差距，易形成縣市間及校際間的惡性競爭（B）知道所有考生之分數組距，無助於對選擇之學校的瞭解（C）可能使學生過度依賴測驗分數，而非自己的興趣來選擇學校（D）學校自己可自

		行算出，不必公開學生也可以得知（複選題）
831	A	教育部頒訂九十年基本能力測驗的宗旨，在於評量（A）國民中學（B）國民小學（C）專科學校（D）大學 學生的智力與性向。
832	A	民國九十學年度將廢除高中聯考，改以何種方式取代？ A. 基本學力測驗 B. 智力測驗 C. 適性測驗 D. 興趣測驗

5．國民中學教育改革重點：

(1) 國民小學所列五項重點：①落實九年一貫課程實施，培育學生基本能力；②降低班級學生數，並積極推動小班教學精神計畫；③繼續推動教育優先區計畫；④進行「國民中小學組織再造及人力規劃方案」；⑤強化學校體育衛生，提生學生體能與健康。

(2) 除國民小學所列五項重點，國民教育改革重點尚有以下四項：

① 強化青少年輔導工作：自 1998 年起執行「青少年輔導計畫」。

A. 計畫內容包括八項：推動認輔制度、教師輔導知能、親職教育、生涯輔導、春暉專案、校外生活輔導、輔導諮詢網路等。

B. 以及「建立學生輔導新體制：教學、訓導、輔導三合一整合實驗方案」。培養教師具有教訓輔統整理念與能力。

② 推動「國民中學潛能開發教育實施計畫」。

③ 推動「國中技藝教育改革方案」：

A. 自 82 學年度起試辦「發展與改進國中技藝教育改革方案：邁向十年國教目標」，使國民中學未升學畢

業生至少再學習一年技藝教育。

B. 92學年度實施國一至國三融入各科之生涯發展教育選修課程。

④ 國民中學基本學力測驗的改進。

833	D	國民中學實施各種性向測驗與透過教師觀察，協助學生瞭解自己的能力、性向與興趣，作為選擇未來進路的依據，這是為了發揮中等教育何種功能？（A）統整（B）分化（C）陶冶（D）試探。
834	D	國中學生基本學力測驗發給學生的成績單除列出量尺分數外，還列出百分等級。假如小明的百分等級是90，代表小明的成績是多少？（A）滿分100分中，考了90分（B）滿分100分，考了10分（C）在百分之十的考生成績之上（D）在百分之九十的考生成績之上。
835	B	以100分為滿分，60分為及格來判斷學生的學習表現，此為何種評量方式？（A）總結性評量（B）標準參照評量（C）常模參照評量（D）形成性評量。
836	C	下列哪一項不是教育部國教司推動「小班教學精神」的教育理念？（A）多元化 （B）適性化 （C）卓越化 （D）個別化。
837	B	為落實小班教學，民國九十六學年度國中小班級學生人數將降至每班：A. 30人 B. 35人 C. 40人 D. 45人
838	D	有關我國國民中學教育內涵之下列敘述何者為非？（A）以生活教育為中心（B）以品德教育為中心 （C）以民主法治教育為中心 （D）以技藝教育為中心。

（六）高級中學教育發展

1・高級中學體制與目標：

目前我國高級中學設立之法源依據主要為「1.高級中學

法。2.高級中學法施行細則。3.高級中學課程標準總綱。4.高級中學設備標準」等。

(1) 1999 年修正公布的高級中學法規定，台灣省立高中職改隸中央，目前公立高中職大部分為國立與直轄市所設立。根據高級中學法規定，高級中學的類型有五種：

① 普通高級中學：指研習基本學科為主之普通課程組織；

② 綜合高級中學：指融合普通科目與職業科目為一體之課程組織；

③ 單類科高級中學：指採取特定學科領域為核心之課程組織；

④ 實驗高級中學：指為從事教育實驗設立之學校；

⑤ 完全中學：完全中學是指國中與高中階段學生之中學。為發展社區型中學，提供學生統整學習。

　　A. 此種中學的主要功能是希望舒緩國中學生升學壓力，並均衡城鄉高中發展。

　　B. 自 1996 學年度起試辦完全高中，2001 學年度時，全國有 61 所完全中學，都為縣市國民中學改制。

(2) 自 85 學年度起試辦綜合高中，主要是招收性向未定的國中畢業生，藉試探輔導歷程，輔導學生自由選課，以延後分化，2001 學年度時，全國有 144 所綜合中學。綜合高中與普通高中之差異包括：

① 綜合高中依據高級中學法第六條規定：「綜合高級中學：指融合普通科目與職業科目為一體之課程組織，輔導學生根據能力、性向、興趣選修適性課程之學校。」

② 綜合高中課程設計的精神是兼顧學生升學與就業的需求，同時設置普通科與職業科課程，藉試探、輔導等歷程，協助學生自由選讀，以達適性發展之教育目標。

③ 綜合高中採<u>學年學分制</u>，修滿 160 學分以上即可畢業，修習科目若有不及格，僅重修該科即可，而高中目前多採留級制，綜合高中課程內容的彈性大。

④ 綜合高中的學生經過一年的輔導與探索可以選擇高中生一般大學的路，也可以選擇高職升科技大學、四技二專或就業。

⑤ 完全中學是指國中與高中階段學生之中學。

　A. 此種中學的主要功能是希望舒緩國中學生升學壓力，並均衡城鄉高中發展。

　B. 自 1996 學年度起試辦完全高中，2001 學年度時，全國有 61 所完全中學，都為縣市國民中學改制。

839	B	台灣在日本統治時期的學校制度，所依憑的教育法令名稱是？（A）大日本教育令　（B）台灣教育法　（C）支那教育法　（D）大東亞教育法。
840	C	現行學制，中等學校「不」包括下列那一項？ A.國中 B.高中 C.初職 D.高職
841	C	後期中等教育學制有綜合高中之設置，其主要目的是：(A)讓高中與國中學生相互交流學習（B）提供學生學習九年一貫課程的良好環境（C）延緩分化並提供學術與職業導向課程供學生選習（D）讓學生學習加深加廣的課程進度。
842	D	後期中等教育學制上有綜合高中之設置，此學制之主要目的是　（A）讓國高中同學同學在一起可相互學習（B）讓學生可加深加廣學習（C）設計國高中一貫之課程供學生學習（D）延緩分化，並提供學術與職業導向學程供學生學習。

（3）高級中學法：

① 高級中學法第一條規定：「高級中學以陶冶青年身心，

培養健全公民，奠定研究學術或學習專門知能之預備
為宗旨。」

② 高級中學法第二條規定：實施下列各項教育：「1 培
養公民道德；2 陶融民族文化；3 充實生活知能；4 奠
定科學基礎；5 鍛鍊強健體格；6 養成勞動習慣；7 培
養團結精神；8 啟發藝術興趣」。

③ 1995 年高級中學課程標準總綱規定，高級中學教育目
標有九項：

1 增進身心健康，培養術德兼修、文武合一的人才
2 增進溝通、表達能力，發展良好人際關係
3 增進民主法治的素養，培養負責、守法、寬容、正義的行為
4 培養服務社會、熱愛國家及關懷世界的情操
5 增進工具性學科能力，奠定學術研究的基礎
6 充實人文素養，提升審美與創作能力，培養恢弘氣度
7 提升科學素養，增進對自然環境的認識與愛護
8 增進對自我潛能與工作環境的了解，確立適切的人生走向
9 增進創造性、批判性思考，及適應社會變遷與終生學習的能力。

843	C	在中學階段將升學導向、職業準備以及生活陶冶三種功能目標融合在一所學校中實施，此種學校稱之為？（A）完全中學　（B）職業中學　（C）綜合中學　（D）實驗中學。
844	A	下列何者不是「綜合型中學」的主要優點：（A）分化較早，易於學生入學後專精學習（B）學校課程較多樣，富彈性，能適應學生個別差異（C）人口稀少地區只需設立一個徐校，容易達到有效經營規模，成本效益較高（D）任何學生均在

		同一類型學校就讀,較有單軌制精神,符合民主平等的理想。
845	C	完全中學的法源在於:(A.綜合中學法 B.技職院校法 C.高級中學法 D.完全中學法)
846	B	一所中學的學生同時包含國中生與高中生,則此種方案稱為什麼?(A)開放中學(B)完全中學(C)預備中學(D)綜合中學。
847	④	一所中學同時設有國中部和高中部,稱為:①一貫中學 ②全人中學 ③完全中學 ④綜合中學。
848	ACD	下列有關綜合高中的陳述,何者正確?(A)行政院教改會建議未來高級中等學校應朝綜合高中方向邁進 (B)高一以選修課程為主,高二、三的核心共同課程漸次增加(C)學生可選擇學術導向課程、職業導向課程或兼跨兩種課程 (D)綜合高中比一般高職重視基礎學科能力的培養(複選題)

2.高級中學概況:高級中學組織與人員:

「國立高級中學組織規程及組織編制擬定審查原則」之規定,高級中學的組織架構可以分為五部分,「校長、處室館、委員會、校務會議及各種會議、其他」。

(1)校長:任期為四年,得連任一次

(2)各處室部分:各校設教務處、學生事務處、總務處、圖書館、輔導工作委員會、人事室、會計室,實習輔導處。

　①處室部分:24班以上學校,教務處得設教學、註冊、設備等組。

　②委員會部分:主要有招生委員會、教師評審委員會、課程發展委員會與學生獎懲委員會。

　A.教師評審委員會是依教師法之規定設立。

　　　　　B. 課程發展委員會是依<u>高級中學課程標準</u>之規定設
　　　　　　　立。

　　　　　C. 學生獎懲委員會是依<u>教師輔導管教學生辦法</u>之規
　　　　　　　定設立。

　　（3）校務會議及各種會議：高級中學規程第三十八條規
　　　　　定，每學期至少開會一次。

　　（4）其他：教師法。

3．高級中學招生制度：

　　「高級中學多元入學」，係只改變現行高中聯考制度，以
<u>國中基本學力測驗</u>成績為基礎，分為三種方式：「基本學力測驗
分發入學、甄選入學（包括推薦甄選與資優保送）、申請入學（包
括自學方案分發入學與直升入學）」，自 <u>90</u> 學年度起實施。

　　（1）基本學力測驗「分發入學」：其成績採計以基本學力
　　　　　測驗為唯一依據。

　　（2）甄選入學：其成績採計要點有四：

　　　　① 參加學力測驗成績（比例由各校自訂）。

　　　　② 不採計在校學科成績。

　　　　③ 得參考採用藝能學科、綜合或特殊表現。

　　　　④ 可實施實作、面試、口試及小論文。

　　（3）申請入學（包括自學方案分發入學與直升入學），其
　　　　　成績採計要點有四：

　　　　① 參加學力測驗成績。

　　　　② 直升及自學方案可採計在校智育成績，申請入學則不
　　　　　採計。

　　　　③ 可參採特殊才能、優良品德、綜合表現等方面具體表

現。

④ 採書面審查，不加考任何測驗。

（4）高中職多元入學制度的分發入學與聯考相似。

　① 最大的不同在於甄選入學與申請入學的名額較多，約占各校招生名額的 30% 以內。

　② 其次，各校可對特定學科採加權計分。

849	1	在「高中及高職多元入學方案的規劃精神」中「藉由多元入學方案，促使國中教學正常化，發展學生多元性向」主要是強調：(1) 多元智慧　(2) 多元選擇　(3) 多元特色　(4) 多元考試。
850	ABC	目前國中升高中職多元入學管道，包括：(A) 甄選入學　(B) 申請入學 (C) 登記分發入學　(D) 聯合考試入學。(複選題)
851	AB	多元入學管道基本理念與做法為：A. 充分考慮學生性向、能力與興趣，透過適當方式進入適合校系而適性發展 B. 甄試方式由紙筆智育測驗趨向多樣評量及重視長期表現　C. 高中教學的首要任務為針對各大學各系的入學標準，積極輔導學生爭取入學機會　D. 大學入學考試中心將努力研發一年舉辦一次的各科學力測驗，以滿足大學特色的建立，高中課程多樣化及學生不同需求。(複選題)

填充題：

| 852 | 甄選入學、申請入學 | 「高中及高職多元入學方案」所規劃的入學方式有：□□□□□、□□□□□、及登記分發入學等三種。 |

簡答題：

教育部所提出的「高中及高職多元入學方案」之規劃精神為何？

表一　高級中學、職業學校與綜合高中法源與教育宗旨之比較

項目	高級中學	職業學校	綜合高中
法源依據	一、高級中學法 二、高級中學法施行細則 三、高級中學課程標準總綱 四、高級中學設備標準	一、職業學校法 二、職業學校規程 三、職業學校各類科課程標準總綱 四、各類職業學校設備標準	一、高級中學法 二、高級中學法施行細則 三、高級中學設備標準 四、高級中學設備標準 五、綜合高中試辦計畫 六、試辦綜合高中實驗課程實施要點 七、綜合高中試辦學校行政處理暫行要點 八、教育部補助辦理綜合高級中學課程作業規定
教育宗旨	高級中學法 第一條　陶冶青年身心，培養健全公民，奠定研究學術或學習專門知能之預備為宗旨。	職業學校法 第一條　培養職業道德，養成健全之基層技術人員為宗旨。 職業學校規程 第一條　一、充實職業智能。二、增進職業道德。三、養成勞動習慣。四、陶冶公民道德。五、鍛鍊強健體格。六、啟發創業精神。	高級中學法 第一條　同高級中學 第六條　融合普通科目與職業科目為一體之課程組織，輔導學生根據能力、性向、與趣選擇適性課程之學校。 綜合高中試辦計畫 定義　本計畫所稱綜合高中，係指同時設置學術學程和職業學程。
相同	三者皆有培養健全公民之目的，但綜合高中屬於高級中學之一種型態。因此為奠定研究學術或學習專門知能之預備		
評鑑指標	一、學校基本資料增註 二、校長辦學理念 三、教育成果	一、學校基本資料項註 二、校長辦學理念 三、教育成果	一、學校基本資料項註 二、校長辦學理念 三、教育成果
相異	陶冶青年身心，培養健全公民，奠定研究學術或學習專門知能之預備	教授青年職業智能，培養職業道德，養成健全之基層技術人員	融合普通科目與職業科目為一體之課程組織，輔導學生根據能力、性向、與趣選擇適性課程
評鑑指標	一、校長辦學理念 二、教育成果	一、校長辦學理念 二、教育成果（學生參加技(藝)能競賽統計表、學生參加各種科技能檢定統計表、綜合概述） 三、專業類科	一、校長辦學理念（實施綜合高中的理念） 二、教育成果

（資料來源：田振榮、張明文）

4・高級中學課程與畢業生進路：

（1）高級中學課程標準於 1995 年 10 月 19 日修訂發布。

【高中課程發展演進】

民　　國	主要發展
18 年	教育部公布中小學課程暫行標準
21 年	公布中學課程標準
25 年	修正中學課程標準，以改進課程

29 年	修正中學課程標準，以適應抗戰需要
37 年	修正中學課程標準，以實施憲政
41 年	局部修正中學課程標準，配合戡亂建國
44 年	為減輕學生課業負擔，修訂中學教學科目及時數
51 年	修訂課程標準，以順應世界教育潮流
53 年	為改進高中科學教育，訂頒高中生物、化學、物理三科教材編輯大綱及數學教材大綱
60 年	修訂高級中學課程標準，以因應九年國民義務教育的實施
72 年	修訂高級中學課程標準，以配合高級中學法
84 年	修訂高級中學課程標準，以配合國中小課程標準及因應社會變遷
93 年	修訂普通高級中學課程暫行綱要，以配合國中小九年一貫課程之實施

（2）1999 年「高級中學學生成績考察辦法規定」，高級中學學生畢業總學分數為 160 學分以上。

　① 在教學科目方面：高級中學之教學科目分為必修科目與選修科目兩部分。

　　A. 必修學分：必須科目均須修習，至少須 120 學分成績及格。其中應包括後期中等教育共同核心課程 48 學分。

　　B. 選修學分：至少須修習 40 學分。

　② 在每科教學節數方面：教育部於 2001 年 4 月開始進行課程修訂，高中新課程預定 94 學年度開始實施。

| 853 | A | 下列有關高級中等學校的敘述何者正確？（A）普通高中學生比例逐年提高、高職學生比例逐年減少 （B）綜合高中包含國中、高中，提供六年一貫的教育 （C）完全高中包括學術與職業性向課程，協助學生試探分化 （D）高職將於兩年內停辦，轉型為技術學院。 |

5．當前高級中學教育改革重點：

(1) 改進高中及高職多元入學方案：多元入學的主要目的在提供學生更多的選擇，並鼓勵高中職發展特色，兼顧「學生選校，學校選才」的自主性，但因規定繁瑣造成困擾，需依「公平正義、簡單易行、省時省錢」原則改進。

(2) 推動高中職社區化，建立適性學習系統：所謂「高中職社區化」就是將社區內不同類型的高中職、大專院校及企業界，透過師資、課程及設備等資源之整合，提供多元適性的課程，營造符合學生性向發展的學習環境，使學生就近入學，90 學年度開始高中職社區化。

(3) 強化高中課程實施，並進行課程標準修訂：

① 目前正進行研擬「普通高級中學課程暫行綱要」，預定 94 學年度開始實施。

② 「普通高級中學課程暫行綱要總綱」

普通高級中學教育，除延續國民教育階段之目的外，並以提昇普通教育素質，增進身心健康，養成術德兼修之現代公民為目的。為實現本階段之教育目的須從生活素養、生涯發展及生命價值三層面輔導學生達成下列目標：

A. 提昇人文、社會與科技之知能。

B. 加強邏輯思考、判斷、審美及創造的能力。

C. 增進團隊合作與民主法治的精神及責任心。

D. 強化自我學習的能力及終身學習的態度。

E. 增強自我瞭解及生涯發展的能力。

F. 深植尊重生命與全球永續發展的觀念。

③ 學校課程發展委員會：組成方式由學校「校務會議」

　　決定之。

　　A. 成員：應包括：學校行政人員代表、年級及各科教
　　　　師代表、家長代表及社區代表等，必要時得聘請學
　　　　者專家、學生代表列席諮詢。

　　B. 學校得考量地區特性、學校規模，聯合成立校際之
　　　　課程發展委員會。

　課程設計：

　　C. 宜給予學校適當之自主性，由各校組成課程發展委
　　　　員會，得依學校經營理念自行規劃選修課程。

　　D. 並於每學期開課前完成學校課程計畫，審查教師自
　　　　編教科用書，並負責課程評鑑。

　　學校得因應地區特性、學生特質與需求，選擇或自行編輯
合適的教科用書和教材，及編選彈性學習時數所需的課程教
材，惟全學期全學年使用之自編教科用書應送交各校「課程發
展委員會」審查。

（七）職業學校教育發展

1 ‧職業學校目標：

　　職業學校設立之法源依據主要為「（1）職業學校法。（2）
職業學校規程。（3）職業學校各類科課程標準總綱。（4）各
類職業學校設備標準」等。

　（1）職業學校法第一條規定：「職業學校，依中華民國憲
　　　　法第一五八條之規定，以教授青年職業智能，培養職
　　　　業道德，養成健全之基層技術人員為宗旨。」

　（2）職業學校規程第二條規定：「職業學校為實施職業教
　　　　育之場所，依本法第一條之規定實施下列各項教育與
　　　　訓練：「1 充實職業智能；2 增進職業道德；3 養成

　　　　勞動習慣；4 陶冶公民道德；5 鍛鍊強健體格；6 啟

　　　　發創業精神」。

　（3）職業學校現況：近年來職業學校有減少趨勢，且私立

　　　　職業學校減少幅度較公立學校快。

2・職業學校組織與人員：

　（1）2000 年「國立高級職業學校組織員額設置基準」，職

　　　　業學校組織架構可分為校長、處室、委員會、校務會

　　　　議及各種會議。

　（2）除校長外，也同樣設有教務、訓導、總務、實習輔導

　　　　四處。

　（3）職業學校的招生制度：90 學年度高中、高職多元入學

　　　　方案，以國中基本學力測驗等方式取代，實施「考招

　　　　分離」，職業學校招生方式分為三種：

　　　① 基本學力測驗分發入學；

　　　② 甄選入學（包括推薦甄選與資優保送）；

　　　③ 申請入學。與高級中學招生制度相同。

3・職業學校的課程：高職新課程的修訂理念

　（1）兼顧學生就業與繼續進修之需求。

　（2）配合學年學制之推行。

　（3）簡化教學科目，以減輕學生課業壓力。

　（4）增加活動科目節數，抒解學生身心負擔。

　（5）簡化課程結構，賦予各類科課程設計之彈性空間。

　（6）重視課程縱向與橫向的連貫與統整。

　（7）賦予學校更大的辦學空間。

　（8）研訂兼顧科技素養、人文素養、倫理道德及國家意識

　　　　之一般科目。

（9）最近有部分人士主張要廢除職業學校，其主要理由是認為我國已進入科技時代，職業學校所學的技術很快會落伍。實質上，高職的課程與高中課程的差異以縮小很多。

4・當前職業教育改革重點：主要有四方面

（1）建立技職教育完整體系：

① 我國技術及職業教育包括三個層級，即「職業學校、專科學校、技術學院與科技大學」。

② 研訂「技術及職業校院法」及「社區學院設置條例」，進行科技整合，建立更具彈性的技職教育完整體系。

（2）因應私立高中職招生不足的問題。

（3）靈活彈性調整技職類科。

（4）強化技能檢定工作，提升學生就業能力：雙證照

（八）目前我國的學校制度發展

（1）仍然維持六／三／三／四制的架構。

① 在學制系統中，普通教育部分，幼稚園二年，保育年齡四至六歲；國民小學六年，在學年齡六至十二歲；國民中學三年，在學年齡十二至十五歲；高級中學三年，在學年齡十五至十八歲；大學學士班四年。以上各階段之修業年限，資優生或特殊生得酌予縮短或延長。碩士班一至四年，博士班二至七年，在職或有需要者得由各校自訂酌予延長。

② 原先義務教育六年，自民國五十七年起，延長為九年，其中包括國小與國中兩階段，而兩類學校分開設立。

（2）現行學制可由縱向與橫向兩方面分析。我國學校系統可分為四個階段：<u>幼稚園階段、初等教育階段、中等</u>

教育階段、高等教育階段。

① 就縱向而言，分為「學前教育、初等教育、中等教育前期、中等教育後期、高等教育、及成人繼續進修教育」，其中初等教育（國小）六年、中等教育前期（國中）三年，中等教育後期（高中、高職）三年，高等教育二至四年。

② 學前教育雖然僅將招收四至五歲幼兒的幼稚園列入，但學校式的學前教育機構實已包括三至五歲的幼稚園與托兒所。

③ 在高等教育階段，從修業年限區分，包括四年制大學校院、二年制專科、及五年制專科（中等教育後期三年與高等教育前兩年）：從學校性質區分，則有綜合大學、單科大學（如海洋大學、師範校院、技術學院、醫學院等）、及專科學校等。

④ 義務教育之後，尚有職業教育系統與普通教育平行，其中十五至十八歲的中等教育階段有三年制高級職業學校、綜合高中與五年制專科學校等三類；十八歲以後的高等教育階段有二年制及三年制的專科學校，與四年制的科技大學及技術學院等三類。

A. 1968 年以後，國民義務教育由 6 年延長為 9 年。

B. 在九年義務教育之上，可分為三個系統：學術教育系統、技職教育系統與進修教育系統，俗稱為「三條國道」。

C. 補習學校方面，通稱為「第三條國道」，分為國民補校（國小補校、國中補校）與進修補校（分為高中補校、高職補校、專科補校）二類。1986 年 7 月設立空中大學，2002 年 6 月 26 日更公佈終身學習

法，推動回流教育，並進一步擴展到非正規教育，
並提倡學習型組織的理念。

⑤ 除此之外，尚有補習教育及特殊教育兩子系統做為輔
助。

　A. 在補習教育系統中，凡是失學民眾只要有意願就
學，就可由國民小學補習學校、國民中學補習學校、
高中、高職進修補習學校、專科進修補習學校，一
路念到空中大學，並取得學位。

　B. 尚有特殊教育系統，自 1984 年制定特殊教育法以
後，在專設之特教學校方面，分為啟明（收盲生）、
啟聰（收聾生）、啟智（收智慧不足學生）、仁愛
（收肢體殘障學生）等四類。

⑥ 學制的橫向方向檢視，自國中以後，透過學力測驗實
行強制分流，學生分別進入普通教育系統與技職教育
系統。

　A. 普通教育系統的學生，經由高級中學進入一般大學
院校。

　B. 技職教育系統的學生，則經由高級中等職業學校或
五年制專科學校進入就業市場，成為基層或中層技
術人力，或在高職畢業後再入二年制專科學校或技
術學院進修。

　C. 在分流教育體系下，中等教育後期的課程差異甚
大，日後也鮮有互轉機會。

（3）現行各級學校，有公立、有私立，義務教育階段以公
立學校為主，非義務教育階段除高中外，高職、五專
及大學無論校數及學生數均以私立學校居多。

（4）「六-三-三」制

①「六-三-三」制是二十世紀初期美國流行的學制，我國自民國十一年開始實施，迄今已有七十餘年。時至今日，此一學制已有考慮調整的必要，調整的方向考慮以「五-三-四」制為主，其他學制為輔。

②「六-三-三」的學制下，兒童期屬於小學，青春期進入初中，青年期就讀高中。

③「五－三－四」制有些重要國家早已或正縮短初等教育的年限，如德國、俄國已改為四年，法國已改為五年，美國亦快速發展四或五年制的小學。

④ 中等教育後期由目前的三年延長為四年，較能充分發揮性向試探與分化的功能。課程改革必須配合學制改革，「五－三－四新制實之前，國小、國中、及高中的課程標準、內容及銜接皆須重新加以設計與修訂。

(5) 綜合高中：可朝社區高中的方向大量設置綜合高中。

① 在四年制的綜合高中內，除第一年屬國民教育範圍，學生須修習共同課程外，第二年提供多種課程進行性向分化，第三、四年則開設學術導向、技術實務導向、藝術導向、及綜合導向的課程，以利進一步的性向試探與前程輔導。

② 此種作法係以課程分化代替現有高級中等教育機構的分流，較具學術性向的學生與較具技術實務性向的學生，不再以考試方式所進行的強迫性分流加以區別，而是尊重學生的自我選擇，高中、高職學生的固定比例自可打破。

③ 又綜合高中的技術實務課程，可採較為統整的學群方式開課，以工商類科為主。學生入學採取學區制，若為選修少數特殊技術實務課程，則可越區就讀。

（6）我國學年度之計算：

　① 學年度期間為每年 <u>8 月 1 日</u>至次年 7 月 31 日，每學年區分為二學期。

　② 自 89 會計年度起，我國會計年度改為<u>曆年制</u>，亦即從 1 月 1 日啟至 12 月 31 日止。

　③ 因此，會發生一個學年度，跨越二個會計年度的情況。

　④ 自 2001 年 2 月 1 日起週休二日，各級學校每週上課五天，國民中小學每學年上課 <u>200 天</u>。

854	3	民國幾年頒訂「新學制」確定我國幼教地位？①民國元年②民國五年③民國十一年④民國三十八年。
855	B	我國現行 6-3-3-4 學制主要是仿自那個國家？（A）英國（B）美國　（C）法國　（D）德國。
856	C	我國學校制度開始確立為六、三、三、四學制，是在什麼時候？（A）光緒廿九年　（B）民國二年　（C）民國十一年　（D）民國廿三年。
857	D	民國十一年我國學校制度產生重大變化，採取六‧三‧三學制，是仿自那一國：（A）日本（B）德國（C）法國（D）美國。
858	4	各大學所開設的「碩士在職專班」是屬於哪一種教育型態？（1）正規教育　（2）非正規教育　（3）正式教育　（4）回流教育。
859	D	教育目標分為教育宗旨，各級學校教育目標、學科教學目標與每課教學目標等，其範圍以何者最小：（A）教學宗旨　（B）教學目標　（C）教育目標　（D）每課教學目標。
860	D	國民政府在哪一年頒佈「中華民國教育宗旨及其實施方針」？（A）民國十一年（B）民國二十五年　（C）民國元年　（D）民國十八年。
861	B	各類特殊教育班員額編制方面，在學前教育及國民小學教育階段：每班置教師不少於幾人？（A）1 人（B）2 人（C）3

		人（D）4人。
862	C	承上題，在國民中學及高級中等教育階段：每班置教師不少於幾人？（A）1人（B）2人（C）3人（D）4人。
863	A	從特殊教育發展來看，下列何種敘述是正確的？（A）先有特殊學校，再有特殊班（B）特殊教育與普通教育並行發展（C）先辦資優教育，再辦殘障教育　（D）公立機構先於私立機構。
864	BC	各類資賦優異學生合於下列哪些情況，得以推薦、保送、甄試入學？（A）參加全縣性有關學科、藝術才能或創造發明等競賽活動，獲前三獎項者（B）參加教育部委託學術研究機構長期輔導成就特別優異，經推薦者（C）參加縣市政府委託學術研究機構長期輔導成就特別優異，經推薦者（D）從事獨立研究、創作發表，經各級學校組成審查委員會推薦者。（複選題）
865	D	回流教育是屬於下列哪一教育體系的一環？A. 國民教育 B. 專科教育 C. 大學教育 D. 終身教育
866	ABCD	近年來技職教育的發展方向，下列敘述何者為真？A. 採用三明治課程 B. 配合終身學習社會來臨，加強普通教育、技職教育與回流教育的互通 C. 建構國中、高職、專科、技術學院、科技大學一貫的技職教育體系 D. 加強技職教育與職業證照的結合（複選題）
867	B	教育部推動回流教育的目標在於　（A）精簡教師人力（B）實現學習社會（C）導正高等教育（D）改變家長觀念。

二、近年重大教育改革政策

（一）精省與裁撤教育廳

1．總統於 1997 年 7 月 21 日公佈中華民國憲法增修條文，1999 年 7 月 1 日起台灣省政府教育廳改為教育部中部辦公室。

2・台灣省政府教育廳裁撤後，教育部必須直接面對 25 縣市，
改變了行之多年的「教育部制定政策，教育廳細部規劃，
縣市教育局執行」的分工體制。

868	A	精省後，原來省屬高中、高職於八十九年底前將：A. 維持省屬名稱 B. 改隸中央 C. 改隸縣市 D. 改隸鄉鎮

（二）九年國教的實施

1・1967 年制定「九年國民教育實施條例」，自 1968 年起將
義務教育延長為九年，至 1979 年正式制定「國民教育法」。

2・在管理上，將國民中學劃歸由縣市管理。

869	C	台灣全面實施九年國民教育是從那一年開始：（A）民國五十二年（B）民國五十五年（C）民國五十七年（D）民國六十年。
870	B	我國實施九年國民教育始於民國哪一年？ （A）四十七 （B）五十七 （C）六十四 （D）七十六。
871	D	九年國民教育的目標為：A. 發展青少年身心 B. 培養國民道德 C. 增進生活智能 D. 以上皆是

（三）廢除聯招，改採多元入學

1・1968 年起將義務教育延長為九年，小學升國中為免試入
學，國中升高中職、五專均採分區聯招方式，高中升大學
則自 1954 年以後採全國聯招方式。

2・直到 90 學年度起高中職五專，四年制技術學院、二年制技
術學院與二年制專科學校，其入學自 2001 年起採「考招分
離」方式，統一入學測驗。

3・大學入學也自 2002 年起採「考招分離」的多元入學方案。

872	C	為配合大學多元入學方案實施，並協助大學建立考招分離制度，持續進行入學制度研究有其必要性，教育部因應成立何種

| | | 單位持續進行「指定科目考試」暨相關考試相關命題研究？（A）大學入學研究中心（B）大學入學考試中心（C）大學入學聯招中心（D）大學入學命題中心。 |

是非題：

| 873 | ○ | 多元入學方案旨在以抒解學生升學壓力、導正學校的教學、鼓勵各校發展特色及有效結合社區資源並啟發學生的多元智慧。 |

（四）私立學校法的公佈施行

1974 年制定私立學校法，1999 年 6 月 23 日公佈的教育基本法第七條進一步確立「人民有依教育目的興學之自由，政府應依法提供必要的協助與經費補助。」

（五）特殊教育法的實施

1．1977 年發布「特殊教育推行辦法」，1984 年 12 月 17 日更制定「特殊教育法」，1997 年修訂「特殊教育法」。

為因應特殊教育法第十條成立特殊教育行政專責單位之規定，及回應立法委員及民間特教團體之要求，教育部於八十六年四月十六日設置特殊教育工作小組，原規劃將分散於國教司、中教司、技職司、高教司、社教司及教研會之特殊教育相關工作（特殊體育仍保留由體育司負責）統整由該小組來執行。特教小組係任務編務組，除執行秘書一人外，承辦業務人力僅專門委員一人、專員二人、約聘助理研究員二人。目前業務承辦人力不足之情形下，除高中資優教育仍由中等教育司繼續辦理，其餘特殊教育行政事務則皆由該小組負責。

2・教育部特殊教育行政體系

> →特教工作小組執行秘書→專門委員→承辦人員
>
> 教育部→部長→次長 →中部辦公室主任→副主任→第一科科長→股長→承辦人員

3・<u>融合教育</u>（inclusion education）：近年來特教思潮回歸至主流教育理念，提倡讓特殊學生與一般學生有共同相處、學習、互動的機會，並強調每個學生應有相等的學習權，而提出「融合」或「完全融合」（full inclusion）的理念。不再將特殊學生分離教育，強調讓特殊學生與普通學生融合在一起學習。融合教育是世界潮流，目前實施有成的國家包括，加拿大、美國、西歐諸國、紐西蘭等。融合教育的要點為：

（1）讓特殊兒童就讀普通班。

（2）提供融合教育之普通班或學校足夠且適宜的支援。

（3）需針對特殊學生提出個別化教育計畫。

（4）讓普通學生與特殊學生均蒙其利。

4・特教學校：特教學校區分三類型：

（1）設有幼稚部、國小、國中三階段。

（2）設有幼稚部、國小、國中、高職四階段。

（3）只設國中、高職部二階段。

填充題：

874	教育特殊教育工作小組	我國教育部主管特殊教育行政的單位是【　　　】。

875	A	我國特殊教育法（民73，民86）對於特殊教育課程、教材、教法的規定是：（A）「應」保持彈性 （B）「得」保持彈性 （C）「可」保持彈性 （D）「宜」保持彈性。

876	D	哪些人必須參加學生的 IEP 會議？（A）學生家長、特教班導師 （B）學生家長、普通班導師、訓導主任 （C）學生家長、輔導老師、特教組長、校長 （D）學生家長、特教老師、普通班老師、學校行政人員、相關專業人員
877	D	下列何者不是我國資優教育的特色？（A）強調彈性學制與課程 （B）採用多元才能的概念 （C）以充實方案為主 （D）民間主導。
878	AB	依據「身心障礙及資賦優異學生鑑定標準」，哪些障礙類別有「排它因素」？（A）嚴重情緒障礙 （B）學習障礙 （C）語言障礙 （D）智能障礙。（複選題）
879	AC D	有關個別化教育計畫的擬定過程及內容，以下敘述何者正確？（A）擬定 IEP 時，應依據學生實際需要組成專業團隊 （B）擬定 IEP 時，應邀請家長參與，但學生不需參與 （C）為了確保品質，國三身心障礙學生之 IEP 中都應該包含轉銜服務的內容（D）IEP 中應該記載適合學生的評量方式、所需要的特殊教育和相關專業服務。（複選題）
880	D	我國<特殊教育法>規定，資優學生的類別，下列何者不包括在內？（A.領導才能 B.學術性向 C.藝術才能 D.社交才能）（複選題）
881	B	學校應於何時擬定個別化教育計劃（IEP），並於每學期至少檢討一次。（A）開學前 （B）開學初 （C）學期中 （D）學期末。

（六）師資培育制度的變革

1．1960 年代，首先將九所師範學校升格為師範專科學校，1979 年修正公佈師範教育法，1987 年更進一步將九所師範專科學校升格為師範學院。

2．1994 年 2 月 7 日「師資培育法」公佈，主要特點有四：

　（1）由一元化改為多元化；

　（2）由公費培育並分發的制度，改為以自費為主；

　（3）實習制度改為畢業後不占缺實習；

　（4）教師資格登記，改為初檢、複檢制度；

3・1995 年 9 月起,首先有 21 所大學校院開設 41 個中小學及幼教學程,2002 年 7 月 24 日又公佈新修正的師資培育法,自 2003 年 8 月 1 日以後教育實習改為半年,初檢、複檢制度取消,以檢定考試取代之。

4・依據「師資培育法」,師資培育分為師資養成、教育實習、資格檢定、教師甄選及教師專業成長等五個層面。

5・「師資培育素質提升方案」:對應師資培育法五大層面,教育部於 2006 年,定有九項行動方案。分別為

（1）師資養成:方案一／建立標準本位師資培育政策、方案二／協助師範／教育大學轉型發展、方案三／規範師資培育之大學績效評鑑與進退場機制;

（2）教育實習:方案四/增強教育實習效能;

（3）資格檢定:方案五/健全教師資格檢定制度;

（4）教師甄選:方案六/建置師資人力供需資料系統與督導機制;

（5）教師專業成長:方案七／提高高級中等以下學校師資學歷、方案八／強化教師專業能力、方案九／推動表揚優良教師與淘汰不適任教師機制。

882	4	根據師資培育法,有關中小學師資培育的敘述何者錯誤?(1)師資培育多元化 (2)取得實習教師資格,再經教育實習一年,成績及格,並經教師資格複檢合格者,可取得合格教師資格 (3)師範校院、一般大學畢業,公費生、自費生均需經過初檢,實習及複檢之考驗,始能取得合格教師證書 (4)以公費為主、自費及助學金為輔的師資培育原則。
883	AC	九十一年七月通過的「師資培育法修正案」有下列哪幾項重要改變? （A）教育學程中心得改名為師資培育中心 （B）教育實習的形式由全時變為部分時間赴校 （C）取消教育實習津貼 （D）教師資格檢定由考試院辦理。(複選題)

（七）行政院教育改革審議委員會的成立

1．1994 年 4 月 10 日「四一O 教改行動聯盟」，號召萬人大遊行提出四大訴求：廣設高中大學、落實小班小校、制度基本法、推動教育現代化。

2．1994 年 9 月 21 日行政院成立「行政院教育改革審議委員會」，1996 年 12 月 2 日提出「教育改革總諮詢報告書」。

（1）教育改革的五個方向：人本化、民主化、多元化、科技化、國際化。

（2）四大理念：教育鬆綁、學習權的保障、父母教育權的維護、教師專業自主權的維護。

（3）五大目標：達成現代化教育目標、滿足個人與社會需求、邁向終身學習社會、促成教育體系的改造、激發全民參與教育改革等。

| 884 | BCD | 下列哪些屬於民國八十三年行政院教育改革審議委員會成立以後的改變？（A）中學教師採聘任制　（B）中學校長採用遴選制（C）中學可以成立教師會　（D）中學必須成立教評會。（複選題） |

（八）制定教師法、確立公教分途的法制方向

1．1987 年成立「教師法草案研究小組」；1995 年 8 月 9 日公佈教師法，自此，開始確立公教分途的法制方向。

2．該法第一條明定立法宗旨為：「為明定教師權利義務，保障教師工作與生活，以提升教師專業地位，特制定本法。」成立教師評審委員會、教師會、申訴評議委員會等……

| 885 | B | 以下哪一項不是教師法設立的精神？（A）確立教師的權利義務（B）說明教師的任用遷調方式（C）保障教師的生活與工 |

		作（D）提昇教師專業地位。
886	A	教師專業自主權在下列哪一項法律內受到保障？（A）教育基本法　（B）師資培育法（C）國民教育法　（D）憲法。

填充題：

887	全國教師會／地方教師會	依「教師法」第二十六條，教師組織分：學校教師會、【　】與【　】等三級。

（九）制定教育基本法，確立 21 世紀我國教育的方針

1．我國教育宗旨定於 1929 年，憲法雖有教育文化專章，1999
　　年 6 月 23 日公佈的教育基本法，可以說是 1991 年代教改
　　理念的總敘述，也再確立 21 世紀我國教育的方針。

2．教育基本法第二條第一項規定：「人民為教育權之主體。」

3．同條第二項規定：「教育之目的以培養人民健全人格、民
　　主素養、法制觀念、人文涵養、強健體魄及思考、判斷與
　　創造能力，並促進其尊重人權、生態環境及對不同國家、
　　族群、性別、宗教、文化之瞭解與關懷，使其成為具有國
　　家意識與國際視野之現代化國民。」

888	D	下列何者為我國現行的教育宗旨內容？　（A）愛國、尚武、崇實、法孔孟、重自治、戒貪爭、戒躁進（B）厲行教育普及，增進全國民族之文化（C）養成健全人格，發揮共和精神（D）充實人民生活，扶植社會生存，發展國民生計，延續民族生命
889	A	我國「教育基本法」於何年公布？（A）民國八十八年　（B）民國八十九年　（C）民國九十年　（D）民國九十一年。
890	1	教育基本法規定直轄市及縣市政府應設立下列哪一項機構，以負責主管教育事務之審議、諮詢、協調及評鑑等事宜？（1）教育審議委員會　（2）教育諮詢委員會　（3）教育協調委員會

		(4) 教育評鑑委員會
891	D	根據民國八十八年頒佈的「教育基本法」，下列何者是教育權之主體？(A)國民教育階段的學生 (B)各級學校教師 (C)教育行政人員 (D)全民。
892	C	教育基本法規定，教育權的主體是：(A)政府 (B)學校 (C)人民 (D)學生。

（十）教育財政制度的變革

1．自85會計年度起開始推動大學校院校務基金制度，自1999年起全面實施，使國立大學校院脫離公務預算的束縛。

2．2000年12月13日公佈教育經費編列與管理法，該法第三條第二項規定：「各級政府教育經費預算合計應不低該年度預算籌編時之前三年度決算歲入淨額平均值之百分之二十一點五。」

3．第十三條規定，直轄市及縣（市）政府應設立地方教育發展基金，第十四條規定，地方政府所屬學校得設置發展基金。

893	C	教育經費預算科目可依其性質分成經常門與資本門兩類，下列何者屬於資本門的支出項目？(A) 人事費 (B) 業務費 (C) 設備費 (D) 捐助費
894	4	下列何者非台灣國民中小學學校的經費主要來源？(1)公務預算 (2)家長會捐助 (3)社會資源 (4)國外股匯市資金投資。
895	A	位階相當於教育憲法的是：(A)教育基本法 (B)教育經費編列與管理法 (C)師資培育法 (D)大學法。
896	3	有關教育經費編列與管理法之敘述何者為真？(1)已經修定

		了 2 次　（2）主要是規範各級地方政府之經費運用　（3）至民國 89 年才公佈　（4）於 90 學年度開始實施
897	C	我國現今教育經費的預算數額，主要是依據哪一個法規？（A)憲法（B)教育基本法（C)教育經費編列與管理法（D)教育財政法。

【我國現行學制系統圖】R.O.C School System

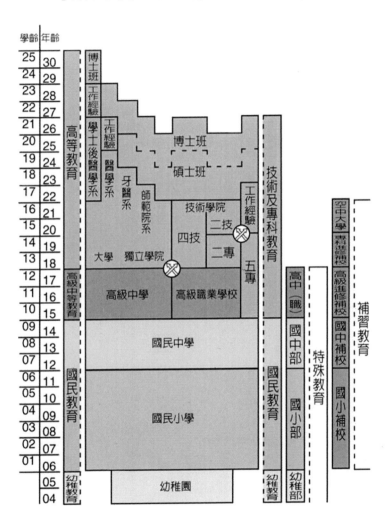

資料來源：教育部統計處

【特 殊 教 育 學 制】

階段別	年齡	一般學校		特教學校
高等教育	22 21 20 19	大專校院	五專	
高級中等教育	18 17 16	高中（職）【特教班、資源班、普通班】		高職部
國民教育	15 14 13	國民中學【特教班、資源班、普通班】		國中部
	12 11 10 9 8 7 6	國民小學【特教班、資源班、普通班】		國小部
幼稚教育	5 4 3	幼稚園【學前特教班、融合教育】		幼稚部

主題六：各國教育制度

主要國家義務教育現況（2003-2004）

國　　家	義務教育年限	入學年齡	畢業年齡
中華民國	9	6	15
中國大陸	9	6	14
泰國	9	6	14
印尼	9	7	15
越南	9	6	14
瑞士	9	7	15
日本	10	6	15
南韓	10	6	15
阿根廷	10	5	16
加拿大	11	6	16
法國	11	6	16
澳大利亞	11	5	15
美國	12	6	17
英國	12	5	16
紐西蘭	12	5	16
德國	13	6	18
比利時	13	6	18
荷蘭	13	6	18
菲律賓	7	6	12

資料來源：教育部資訊網（聯合國教科文組織，2004/9）

一、美國教育制度

（一）教育行政之發展

1．美國係由 50 個洲組成的聯邦制共和國，自立國以來即奉行地方分權的憲法體制。美國教育行政之特色，即採行地方分權式的教育行政，教育的權限屬於各州其人民。

美國學制圖（United States School System）

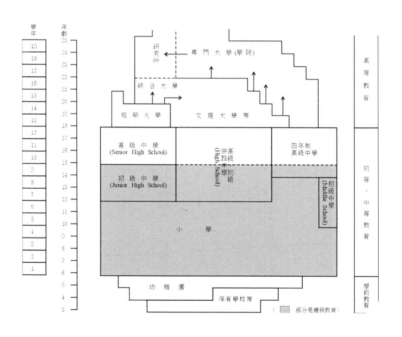

資料來源：教育部統計處

2．美國的教育行政層級可分三級：聯邦（federal）教育部、州（state）教育委員會與教育廳、地方學區（local school districts）學校委員會與教育局長辦公室。

3・聯邦教育部：1979年通過96-88號公法，成立了美國聯邦教育部，聯邦教育部並未直接參與各級教育日常運作之管理，只是擔任協調、補助經費、政策與策略倡導、研究、資料蒐集等補充性質的工作。

4・州與地方學區教育行政制度：美國的地方教育行政制度則分為州教育行政與地方學區教育行政等兩個層次。

　（1）州教育行政機關：美國的州級教育行政機關，州教育委員會與州教育廳，州議會、州長、州法院仍會對該州的教育發展發揮影響，州教育委員會在各州等三權分立之政府體制下，依據州憲法之授權，掌管全州之公立教育制度。

　（2）地方學區教育行政組織：地方學區（local school district）是美國最基層的教育行政單位，地方學區在法律上係為州立機關，並不屬於地方政府。學校委員會負責任可由教育局長所聘任教師與其他學校行政人員、制訂學區組織與教育政策、確定學區各項教育學程與人員之評鑑程序等。

5・美國的教育權限屬於州，州又常依循傳統而將其授權由各地方學區執行，近年來已經有所改變，有朝中央集權方向發展的趨勢。

（二）學校教育之發展

1・初等教育：1930年則是全部的州均定有義務教育法令。

　（1）義務教育之有關規定各州有異。就學義務開始的年齡規定以7歲的州最多，但實際上幾乎6歲兒童大部分已就學。

（2）義務教育年限是 9~12 年，但以 9 年或 10 年的州最多。

（3）初等、中等教育合計是 12 年，其型態主要有　6-3（2）-3（4）　年制、- 8-4 年制及 R 6-6 年制三種，此外也有 5-3-4 年制或 4-4-4 年制。

2．中等教育：公立高中之發展於 1821 年，波士頓設立了美國第一所公立英文高中。

（1）美國的中等教育的特色之一，係中學階段以「綜合中學」為主流。

（2）綜合中學的設計即是將普通中學和職業中學合併設於同一學校；在課程設計方面，設有普通科目以及職業科目，兼顧學生升學與就業的需要。

（3）二十世紀初幾乎都是 8-4 年制，後來發展為 6-6 年制，其次是 6-3（2）-3（4）年制陸續增加。近來則隨初中學校（middle school）的增加，而使得 5-3-4 年制或 4-4-4 年制逐漸普遍。此外，也有初等中等併設型的學校。

3．高等教育：高等教育機關大致可分為綜合大學、文理大學、專門大學（學院）及短期大學四種類。

（1）綜合大學是由文理學院、辦理職業專門教育的學院及研究所等構成。

（2）文理大學主要是以學院之一般教育為主，同時也設有研究所。

（3）專門大學（單科學院）有以醫學、工學、法學等職業專門教育學校之獨立的大學方式存在，及作為綜合大學的一個學院方式存在兩種型態。專門大學（單科學院）的入學，通常必需接受過綜合大學或文理大學的一般教育（年限依專攻科別而有異），再經過測驗及面試。

（4）短期大學除既有之短期大學（junior college）外，還有地區短期大學（community college）。州立的短期大學主要是屬於後者。

4．美國歷史上影響其高等教育發展的三大事件：墨瑞爾捐地法案、大兵法案、社區學院之設置。

（1）墨瑞爾捐地法案：（Morrill Land-Grant Act）聯邦眾議員墨瑞爾（Justin Smith Morrill）於 1862 年在國會通過了所謂的「捐地法案」，授權聯邦政府捐出在各州所擁有之部分土地，以補助每一州至少應擁有一所能夠「教導與農工有關的學習科目」之學院。

（2）大兵法案（退伍軍人法案）：（G.I.Bill of Rifgts）國會在 1944 年通過了「軍中服役人員重新適應法案」授權聯邦得以撥款給招收退伍軍人的大學院校，使這些退伍軍人可以利用此項獎學金進入高等教育機構就讀。

（3）社區學院的興起：（Community Colleges）1901 年設於伊利諾州的 Joliet 初級學院「美國最古老的公立社區學院」。

（三）美國教育重要教育法律及判例

1．美國憲法第十條修正案可說是奠定美國地方分權式教育行政制度的最重要基石。

2．Brown v. Board of Education of Topeka（1954）：「布朗法案」試圖解決美國社會的種族隔離問題，即使不同的學校擁有相同的資源，但是由於採取種族隔離措施，使得其教育的效果亦有不同。

3．National Defense Education Act（1958）：史波尼克號（Sputnik）人造衛星，艾森豪總統在 1958 年提出「國防

教育法案」（NDEA），以專案補助的方式補助各州中小學加強數學、自然與外語等科目之教學。

4 · Economic Opportunity Act（1964）：號召全民「向貧窮宣戰」，1964 年國會通過的經濟機會法案，其中最著名的即為「起點計畫教育，即 4-5 歲之間，為期一年，以免其進入小學就讀時由於缺乏學習準備度而未能進行有效的學習。」

5 · Elementary and Secondary Education Act（1965）：初等與中等教育法案（ESEA）其實是聯邦政府消滅貧窮的社會政策之一環，1968 年，該法案包括，著名的雙語教育法案（Bilingual Education Act），運用聯邦的經費協助中小學為新移民家庭、英語能力有限的子女開設雙語教育課程。

6 · Education for All Handicapped Children Act （Public Law 94-142）（1975）：美國通過身心障礙兒童教育法案，主張將具有特殊需求的學生放在普通班級中學習，故又常被稱為「回歸主流法」（mainstreaming law）

7 · Goals2000:Educate America Act （1994）：1994 年美國國會通過「西元兩千年美國教育目標法案」，賦予聯邦政府在中小學教育上之權限，透過補助的方式鼓勵各州參與全面性的教育改革與提出「以學習標準為基礎的教育改革方案。」八項目標為：

（1）在學校的學習準備度；

（2）在完成學業的比例方面；

（3）在學習成就與公民素養方面；

（4）在師資培育與專業發展方面；

（5）在數學與自然學科方面；

（6）在成人識字與終身學習方面；

（7）在提供安全、有紀律、沒有酒精與毒品的學校環境方面；

（8）在家長的參與方面。

8．No Child Left Behind（2001）：「<u>沒有落後的孩子法案</u>」獲通過，該法案最大的特色係強調今後的教育改革在講求績效責任之同時，更應賦予各州、學區與中小學更大的彈性空間。

9．教育報告書：A Nation at Risk（1983）「<u>國家在危機中</u>」雷根總統在 1983 年 4 月公布之後 該報告書指出美國中學小教育的素質及不理想。

二、英國教育制度

（一）教育行政之發展

1．英國包括英格蘭、威爾斯、蘇格蘭與北愛爾蘭四個區域，而且各自具有其獨特的教育制度。英國教育制度具有兩個特徵：四個區域教育制度的相似性而非差異性；四個區域教育制度間在政治上及功能上呈現相互依存的關係。

2．英國教育體系是雙軌制，既有公立學校，又有私立學校。公立學校提供免費教育，經費來自政府稅收，基本上不接受外國學生。

（1）私立學校：由私營機構或個人所有並管理，學費普遍偏高並由家長自己支付，收費標準國內外一視同仁。

（2）公學：有些私立學校亦稱為「公立學校」，這一名稱具有誤導性。因為這些學校並非公立，而純屬錄取自費學生的私立學校。這些學校在幾個世紀以前創立之時起名為公立學校，並且一直延用至今。

3．蘇格蘭公署成立於 1885 年，威爾斯公署則於 1964 年設立，北愛爾蘭公署於 1972 年特別設置北愛爾蘭教育部，本書所探討英國的教育制度以英格蘭為主，其他區域為輔。

英國學制圖（United Kingdom School System）

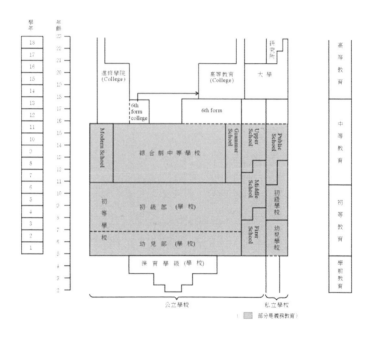

資料來源：教育部統計處

4．中央教育行政機構

（1）教育與技術部：英國教育與技術部（Department for Education and Skills,DfES）2001 年改組原來的教育與就業部（DfEE）旨在「為全民創造機會、開發潛能與

追求卓越」。教育與技術部的主管部門皆由執政黨的
國會議員擔任。

（2）教育標準局：根據 1992 年教育法（DFE,1992）設立
教育標準局（Office for Standards in Education,OFSTED）
取代皇家督學處，係非都會性質的政府部門，獨立於
教育與技術部之外，分別在英格蘭及威爾斯設立辦公
室，教育標準局綜理教育視導工作，實施經常性的視
察。近年來教育標準局的職權逐漸擴大，除了視察學
校外，也評鑑地方教育當局、檢視初任教師培育課程、
視察私立保育機構、私立學校，以及對地方教育當局
資助的青年服務方案提出評估報告。

（3）標準與效能處：教育與技術部新設標準與效能處
（SEU），旨在實施教育政策，以提升學校教育的品
質。標準與效能的組織置處長一人，下設各科分掌不
同業務，包括：學生標準科、地方標準科、學校改進
與卓越科、學校多元化科、地方政策實施科。

（4）中央教育與就業部主導教育政策，秉持壓力與支持的
兩手策略，1997 年發佈名為「卓越的學校」教育白皮
書，教育行政傾向中央集權相當明顯。

（5）以往皇家督學的教育視導體系，已轉向以教育標準局
主導的定期學校視導制度。

5・地方教育行政機構：

（1）地方教育當局：1944 年教育法，英國地方教育行政機
構 稱 為 地 方 教 育 當 局 （ Local Education
Authorities,LEAs），以地方之郡市議會為地方教育當
局。郡市議會設置教育委員會負責決策，教育委員會
遴選一位教育局長組織教育局來辦理。

（2）1988 年教育改革法：促進推動地方視導，將地方教育當局的學校財務控制權與責任下放至學校，鼓勵地方學校經營制（LMS），1992 年教育法（DFE,1992）標準選擇與多元的口號，為增加家長為其子女選擇學校的自由。

（3）教育行動區（Education Action Zones）：教育行政有效運作，提升學生學習成就與開發學生學習潛能，自 1997 年開始，提出教育行動區的教育改革計畫，主要目的在於改善社區所有不利於學校教育的因素，提升學校教育的品質。採用比傳統地方教育當局範圍更小的教育行動區，藉以落實目標導向的教育績效責任制。

（二）學校教育之發展

英國的義務教育為 5-16 歲，其學校系統可分為學前或幼稚教育，初等教育、中等教育、擴充教育與高等教育等四部分。

1．學前或幼稚教育：在保育學校及初等學校附設的保育班實施。

（1）私立幼稚班像是預備學校則是以營利為目的，財務獨立且不接受公款補助。

（2）英國 1988 年教育改革法以教育的效能為依歸，提供幼兒家長「幼兒教育券」，以鼓勵幼兒就學。

2．初等教育：

（1）義務教育從 <u>5 歲至 16 歲</u>，計 11 年。

（2）英格蘭、威爾斯以及北愛爾蘭地區，初等教育為期六年，初等教育通常是在 6 年制的初等學校辦理。初等學校可以區分為以 5、6 歲兒童為對象的前期 2 年及以 7~11 歲為對象的後期 4 年。

（3）前階段以 5-6 歲為主，稱為「幼兒教育」（幼兒部），第二階段招收 7-11 歲的學童，稱為「初級學校」（初級部）。一般而言，兩者是併設在一個學校，但也有一部分是幼兒學校與初級學校分別設置。

（4）初等教育與中等教育的分界則以 13 歲為界，進入公立學校就讀者得享受免費之初等教育。

（5）此外，有一部分是進入 first school（5~8 歲、5~9 歲）及 middle school（8~11 歲、9~12 歲），以替代幼兒部（學校）、初級部（學校）。

3・中等教育：

（1）中等教育通常是從 11 歲開始，原則上一般中等學校的型態是無須舉行考試就能入學的綜合制學校，約有九成的學生就讀這種型態的學校。

（2）作為義務教育後的中等教育課程及機關，包含有設置在中等學校內的 6th Form 課程，及作為獨立學校設置的 6th Form College。這些課程及機關主要在實施升學準備教育。

（3）初等、中等學校有地方教育當局設置經營的公立學校，國庫補助學校及沒有接受公費補助的獨立學校等三種。

（4）政府公款補助辦理之學校：國庫補助學校一直以來都是公立的學校，不受地方教育當局所管轄，由國庫直接獲得補助金而自主運作之學校（1999 年度以後補助金由地方支付）。

①英格蘭、威爾斯、北愛爾蘭地區，中等教育的學校可分為三種主要的型態：

| 1 一般綜合中學：二階式學制，以招收 11-16 歲（或 18 歲）的學生為主。 |
| 2 三階式學制下被視為中等教育體制的中間學校與高級學校，學校所招收的學生年齡依校而異，通常以能銜接中間學校為主。 |
| 3 專門招收 16-19 歲學生的高中畢業班第六學級學院，自 1966 年之後才陸續設立，教學內容是以一般學科教育為主，旨在為升學做準備。 |

②依據 1944 年教育法案所形成的三分制中學：

| 1 文法中學（grammar school）：11-18 歲的學生為主，旨在為升學做準備，此類學校並非政府辦理之學校。 |
| 2 技術中學：11-18 歲的學生為主，其教學內容雖以一般學科為主，但在重點上較偏重為就業做準備。 |
| 3 現代中學（modern school）：修業年限為四到五年，已招收 11-16 歲的學生為主，學生大多數於義務教育期滿後即離校，很少繼續升學。 |

③1995 年時，綜合中學約佔全部公立學校的 84%，文法中學及現代中學佔 5%，而技術中學只在英格蘭剩下四所。英格蘭與威爾斯的學制較一致，義務教育年限 5-16 歲，學生於 11 歲進入中等教育，以綜合中學為主流。

（2）非由政府公款補助辦理之學校或私立學校：分為兩大類「文法中學與獨立（私立）中學」。文法中學已招收 11-18 歲的學生為主，旨在為升學做準備，涵蓋前期及後期中等教育階段。獨立學校則包含 public school（11、13~18 歲）、preparatory school（8~11 歲、13 歲）等。

4．擴充教育與高等教育：

（1）擴充教育（futher education）：亦稱進修教育，包括所有中等教育以上之教育，故高等教育的範圍包括在擴充教育體系之內。擴充教育與高等教育兩者之間有明顯重疊之處。

（2）擴充教育係指：義務教育後的多樣性教育，「為已遠離年齡者提供全時及部分時間的教育；在與前述教育活動配合的情況下所提供的有組織的休閒活動」。

（3）英國擴充教育主要為 16-19 歲青年提出普通及職業教育，同時也提供許多成人全時與部分時間的課程，可分為初級與高級兩種，擴充教育的課程包括職業性、非職業性及休閒娛樂三種。

（4）高等教育的範圍，包括大學、教育學院，以及開設進階課程為主的高等教育學院等。

　①這些學校除了有學士學位的取得課程（通常修業年限是 3 年）之外，也有為了取得各種專門資格的短期課程。

　②1993 年以前除了上述學校外，還有 polytechnic（工藝技術）34 所，但現在都已改制為大學。通稱進修學院（college）的各種教育機關辦理也有提供高等教育水準的高等課程，以青少年或成人為對象，依全日制、或日間、夜間部分時間制等方式，提供以職業教育為中心的多樣性課程。

（三）國定課程

1．英國 1988 年教育改革法施行後，確立了國定課程，國定課程基本上採傳統分科課程的概念，強調學校課程並不以國定課程為限，科目之間亦非截然各自分離。

2．國定課程有下列四項主要的<u>目的</u>：「確保受教權；確立標準；強調銜接與連貫；促進公共瞭解」。

3．國定課程的學習方案與成就目標：英國的義務教育從 5-16 歲，計 11 年，共分四個關鍵階段

（1）「關鍵階段一（5-7 歲）、關鍵階段二（7-11 歲）、關鍵階段三（11-14 歲）、關鍵階段四（14-16 歲）」。

（2）每一關鍵階段中的每一科目中，均包括<u>學習方案、成就目標與表現層次的陳述</u>兩個部分。威爾斯的國定課程比照英格蘭的國定課程，屬強迫性、必修的科目本位課程，傾向採用校外的筆試，國家考試跨越中小學。

| 898 | D | 英國的中等教育制度中，主要以升學為導向的是哪一類型的學校？（A）實驗中學（B）現代中學 （C）技術中學 （D）文法中學。 |
| 899 | A | 英國的中等教育制度中,主要以升學為導向的是哪一類型的學校？（A）文法中學（B）現代中學（C）技術中學（D）實科中學。 |

三、德國：學校教育之發展

（一）初等教育

1．德國實施初等教育的機構稱為「基礎學校」（Grundschule），收受六足歲之學齡兒童，修業四年。

（1）幼稚園招收滿三歲的兒童，托兒所則是接受 2 歲以下兒童。

（2）義務教育為 9 年，完成義務教育後就職，並以實習生接受職業訓練的人，通常有需要在 3 年的期間，每週需履行 1~2 日，前往職業學校就讀之義務（職業學校就學義務）。

2・各級學校每週均上課五日，比起其他歐洲國家而言，德國小學上課時數算是最少的。

3・德國學校中也反映著社會選擇與淘汰的菁英教育色彩。混齡編班與導生制度的實施；取消學校行政的共同規定；實施融合教育；提早外語教學與普及資訊教育。

（二）中等教育

1・小學教育後必須依照能力、性向及興趣，選擇三類傳統中等學校就讀，即所謂的三分學流。「一本三枝」的中小學架構。其中「一本」指基礎學校與定向階段，「三枝」就是主幹學校、實科中學及文法中學。

2・中等教育第一階段前期規劃為「定向階段」：其功能主要在透過課程、學生與學校機構的統整，一方面達到延緩分化的目標，另一方面使所有學生能有更多共同學習與生活的時間及空間。

3・德國中等教育學制分為第一階段與第二階段，其中第一階段的前二年為定向階段，為所有基礎學校畢業的兒童，提供統一的教育。

4・目前定向階段各州形式不一，一種隸屬於各類中學，一種獨立於各類中學之外，不經選擇招收學習成績不同的基礎學校畢業生，組成混合班級進行教學，此階段結束後再依學業成績分配到各類中學。

德國學制圖 Germany School System

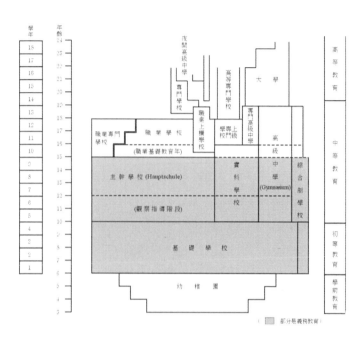

資料來源：教育部統計處

5‧隸屬於各類中學的定向階段，一般透過三種形式招收學生：
（1）由家長決定中學類別，再由學校根據學生學業成績作
　　裁決；
（2）由基礎學校教師推薦入學；
（3）由基礎學校組織畢業班做一次標準作業，依作業成績
　　及平時成績決定去向。
　　　待定向階段期結束，校方依學生成績決定留在原
中學繼續就讀，或到其他種類學校。

6・主幹中學：Hauptschule（畢業後就職，繼續接受職業訓練者所讀的主幹學校，5 年制），五年制的主幹中學的德文原意為「國民學校教育之後的主要學校」，其任務原在容納半數以上學童，使其接受適合其身心發展與能力水準的基本普通教育，並為職業訓練或學校教育之準備。

7・實科中學：Realschule（畢業後升學職業教育學校者或就職中級幹部者所讀的實科學校，6 年制），主要目的在傳授「實用的知識」，以有別於傳授古文和古典學科的拉丁學校。現代的實科中學旨在傳授理論與實務並重的知識，畢業生多進入專科層級的職業學校。

8・文法中學：Gymnasium（希望升大學者所就讀的文科中學，9 年制），依其課程特色可分成古語高中、現代語高中及數理高中三類，是從五年級（K5）直達十二年級（K12）的完全中學。

9・綜合中學：是改革傳統中學三分學流的產物。綜合中學的目標在提供所有學生均等的機會與適當的學習環境，讓個體獨特的性向、能力能充分發展，避免過早分化與決定，提供學生多樣化的課程選擇，具體實現個別發展的目標，並促進不同社會階級的整合。

（三）職業教育

德國職業教育分職業與訓練教育及職業繼續教育兩階段。

1・二元職業訓練制度：德國的職業教育主流，二元職業訓練源自中古時期歐洲手工業學徒訓練型式。二元職業訓練的法律基礎為一九六九年「職業教育法」，二元模式的教學場所包含企業、跨企業培訓中心及職業學校，企業中負責職業教育工作者為職業訓練師。

2．職業學校與職業基礎教育年：

(1) 職業學校被認為是次要與補充性質的職業教育機構，其主要功能在補充企業教育中所缺乏的職業基礎教育及普通教育課程。

(2) 職業基礎教育年（全日 1 年制）：事實上就是以職業教育為主的義務教育的第一年，通常聯接於第十年級，其設置有學校式及合作式。

（四）高等教育

高等教育機構有大學（綜合大學、教育大學、神學大學、藝術大學等）及高等專門學校。一般標準之修業年限，通常大學為 4 年半，高等專門學校為 4 年以下。

| 900 | D | 一本多軌制是何國學制？(A)美國 (B)英國 (C)法國 (D)德國。 |
| 901 | C | 「多軌制」乃是指在中等教育一階段內，設立各種性質的學校，來適應青年們不同的需要。而這種學制以何國為代表？(A)法國 (B)英國 (C)德國 (D)美國。 |

四、法國：學校教育之發展

（一）教育行政之發展

1．法國的教育行政體系在某些特定的部分是屬於中央集權且具有嚴格的階級性。教育部為最高行政單位，全國又分二十八個教育行政區，稱大學區（Academie），1982 年以後實施地方分權以後，從此地方的職權增加。

法國學制圖 France School System

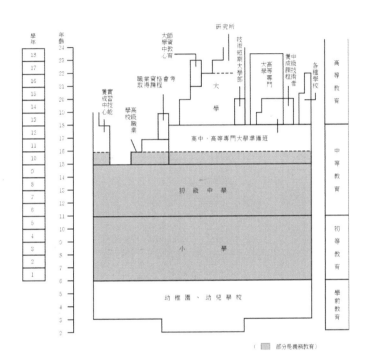

資料來源：教育部統計處

2．每個大學區等於教育部設在地區的辦公室，其最高行政長
　總長為行政首長，由總統提名任命。其主要任務是確保大
　學的行政自主與執行事後稽核。

3．實施地方分權之後，教育部辦理高等教育，地區必須負責
　辦理高中，府區與社區負責辦理初中、小學與特殊教育。

4．府區國家教育服務處：大學區之下的行政單位為府，府的
　教育行政單位稱「府區國家教育服務處」，等於地方的教
　育局，其行政首長稱府區國家教育服務處主任。府區國家

教育服務處內設有各科國家教育督學，國家教育督學之主
要職責是負責主要工作是督導教學的任務並與學校校長共
同負有對教師考核之權責。

（二）學校教育之發展

法國的學校制度分初等教育、中等教育、高等教育三個階
段。

1．學制採 3、5、4、3、3、1、5 制，即學前階段三年，小學
　階段五年初級中學階段四年，高級中學階段三年，大學三
　年，碩士班一年，博士班五年（含高深研究一年）。

2．初等教育：含學前教育與小學教育，初等教育是在小學的
　五年間實施。

　（1）學前教育免費但非義務教育，即幼兒從兩歲開始就可
　　　享受免費教育，但不強迫。

　（2）學前教育是在幼稚園或小學附設的幼兒班、幼兒部實
　　　施，以 2~5 歲的幼兒為對象。

　（3）義務教育係指六至十六歲之教育，共計 10 年。即從小
　　　學開始到高中一年級。高一以後一直到博士學位甚至
　　　成人教育仍為免費，但不是強迫教育。

　（4）初等教育特色：

　　① 初等教育含學前階段，幼兒從三歲開始即可享受免費
　　　教育，但非義務教育。

　　② 教學品質管制嚴格，小學開始即有留級制度。

　　③ 學校規模以小班小校為原則。

3．法國的教育理念採的是菁英教育制度，從小學起就有嚴格
　的留學制度，小學教育共五年，未達到預定的教育目標者
　常會受到淘汰。

（三）中等教育共分二個階段

即指初等中學教育共四年，高等中學的教育年限共三年。

1 ．前期中等教育是在 4 年制的初中實施。根據在四年初中的觀察及升學的指導，學生無須高中入學考試，分發到後期中等教育的各高中就讀。在第 3、4 年級，除普通教育課程之外，在技術教育課程上，也提供等因應學生將來就業出路的學習內容。技術教育課程也有設在高職的情形。

2 ．後期中等教育是在高中（三年制）及高職（二年制，若想取得職業技術會考資格者，另需再修二年，共計四年）辦理。

3 ．高級中等教育階段採分科制：法國高中已實施非常明確的分科教育，普通教育課程、專業課程以及自由選修課程。

4 ．各國高級中學教育的學制有許多方法，但大致可分為「綜合制」及「分科制」兩種型態。法國高級中等教育機構統一為里賽（Lycee）一種。

5 ．里賽採分科制，分為「普通里賽、技術里賽及職業里賽」：（李懿芳）

　（1）普通里賽：以升學為目標，修業年限為三年，修業期滿經高中畢業會考及格者，可免試升入大學相關學門深造，或繼續在預備班準備投考高等專門學校。

　（2）技術里賽：實施技術教育，修業三年，以準備技術高中畢業會考文憑，而升入大學或投考技術學院，或以準備技術人員證書為目標。

　（3）職業里賽：實施職業教育，修業二年，招收考業治畢業生，畢業時授予職業教育證書，學生離校後，大多直接就業。

| 902 | B | 法國教育行政制度深具地方分權的特色。（A）是　（B）否 |

五、日本：學校教育之發展

（一）教育行政組織

1．中央教育行政機關：文部科學省

　　　　日本的行政制度分為三級：即「中央、督道府縣及市町村」，教育行政在中央原設有文部省，一直到 1999 年（平成 11 年），修訂「國家行政組織法」，始將文部省改為「文部科學省」。

2．地方教育行政：

　（1）教育委員會：日本戰後模仿美國教育董事會制度，採取教育委員會制度。地方公共團體或地方公共團體聯合組成的「組合」均設教育委員會。教育委員會的委員由地方公共團體之長經議會之同意後任命。

　（2）教育長及事務局：教育長相當於我國教育局長，事務局則相當於我國的教育局，惟均隸屬於教育委員會。教育委員會應置教育長，其人選由教育委員會就教育委員中任命之。指導主事係地方教育行政的重要人員，約相當於我們所稱的督學或視導人員，在日本「教育職員特例法」中，指導主事是事務局人員中惟一與教育長並列的教育專業人員。

日　本　學　制　圖 Janpan School System

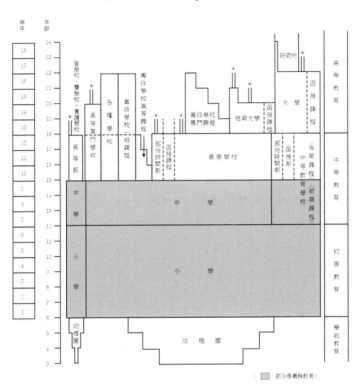

資料來源：教育部統計處

（二）學校制度之發展

1・初等教育：初等教育可分為學前教育及小學教育。

　（1）幼稚園自 3 歲的幼兒開始，一直到 6 歲進入小學校為止。

　（2）義務教育自 6 歲開始至 15 歲結束。

　（3）日本的學制大致上，係模仿美國的六三三四制而成。

2・中等教育：中學校畢業後有三種升學途徑，「一為三年制的高等學校，二為五年制高等專門學校，三為修業年限彈

性很大的專修學校高等部或各種學校」。

3 ·高等教育：高等學校畢業後可升入大學。

（1）大學分為四年制及二年制兩種。

（2）二年制者稱為短期大學，四年制大學畢業可以升入大
　　　學院。大學院分修士課程及博士課程。

4 ·編定學習指導要領作為課程設計之規準

（1）日本中等教育學校的課程標準稱為「學習指導要
　　　領」，中等學校的課程係依文部省所制頒的課程標
　　　準來實施的。

（2）文部省在其所制頒的「學校教育法施行規則」裡，規
　　　定了中學校及高等學校的教學科目，及每年教學時
　　　數，然後文部省再根據此一規則並參考教育課程審議
　　　會的建議分別制定公布中學校及高等學校的「學習指
　　　導要領」，規定各學科的教學目標及內容。

（3）自 1958 年起學習指導要導即具有法定約束力，中等學
　　　校一定要依其規定實施，相當於我國的課程標準。課
　　　程標準每隔五年修正一次，以適應社會的變遷。

六、荷蘭

1 ·教育學制：包括小學、中學、職業學校和高等教育，採多軌
　　制的升學進路，而條條大路雖可轉銜通往大學。但大學教育
　　因為是菁英教育，因此對學生的能力有極為嚴格的篩選。

2 ·中學教育是其一大特色：小學畢業後即有多重選擇，可以
　　選擇 VBO（四年初級職業學校）、MAVO（四年制中學）、
　　HAVO（五年制中學）、和 VWO（六年制中學）。個人
　　可依能力、性向或需要，選擇不同的升學進路。除了縱向

升學進路外，學制之間亦有轉銜機制。（徐明珠）

3．高等教育為「雙軌制」：包括普通大學與專業大學。

（1）「普通大學」，大學教育重在培養高階學術性與專業性人才，訓練學生進行獨立的科技與研究工作，如我國的「普通大學」。

（2）「專業大學」，提供高等專業教育，專注於訓練學生取得特定專業所需的知識與技術，著重於應用藝術與科學的範疇。如我國的技術學院、科技大學，藉由功能的區隔以提供不同類型人才的需求。但所不同的是普通大學走菁英式教育。

七、新加坡：菁英教育制度

新加坡的學校教育體系基本是「小學教育、中學教育、大學前教育和大學教育」。

1．新加坡政府為新加坡公民提供六至十四歲的免費教育。

2．教育部主張：政府的責任是給兒童提供平等的教育機會，但每個人的資質不同，學習條件和努力程度也不盡相同，因此，不能因為一些學生的落後而影響其他學生的進步與發展。

3．自 1979 年教育改革開啟以三軌制取代單軌制，即為分流制的起端。

4．新加坡教育最顯著的特色是其採行早期分流與菁英教育的措施與意識型態。

（1）1991『改革小學教育方案』後，採行分義務教育的『六四二學制』，及小學六年，中學四或五年，中學後期二或三年。

（2）自小學四年級開始，學生及依據<u>學業成就</u>分至三個主
　　要的語言源流：EM1，EM2，EM3。

　　① 學生在 EM1 與 EM2 源流內需學習的學科有英語、母
　　　語、數學和科學；

　　② EM3 的學生則學習基礎英語、基礎母語與基礎數學。
　　　在小學畢業後，則需參加『小學離校考試』。

5．中學課程的設計促使進一步的分流。

　　（1）中學的課程分為三種：「特別課程、快捷課程和普通
　　　　課程」。

　　（2）普通課程中又分為「普通學術課程和普通工藝課程」。

6．<u>初級學院教育</u>是新加坡教育體系的一大特色，經過中學的
　　教育後，如果想上大學，必須先上初級學院接受大學前教
　　育。只有那些學術性強的學生可以進入初級學院學習，若
　　想進入前五所最佳的初級學院則需更優秀。至於成績差的
　　則分到大學先修班。（沈珊珊）

7．在高等教育階段因為大學數量不多，只有最優秀的人才有
　　機會申請到新加坡國立大學或南洋大學，當然也可進入國
　　立教育學院或工藝學院，或申請國家的獎學金出國留學。

903	B	下述哪一個國家實施雙語教學政策？（A）中國大陸　（B）新加坡　（C）澳洲　（D）日本
904	3	世界各國義務教育階段開始的年齡，最普遍者為　①四歲　②五歲　③六歲　④七歲。
905	2	採行雙軌制學制的國家是　①美國　②英國　③法國　④德國。
906	B	幼稚園屬於學校範圍，收五歲到七歲幼兒的國家是？（A）韓國　（B）英國　（C）美國　（D）德國。

國家圖書館出版品預行編目

教師甄試：國民中小學學校制度關鍵報告 / 陳
瑄著. -- 一版. -- 臺北市：秀威資訊科技，
2006 [民 95]
　　面；　　公分. --（社會科學類；PF0016）

ISBN 978-986-7080-42-4（平裝）

1. 小學教育 - 行政 2.中等教育 - 行政 3.
學校管理 4. 教育制度

523.6　　　　　　　　　　　　　　95008100

社會科學類　　PF0016

教師甄試──國民中小學學校制度關鍵報告

作　　者 / 陳瑄
發 行 人 / 宋政坤
執行編輯 / 林世玲
圖文排版 / 郭雅雯
封面設計 / 羅季芬
數位轉譯 / 徐真玉　沈裕閔
圖書銷售 / 林怡君
網路服務 / 徐國晉
出版印製 / 秀威資訊科技股份有限公司
　　　　　　台北市內湖區瑞光路 583 巷 25 號 1 樓
　　　　　　電話：02-2657-9211　　　傳真：02-2657-9106
　　　　　　E-mail：service@showwe.com.tw
經 銷 商 / 紅螞蟻圖書有限公司
　　　　　　台北市內湖區舊宗路二段 121 巷 28、32 號 4 樓
　　　　　　電話：02-2795-3656　　　傳真：02-2795-4100
　　　　　　http://www.e-redant.com

2006 年 7 月 BOD 再刷
定價：420 元

讀 者 回 函 卡

感謝您購買本書，為提升服務品質，煩請填寫以下問卷，收到您的寶貴意見後，我們會仔細收藏記錄並回贈紀念品，謝謝！

1. 您購買的書名：＿＿＿＿＿＿＿＿＿＿＿＿＿＿＿＿＿

2. 您從何得知本書的消息？

   □網路書店　□部落格　□資料庫搜尋　□書訊　□電子報　□書店

   □平面媒體　□ 朋友推薦　□網站推薦　□其他＿＿＿＿＿＿

3. 您對本書的評價：(請填代號　1.非常滿意 2.滿意 3.尚可 4.再改進)

   封面設計＿＿　版面編排＿＿　內容＿＿　文/譯筆＿＿　價格＿＿

4. 讀完書後您覺得：

   □很有收獲　□有收獲　□收獲不多　□沒收獲

5. 您會推薦本書給朋友嗎？

   □會　□不會，為什麼？＿＿＿＿＿＿＿＿＿＿＿＿＿＿＿＿

6. 其他寶貴的意見：＿＿＿＿＿＿＿＿＿＿＿＿＿＿＿＿＿＿

　＿＿＿＿＿＿＿＿＿＿＿＿＿＿＿＿＿＿＿＿＿＿＿＿＿＿

　＿＿＿＿＿＿＿＿＿＿＿＿＿＿＿＿＿＿＿＿＿＿＿＿＿＿

　＿＿＿＿＿＿＿＿＿＿＿＿＿＿＿＿＿＿＿＿＿＿＿＿＿＿

讀者基本資料

姓名：＿＿＿＿＿＿＿＿＿＿　年齡：＿＿＿＿　性別：□女 □男

聯絡電話：＿＿＿＿＿＿＿＿　E-mail：＿＿＿＿＿＿＿＿＿

地址：＿＿＿＿＿＿＿＿＿＿＿＿＿＿＿＿＿＿＿＿＿＿＿＿＿

學歷：□高中(含)以下　□高中　□專科學校　□大學

　　　□研究所(含)以上 □其他＿＿＿＿＿＿＿＿

職業：□製造業 □金融業 □資訊業 □軍警 □傳播業 □自由業

　　　□服務業 □公務員 □教職　□學生 □其他＿＿＿＿＿

(請沿線對摺寄回,謝謝!)

秀威與 BOD

BOD（Books On Demand）是數位出版的大趨勢,秀威資訊率先運用 POD 數位印刷設備來生產書籍,並提供作者全程數位出版服務,致使書籍產銷零庫存,知識傳承不絕版,目前已開闢以下書系:

一、BOD 學術著作—專業論述的閱讀延伸
二、BOD 個人著作—分享生命的心路歷程
三、BOD 旅遊著作—個人深度旅遊文學創作
四、BOD 大陸學者—大陸專業學者學術出版
五、POD 獨家經銷—數位產製的代發行書籍

BOD 秀威網路書店：www.showwe.com.tw
政府出版品網路書店：www.govbooks.com.tw

　　永不絕版的故事・自己寫・永不休止的音符・自己唱